河南大学教育科学博士文丛

重构中学
与大学的关系

CHONGGOU ZHONGXUE YU DAXUE DE GUANXI

杨 捷 ● 著

中国社会科学出版社

图书在版编目（CIP）数据

重构中学与大学的关系：美国进步教育之"八年研究"初探／杨捷著 . —北京：中国社会科学出版社，2008.6

（河南大学教育科学博士文丛）

ISBN 978 - 7 - 5004 - 6912 - 4

Ⅰ. 重…Ⅱ. 扬…Ⅲ. ①中学－教学研究－美国②高等学校－教学研究－美国Ⅳ. G639.712　G649.712

中国版本图书馆 CIP 数据核字（2008）第 059568 号

责任编辑	丁玉灵
责任校对	修广平
封面设计	王　华
版式设计	王炳图

出版发行　中国社会科学出版社

社　　址	北京鼓楼西大街甲 158 号	邮　编	100720
电　　话	010 - 84029450（邮购）		
网　　址	http://www.csspw.cn		
经　　销	新华书店		
印　　刷	北京奥隆印刷厂	装　订	广增装订厂
版　　次	2008 年 6 月第 1 版	印　次	2008 年 6 月第 1 次印刷
开　　本	710 ×980　1/16		
印　　张	13	插　页	2
字　　数	203 千字		
定　　价	25.00 元		

凡购买中国社会科学出版社图书，如有质量问题请与本社发行部联系调换

《河南大学教育科学博士文丛》

总　序

近些年来，获得博士学位的人越来越多。他们的论文大多是有一定学术水平的。当前教育专著众多，或是某某丛书，或是某某文库，正可谓目不暇接。有时教育界出现一个新口号，人们还没有弄清它的含义时，丛书就已问世。这些专著除了个别确有较高学术水平者外，大多只是文抄公的水平。所以，我是比较看重博士论文的。因为博士论文总是要经过导师的指导，教授的评议，答辩委员会的评审质疑，经过这几个关口，质量总体上是有保证的。有些优秀论文对某个问题的研究还有所深入，有所创新。我每年都要参加多次评阅和论文答辩，从中收获不小。

论文写出来以后总是要让人阅读的，才能将作者的研究成果传播出去，得以应用。但是大多数博士论文往往被束之高阁。由于科研经费的短缺，出版社不可能将所有博士论文出版问世。因此，许多论文中的学术高见不能为世人所知。有些研究生在研究过程中也很少到版本图书馆去查阅已有的论文，因而往往出现重复的研究。这都是很大的资源浪费。

河南大学投入资金，为学校教师中获得教育学博士学位者出版他们的博士论文，正是一桩善举。既使他们的研究成果为世人所知，真正充实教育理论宝库，又是对青年教师的极大鼓励，也是对教育理论界的一大贡献。

学校为教师出版著作，实是学校学科建设、文化建设的重要举措。大学者，不是地盘之大，也不在于学生之多，而在于有大学的文化。它表现在多个层面，更重要的是表现在学术氛围和学术成果上。出版教授文库、博士文库等就是铸造大学的学术文化。

今年4月我有幸应邀到河南大学讲学，看到河大古朴的校园，听到清晨校园中莘莘学子朗朗的读书声，深为河大的校园文化所感动。又得知学校为教育学院的博士出版博士论文，更感欣慰。特写以上几句话，是为序。

2004 年 4 月 29 日于北京求是书屋

序

即将付梓的《重构中学与大学的关系——美国进步教育之"八年研究"初探》是杨捷博士在他的博士学位论文基础上修改完成的一本专著。作为他的博士生导师，我为自己学生学术研究成果的出版感到由衷的高兴，并欣然作序。

对于任何一个国家的教育发展来讲，中学与大学的关系都是整个教育阶梯上一个非常重要的问题。如何看待这个关系？如何处理这个关系？这不仅会对中学教育产生无法抗拒的影响，而且也会对大学教育产生十分重要的影响。20世纪初期，美国教育界就面临着中学与大学关系的问题。在进步教育协会的支持和组织下，一些具有教育革新精神的教育家在30年代进行了一次有关中学与大学关系的长达8年的实验，旨在协调中学升学和就业的双重目标。这就是举世闻名的"八年研究"（1933—1941），亦称为"三十校实验"。《重构中学与大学的关系——美国进步教育之"八年研究"初探》一书正是对这次实验的系统研究。尽管"八年研究"在我国教育界不算陌生，但对它的了解并不深入，更谈不上系统的研究。在这个意义上，杨捷博士这本专著的出版具有很大的学术价值。

在构思与撰写《重构中学与大学的关系——美国进步教育之"八年研究"初探》一书的过程中，杨捷博士收集并梳理了大量的第一手英文资料。尤其是对当时负责"八年研究"的中学与大学关系委员会的最后五份实验研究报告的分析，使他对"八年研究"的系统研究不仅占有了翔实的资料基础，而且具有了全面的思考视野。作为一位已有一定教学和研究经验的学者，杨捷博士在史料研究上确实花了很大的精力，特别是在对资料的驾驭上更见功力。

从《重构中学与大学的关系——美国进步教育之"八年研究"初探》全书来看，杨捷博士从历史背景、启动、实验活动以及跟踪研究四个方面对"八年研究"进行了深入而全面的研究，既有教育理论的阐述，又有教育实践的剖析。书中还运用了很多图表，这对整个论述也起到了很好的辅助作用。整个研究采用了叙事研究和问题研究相结合的方式，突出了问题意识以及历史与逻辑的统一，使得人们对"八年研究"——美国现代教育史上一次持续时间最长、规模最大和组织最严密的教育实验活动能有一种立体的和全方位的认识。在"结语"部分，杨捷博士又简要而精辟地对"八年研究"的特点、评价、贡献和启示提出了自己的见解。

在对"八年研究"的系统研究中，杨捷博士不仅对一些有关"八年研究"的误解进行了澄清，而且在一些问题上提出了自己的独到见解，更重要的是在一些方面还有了新的发现。这里试举一二例。我国教育界一直认为"教师专业发展"（Teachers Professional Development）在西方国家是20世纪60年代开始和80年代盛行的，但是，杨捷博士的研究得出了这样的结论：美国教育家早在"八年研究"中就提出了"教师专业发展"的观念，强调通过学校的变革来促进教师的成长；同时还提出了教师专业发展的途径和方式，增强教师的自信和增加教师的经验。这一观点，把原先认为的西方"教师专业发展"肇端的时间往前推了二三十年。

在我国，这一二十年来，中学与大学的关系问题一直是教育界乃至整个社会都十分关注但至今又未能很好解决的问题。毋庸置疑，这个问题在某种程度上成为了制约我国教育改革和发展的一个瓶颈。它实际上也是我国教育界很多矛盾与问题产生的症结所在。从美国教育历史发展来看，在"八年研究"之前，美国的中学毕业生须通过全国性统考进入大学；但在"八年研究"之后，不仅形成了新的教育评价理论，而且开始取消了全国性统考，因而改变了中学毕业生进入大学的传统方式。仅就这一点而言，美国的"八年研究"在不少方面能给我们提供借鉴的经验和有益的启示。正因为如此，《重构中学与大学的关系——美国进步教育之"八年研究"初探》的出版也具有很重要的现实意义。也许，其在实践中的现实意义要超过在理论上的学术价值。我相信，凡是对我国中学与大学关系上的矛盾和问题予以关注的人，肯定能从杨捷博士的专著中有所收益。此外，还有一点是应该指出的，那就是，"八年研究"所开创的现代教育实验的范式向人们展现了一次真正意义的学校教育实验，这对我国教育界方兴未艾的学校实验活动无疑会有示范的作用。

杨捷博士在硕士学习阶段曾师从我国外国教育史和比较教育学界的老前辈孟宪德教授，这使他打下了较为扎实的学术基础。此后十多年，他一直从事专业教学和研究工作，这又使他积累了丰富的专业教学经验和拓宽了广泛的专业知识基础。尽管杨捷博士在学期间喜欢称自己是"迟到"的学生，但正是他原先扎实的学术基础和长期的教学研究经验在很大程度上为他攻读博士学位创造了十分有利的条件，并使他具有较宽泛的学术视野、较扎实的学术功底、较敏锐的学术眼光以及较深刻的学术见解。这在他的《重构中学与大学的关系——美国进步教育之"八年研究"初探》一书中得到了体现。

在攻读博士学位的 3 年中，杨捷博士非常刻苦认真，潜心学习研究。除了很好地完成一些课题研究外，他还在全国核心期刊上独立发表了十多篇论文。在答辩时，他的博士学位论文也得到了答辩委员会成员的一致好评。这是对他的博士学位论文的肯定，更是对他的学术精神和学习努力的肯定。生命有涯，学术无涯。我期盼杨捷博士在自己的学术道路上能够越走越宽广，所取得的学术成果能够越来越丰硕。

单中惠

2006 年 12 月 10 日

目　录

导　言

西方历史学家指出，人类如果想要知道往哪里发展，首先必须知道曾经到过哪里。历史不是一件约束物，它不能束缚现代人的思想，但历史可以表明现代社会的演变轨迹，可以说明这样一个真理：如果人类对自身历史演变一无所知或知之甚少时，它就不可能真正理解现代社会的形式和结构。

"进步教育"（Progressive Education）是 20 世纪美国教育史上持续时间最长、影响最大且范围最为广泛的一种教育革新思潮，它是理解美国社会、教育、文化乃至历史的"不可逾越的基石"①。虽然进步教育运动早已衰落和解体，然而"美国没有一所学校完全逃脱了它的影响"②。正因为如此，进步教育及其教育实验活动一直是中外教育理论和教育史研究和探索的重要内容。

"八年研究"（the Eight－Year Study）是 20 世纪 30 年代由美国进步教育协会（PEA）发起的一项大规模教育实验，目的在于通过实验建立中学与大学的有机衔接，协调中学升学与就业的双重目标，验证或确立进步教育所提出的教育目标，以期建立新型的中等学校模式；同时也为了证明在整个学校教育系统中推行进步教育理念和实践的可行性与合理性。

一　选题意义

本书的研究目的是试图较为全面地探讨"八年研究"的全貌，追踪其发生、发展的历史轨迹，分析这项实验研究的原委、意义和影响，为我国教育理论界和外国教育史领域全面了解"八年研究"提供更多的认识空间和思考纬度。

---

① 吴式颖、任钟印主编：《外国教育思想通史》第九卷，湖南教育出版社 2002 年版，第 208 页。

② 克雷明著：《学校的变革》，单中惠、马晓斌译，上海教育出版社 1994 年版，第 355 页。

　　"八年研究"在美国教育史上具有重要的历史意义，探讨"八年研究"是进一步了解进步教育的关键节点之一。在进步教育所开展的一系列实验活动中，"八年研究"是组织最为周密、实验内容最多、持续时间最长、规模最为庞大、影响最为深远的一次教育实验活动。进步教育协会发起和组织这项实验研究的年代正值进步教育兴盛和危机的交汇之处，进步教育的思想基础、价值取向、核心理念以及社会影响力发生了微妙的变化。通过对"八年研究"的深入了解有助于全面认识进步教育的演变过程和兴衰的原因，从而帮助我们更好地理解美国教育的发展与特点。

　　对"八年研究"的研究可以还原实验研究的本真，正确地了解和认识"八年研究"的历史史实、内涵和意义。目前国内对"八年研究"的介绍主要是从两个方面入手：一方面是从外国教育通史的角度简要介绍这项实验的一般概貌。从所阐述的内容和呈现的信息来看，相关问题基本局限于国内翻译西方教育著作中的零星资料，且大同小异，资料来源较为单一，明显缺乏第一手资料。① 其实，"八年研究"的五卷最终实验研究报告是这项实验的最权威和最基本的资料，有 2160 多页的原始文献，内容极其丰富。另一方面是近 10 年来对课程开发和课程理论的研究涉及"八年研究"，研究视角无一例外均以其中的课程改革、核心课程为重点，特别是强调有"现代课程理论之父"之称的拉尔夫·W. 泰勒（Ralph W. Tyler，1902—1994）在"八年研究"中的作用，甚至把这次实验研究直接称之为"'八年研究'课程实验"②。这显然是看待问题的角度和侧重点不一样。但总的来说，目前对"八年研究"的探索还基本上处于片断的描述阶段，与这项著名实验研究所蕴含的价值和历史地位远不相符。

　　由于 1942 年"八年研究"实验报告的发表恰逢美国全面介入第二次世界大战之际，加上战后保守主义的抬头，美国社会和教育界对实验研究的发起者——进步教育协会进行了猛烈批判，使得"八年研究"所取得的各项成果以及可能产生的积极影响都未能及时发出它本来的声音。但是，无论在美国教育史上，还是在课程发展史上，"八年研究"都是一项具有深远意义的教育实验研究。对中等教育的发展，尤其是对中学与大学关系

---

① 据笔者查阅，国内介绍"八年研究"的资料主要来源于澳大利亚教育史学家 W. F. 康内尔所著的《20 世纪世界教育史》（人民教育出版社 1990 年版，张法琨等译）、美国教育史学家克雷明所著《学校的变革》（上海教育出版社 1994 年版，单中惠、马晓彬译）中关于进步教育或"八年研究"的论述部分。

② 杨汉麟主编：《外国教育实验史》，人民教育出版社 2006 年版，第 308 页。

的协调，"八年研究"曾提出了许多值得重视的建议和观点，进行了诸多建设性的有益尝试，引发了人们进一步的思考。因此，"八年研究"是一个应该重视和必须全面探讨的课题。

本书选题试图对"八年研究"的背景、过程、内容及其影响进行探究和评析，以期引起人们对该项实验研究的重新认识，并借他山之石，吸取一些有益的经验，促进我国中等教育的改革，尤其是促进中等教育目标的改革，构建中学与大学的良好合作关系，也为目前在我国如雨后春笋般开展的各类教育实验活动提供借鉴。

对"八年研究"进行研究的意义主要表现在理论和实践两个层面：

从理论上来说，论文选题有助于拓展和深化当前的外国教育史研究。从20世纪90年代以来，我国外国教育史研究领域试图突破已有的研究范式，即从传统的宏大叙事向问题研究转变。具体来说就是，传统的外国教育史研究主要侧重于对外国教育发展历程的纵向贯通式的研究，力图对从古至今外国教育发展过程中的各种思想、制度进行梳理和分析，尤其注重对西方教育发展规律和总体轨迹的把握与探索。然而，随着外国教育史学科研究水平的提高以及研究取向的转变，学科领域研究正日益趋向以问题研究为主，侧重于对外国教育历史发展某一时期或某一重大事件、思想或思潮、教育制度的转变与成因等进行跨学科、综合化的考察和专门研究。本书选题以20世纪美国的"八年研究"为考察对象，有助于更好地认识美国教育，特别是美国中等教育的嬗变，深化美国教育史的研究。

从实践上来说，论文选题对目前的教育研究与实验具有重要借鉴意义，可以为各种各样的教育研究与实验提供一个可供参考的范例，有助于更好地展开教育实验的步骤、充分发挥实验的功能以及科学有效地运作。本书选题对我国中等教育发展的实践具有直接的借鉴和启示意义。当前我国中等教育的普及率愈来愈高，中学毕业生就业和升学的矛盾一直困扰着各级政府、教育管理部门和教育理论工作者，论文对"八年研究"的探讨无疑会提供一个具有可比性的借鉴对象。"八年研究"是一项历经12年之久的系统的、有目的、有组织、有计划的实验研究，取得了丰富的理论和实践成果，其背后所蕴藏的对教育实验研究的坚定信念，无疑会给人以深刻启示。譬如，"八年研究"产生的教育评估理论告诉我们，科学的评估方式必须是定性分析与定量分析相结合，理论和实践相结合。"八年研究"试图改革传统的大学入学考试，尝试大学根据中学的推荐和学生在校综合表现记录招收新生的做法，动摇了高等学校入学考试的根基。这些都对我国改革以"升学率"为目标的中等教育模式有着重要的参考价值和实践意义。

二　文献综述

（一）中文文献

总的来说，国内对美国"八年研究"的探讨主要散见于外国教育史研究和其他教育学科领域的专门研究之中。笔者在国内中文文献著作中所见到的最早的、较为集中介绍"八年研究"的资料是赵祥麟主编的《外国现代教育史》（华东师范大学出版社 1987 年版），书中概要地介绍了"八年研究"的基本情况，使许多从事教育理论工作的专业人士和教育学专业的学生对"八年研究"有了初步的了解，笔者就是通过阅读该书第一次接触到"八年研究"的。从该书的引文和表述来看，主要参考了康内尔（W. F. Connell）所著的《20 世纪世界教育史》（*A History of Education in the Twentieth Century World*）和克雷明（Lawrence Arthur Cremin，1925—1990）所著的《学校的变革》（*The Transformation of the School*）英文版，为国内研究现代外国教育史，特别是美国教育史增添了新的内容，这两部原著的中文版也分别于 1990 年和 1994 年与读者见面。在此后的 20 多年中，它们一直是国内探讨"八年研究"引用最多和最直接的资料来源。

1989 年，由滕大春主编的《外国教育通史》（第五卷，山东教育出版社 1989 年版）较为清晰地介绍了"八年研究"的主要内容，重点阐述了实验研究中的课程改革和评估理论；1990 年由瞿葆奎主编、马骥雄选编的《教育学文集·美国教育改革》中收录了艾金所撰写的"八年研究"第一本实验报告的部分节选（徐继清译），这是国内第一次出现有关"八年研究"实验报告的原始资料文献，为全面了解实验研究结果提供了第一手资料；施良方在美国课程论专家泰勒（Ralph W. Tyler，1902—1994）所著的《课程与教学的基本原理》（人民教育出版社 1994 年版）一书中撰写了题为"泰勒的《课程与教学的基本原理》——兼述美国课程理论的兴起与发展"的专门介绍，从美国课程理论发展的角度，将"八年研究"作为泰勒课程理论产生的实践背景进行了针对性的阐述，引用了"八年研究"实验报告的相关资料，将泰勒的课程理论看作是实验研究的主要成果；1997 年张斌贤在《社会转型与教育变革——美国进步主义教育运动研究》（湖南教育出版社）一书中，详尽介绍了美国进步教育，其中单独介绍了"八年研究"的始末，特别是分析了进步教育不同时期教育实验的特点，为笔者思考"八年研究"在进步教育实验中的地位和特点提供了有益的启示，也为论文选题提供了有价值的参考和切入点；由吴式颖主编的《外国现代教育史》（人民教育出版社 1998 年版）和《外国教育史教程》（人民教育出版社 1999 年版）也介绍了"八年研究"的基本情况，尤其是后者作为高等教育国家级重点教材已成为国内使用最广泛的、最受欢迎的外国教育史教材，无疑对人们了解和认识"八年研究"起到了很好的作用。除此之外，国内其他有关外国教育史或专题史著作也包含篇幅有限的介绍，有的课程理论和教育评价理论方面的著作也屡次提到或简要概述了"八年研究"的概况。但绝大部分因研究对象或目的的原因，仅限于一般性的介绍。在本书即将完成之际，由杨汉麟主编的《外国教育实验史》（人民教育出版社 2006 年版）面世，书中以"'八年研究'课程实验"为标题较为清晰地梳理了整个实验过程，但遗憾的是笔者没有看到所期望的新资料。

国内有关"八年研究"的资料文献还包括一些陆续发表的文章，其中有代表性的是：杨爱程的《美国课程研究史上的"八年研究"评介》（《课程教材教法》1987 年第 6 期）；张斌贤的《"八年研究"始末》（《教育史研究》1996 年第 4 期）；易红郡、王键的《美国"八年研究"课程实验述评》（《湘潭师范学院学报》2002 年第 2 期）；杨光富的《"八年研究"的贡献以及对我国教育改革的启示》（《外国教育研究》2003 年第 2 期），另外，还有一些以"八年研究"为题或以西方课程、教育评估理论为侧重点的文章也涉及论文选题的内容，在此不再一一赘述。总的来讲，这些论文没有超出以上著作所涉及的范围，大都是出自这些著作，或是介绍性的概述，或是对几本著作中"八年研究"内容的整理和重新编排。值得一提的是，华东师范大学教育学系 2002 级硕士研究生吴艳的毕业论文《美国"八年研究"初探》（指导教师：单中惠教授）是目前笔者所看到的唯一一篇专门论述"八年研究"的学位论文。作者分别就"八年研究"的背景、过程和贡献作了相关介绍。就篇幅而言，这是国内目前已发现的有关"八年研究"最充实的一例，大约有 2 万余字，比以往的有关介绍更加详尽和全面，无疑是一篇较好的硕士论文，也曾让笔者为之期待和欣喜。但是，从整篇论文的内容和引文中可以看出，作者所掌握和搜集的相关资料还十分有限，基本局限在国内现有介绍和部分"八年研究"实验报告，对问题的分析和深入研究还值得商榷。

（二）英文文献

国外对"八年研究"的追踪基本上始于实验研究的结束。从一定意义上讲，"八年研究"实验报告本身就是对这项实验研究的自我评价和研究。1942年，负责主持"八年研究"的中学与大学关系委员会发表了实验研究报告。其中，艾金撰写的《八年研究史》（*The Story of the Eight - Year Study*）主要总结了实验研究的实施过程、基本内容、思想基础、中学改革与大学追踪研究的成果以及自我评价。该报告是记载实验研究过程的最重要文献，也被国内许多研究者所反复引用。

贾尔斯（Giles, H. H.）等人撰写的《课程研究》（*Exploring The Curriculum*）主要论述了30所学校（或学校系统）的实验革新工作，重点阐述了教育目标、教育内容、教育方法和教育评估之间的关系，分析了合作中学所开展的课程开发、教学计划、课堂实践、教育管理和教师专业发展等活动。

尤金·斯密斯（Eugene R. Smith）和泰勒等人撰写的《学生进步的评估与记录》（*Appraising and Recording Student Progress*）主要介绍了在合作中学所开展的教育评估和评估与记录的手段、方式和方法，以及对学生在思维、社会敏感性、欣赏能力、兴趣、社会适应性等方面进行评估的步骤和方法，侧重于从技术角度阐述实验研究的内容。

迪安·钱伯林（Dean Chamberlin）等人撰写的《他们在大学里成功吗？》（*Did They Succeed in College?*）主要论述了大学跟踪研究的情况，详细描述了大学跟踪委员会对合作中学毕业生是否在大学成功所作的测试和评估，主要包括对诸如学术成绩、智能、活动、学生与社会、学生与教育的测试与比较以及个案研究、追踪结果、测试量表等。

中学与大学关系委员会组织汇编的《三十所学校自述》（*Thirty Schools Tell Their Story*）是由参加实验的30所中学（或学校系统）关于各自实验研究的总结报告，分别记述了中学开展实验的历程、主要内容、所取得的成绩和经验，为实施个案研究提供了丰富的素材。这五本报告为本书研究提供了翔实的第一手资料，是研究"八年研究"最重要的依据和材料，也是完整再现实验研究过程的权威论据，所以也是本书完成的基础。从一定意义上说，本书是在研究"八年研究"报告的基础之上进行和完成的。不过，由于资料内容太多，工作量太大，时间紧迫，笔者也只是认真判读了其中的大部分章节，可能会带来一些认识上的偏差和误解。这有待于今后对课题进行更翔实和深入的研究。

此外，还有一些单篇或专题性的文章和报告也对实验研究过程中的某项内容进行了论述和反思。这些研究既是对"八年研究"的早期探索，也是以后研究必不可少的第一手材料。

第二次世界大战以后，西方特别是美国逐渐开始出现了对"八年研究"的专题研究。1951 年，哥伦比亚大学师范学院曾任进步教育协会执行委员会负责人的瑞德福（F. L. Redefer，）撰写了博士论文《八年以后的"八年研究"——三十所学校实验研究》（*The Eight - Year Study - Eight Year Later：A Study of Experimentation in the Thirty Schools*），这是美国教育理论界第一次出现较为全面的以"八年研究"为主题的研究，特别是作者曾参与了实验研究的部分工作，而最终又对实验研究持否定态度，引起了人们的关注。作者全面分析了"八年研究"的原委与过程，特别是介绍了实验研究与进步教育、进步教育协会的关系，同时强烈质疑了"八年研究"的结果。这篇论文为本书提供了新的视角，具有极大的参考价值。1953 年，艾金在"进步教育"杂志上发表了《"八年研究"：假如重新再来》（*The Eight - Year Study：If We Were to Do It Again*）一文，论述了实验的重要价值和现实意义，回击了一些无端的指责，同时也反思了实验研究过程中存在的问题和不足，进一步丰富了实验研究所蕴含的理论意义，可以帮助人们全面认识和正确理解"八年研究"。1961 年美国教育史学家克雷明出版的《学校的变革》一书，系统介绍了美国进步教育的产生与发展，并由此获得了"班克罗夫特奖"（美国历史研究奖），[①] 书中运用大量史料深刻地阐述了学校的变革与社会的关系，专门介绍了进步教育协会及其著名的实验研究活动——"八年研究"。《学校的变革》为本书开阔了研究思路，特别是关于"八年研究"与进步教育的关系，为笔者明晰了一条正确的研究路线，书中所提供的大量相关研究文献也为进一步收集资料带来了方便。美国教育史学家布鲁巴克（J. S. Brubacher）于 1966 年出版了《教育问题史》（*A History of the Problems of Education*）一书，虽然书中并没有直接提及"八年研究"，但其中的"中等教育"一章以"中学与大学的衔接"为题，论述了美国中等学校的演进和大学与中学关系的发展脉络，从另外一个角度为本书拓展了思路。

---

① 　班克罗夫特（George Bancroft，1800—1891），美国著名历史学家，传统史学的主要代表人物，被誉为"美国历史之父"，代表作是 10 卷本《美国史》。

　　美国课程史专家丹尼尔·坦纳（Daniel Tanner）和劳雷尔·坦纳（Laurel Tanner）从课程史的角度研究了"八年研究"。1975年，两人合作出版了《课程开发：理论与实践》（*Curriculum Development：Theory into Practice*）一书，高度评价了"八年研究"在课程理论发展中的作用和地位。1986年，劳雷尔·坦纳在《理论季刊》上发表了《八年研究的贡献》（*Contributions of the Eight－Year Study*）一文，专门探讨了实验研究的影响与意义，对"八年研究"在美国教育史上的历史地位以及对美国中等教育结构变革的贡献给予高度评价，从中可以获得许多有关这次实验研究的正面积极看法。1990年，这两位学者又共同出版了《学校课程史》一书，再一次诠释了"八年研究"，从课程发展的角度更为详细地阐述了实验研究的主要内容，并且总结了许多针对"八年研究"的批评意见，还作出了一定的回应。该书对笔者的启示是：如果试图弄清"八年研究"的史实，不仅要了解实验自身的报告，还应认真分析各种评价和批评。

　　2003年，华盛顿大学教育与人类发展研究生院的赫迪兰德（Hedlund，P.P）的《再探"八年研究"：宾夕法尼亚州瑞德诺（Radnor）市实施综合课程的多案例分析》（*The Eight－Year Study Revisited：A Cross－Case Analysis of the Use of Integrated Curriculum in Radnor，Pennsylvania*）一文，采用历史个案研究的方式，探索了"八年研究"期间宾夕法尼亚州瑞德诺市实施课程改革的情况，研究了进步教育的指导思想对中等学校课程设置的影响，重点讨论了"八年研究"期间该地区参与实验研究的课程改革步骤、方式和问题，是研究"八年研究"的又一新视野。该论文为本书提供了许多具体的教育史料和素材，丰富了研究内容和立论依据。

　　当代美国教育史学者中研究"八年研究"比较著名的是南卡莱罗纳州立大学教育基本原理教授克里德尔（Craig Kridel），他以研究进步教育和教育家传记而著称。另一位是博里汉姆扬大学（Brigham Young University）"教师教育与学校教育改革研究中心"教授小布洛（Robert V. Bullough JR.），也是以研究进步教育和教师教育为主攻方向。早在1997年克里德尔就在《课程理论研究》杂志上发表了题为《艾金：虚构的向往和误解的遗产》（*Aikin/Aiken：Dashed Hopes and A Legacy Misspelled*）的文章，指出"八年研究"中的理论缺陷和指导思想的偏颇，同时也深入分析了人们对"八年研究"的认识误区以及原委。两位专家于2002年合作在《课程与管理》期刊上发表了题为《"八年研究"的观念与误解》（*Conceptions and Misperceptions of the Eight－Year Study*）一文，总结了多年来美国教育史界对"八年研究"的不同认识和理解误区，试图纠正人们对"八年研究"的片面认识和误解，以自己多年来研究该领域的丰富资料和权威论据化解以往对"八年研究"的各种误读。该篇论文是本书最重要的参考资料之一，它为笔者全新认识和正确解读"八年研究"提供了极具魅力和价值的指导与启发。2003 年，克里德尔和小布洛又在《课程研究》杂志上联合发表了题为《青少年的需要、课程与"八年研究"》（*Adolescent Needs，Curriculum and the Eight‑Year Study*）的文章，阐述了"八年研究"中在青少年需要与课程设置之间建立有机联系的做法和认识，分析了进步教育关于青少年需要和教育之间关系的思想，深层次地揭示了"八年研究"的理论意义。该文对本书的深入展开具有引领和牵引作用，为更加充分地揭示教育历史的本质和内涵创造了必要条件。目前，两位专家正在打造一部全方位解读"八年研究"的巨著，书名为《与冒险同在："八年研究"的历史》（*With Adventure Company：The Story of Eight‑Year Study*），已经完成初稿，尚未正式出版。

此外，国外一些有关教育史、课程研究的论文和著作也论及"八年研究"，如弗朗斯（Faunce）的《核心课程开发》（*Developing the Core Curriculum*，1951）、塞穆尔（S. F. Semel）等人的《"明日之学校"之今日：进步教育的变迁》（*"Schools of Tomorrow"，Schools of Today：What Happened to Progressive Education*，1999）、瓦斯（G. F. Vars）的《大学与中等学校课程：重新审视进步教育》（*Curriculum in Secondary Schools and College：In A New Look at Progressive Education*，1972）、福勒（B. P. Fowler）的《三十所学校的六个问题》（*Six Questions for Thirty Schools*，1936）、克利巴德（H. M. Kliebard）的《构建美国课程史》（*Constructing a History of American Curriculum*，1998）以及赫斯海姆（J. W. Hillesheim）的《美国教育史的理论与实践》（*Theory and Tractice in the History of American Education*，1980），等等。这些文章或论著分别从不同的角度为本书提供了丰富的资料和研究的思路。

三　研究思路与方法

本书的研究思路是：采用叙事研究和问题研究相结合的方式，以问题为主线，从 20 世纪二三十年代美国社会和教育发展的历史背景出发，在进步教育的沿革背景下展示和考察"八年研究"的全貌，力图客观和全面梳理"八年研究"发生和发展的历程，分析实验研究所产生的影响和意义。全书主体分为五个部分：

第一章"进步时代的繁荣与危机"主要介绍了"八年研究"的历史背景，重点阐述了进步教育在美国进步主义运动的影响下，开展大规模教育革新实验的情形和特点，指出了杜威实验主义对进步教育实验的影响，认为"八年研究"是美国进步教育发展过程中的一项代表性教育实验，它既是20世纪前半期进步教育发展和中等教育嬗变的产物，又是美国进步主义运动在教育领域的反映。

第二章"'八年研究'的启动"主要介绍了"八年研究"展开的过程、中学与大学关系委员会以及评估委员会的作用，阐述了委员会对美国中等教育目标缺失、价值迷惘、课程僵化等问题的剖析，描述了这项教育实验的整体设计方案。

第三章"三十所学校的教育实验"主要分析了美国中学教育目标的嬗变，论述了合作中学所开展的主要教育实验活动，重点突出了中学在确定教育目标、课程设置、民主化管理和教师专业发展等方面所采取的措施。

第四章"大学跟踪研究与结果"介绍了大学跟踪研究的概况，呈现了大学跟踪委员会所实施的主要评估方法、方式、内容、记录和比较研究结果。

结语部分尝试总结了"八年研究"的特点、对这次实验研究的各种评价、主要贡献和启示。

本书的主要研究方法是：历史文献法、因素分析法和个案研究法。

历史文献法就是通过对美国"八年研究"以及相关史料的收集、整理、分析研究，获得与本书选题有关的历史材料，进而对史料进行钻研，获得假设所需要的历史和客观依据。通过历史文献法，可以获取论文选题所需要的有关材料和已有成果，为研究的框架设计提供整体思路及理论上的准备。

因素分析法主要是通过对影响进步教育以及"八年研究"产生、发展和性质的历史传统、社会文化背景、政治经济等各种因素进行分析，阐明"八年研究"的成因、脉络和历史价值与意义。本书侧重于分析美国进步主义时代、进步教育协会和实验主义等因素对"八年研究"的影响。

个案研究法是为了能将宏观描述与微观分析结合起来。通过描述"八年研究"中合作中学所开展的实验活动，可以生动地展现实验研究的过程，更加形象地描述实验，特别是由于"八年研究"的指导思想赋予各个学校充分的自由，彼此之间在改革措施和理念上差异很大，很难概括总结，而丰富的个案却弥补了这方面的欠缺，为论述研究观点提供具有说服力的例证。

四　研究特色

本书的研究特色主要表现为：

第一，以第一手史料为基础说明问题。鉴于"八年研究"一直停留在简单描述水平，在本书的创作过程中一直力图采用最新、最翔实的相关资料，避免对以往熟知的资料重新加工编排，尽可能挖掘第一手资料和国外相关研究。虽不能说超越了国内现有对"八年研究"的研究水平，但所使用的材料许多是国内第一次出现，可能会给读者一个更全面了解"八年研究"的空间和视野。

第二，历史研究与问题研究相结合。由于本书属于一项问题研究，因此在整个过程中贯穿问题意识，在问题研究中展现史实。本书将"八年研究"放在美国20世纪二三十年代的社会大背景中加以考量，分别从实验的启动、合作学校的实验措施、跟踪评估研究几个方面展开问题，既可以看到整个实验研究过程的全貌，又可以了解实验内容的各个具体步骤和环节。这样对每一问题的理解可以从历史与现实相结合的角度进行，得出比较全面的认识。

第三，宏观与微观相结合。本书在全景描述"八年研究"的过程中注重从宏观的角度，即从美国社会的大转折、进步教育、实用主义的实验主义倾向等方面把握"八年研究"的实质与特点，使历史事件的个案研究置身于宏大的教育发展历史背景之中，凸显其特有的历史地位与现实意义。同时，注重从微观上探讨合作学校内部的教育改革，反复呈现具体的实践活动和个案例证，用充分的历史素材说明事物之间的关系和意义。

第四，史论结合、尊重史实。在叙述"八年研究"的过程中，本书尽可能结合中外教育史或教育理论研究者对该问题的研究观点，结合对史料的分析和研究评述其作用和影响，避免单一描述。尽管书中一些观点和评论并不一定具有代表性或结论性，可能充其量是一家之言，但不容否认，它们对认识问题的本质和还原历史真相有极大的帮助。

需要指出的是，由于诸多原因，本书还留有许多有待进一步研究和论证的问题，例如，"八年研究"为什么能在美国大萧条的环境下开展，"八年研究"的指导思想是否有悖于进步教育以往的理念，"八年研究"究竟在课程发展史上起什么作用，杜威对"八年研究"的态度怎样等等。这些都是后续研究中需要解决的问题。

第一章　进步时代的繁荣与危机

许多历史学家将两次世界大战之间的这段历史看作是美国的"成熟时期"。美国现实主义作家约翰·道斯·帕索斯（John Dos Passos，1896—1970）在小说《三个士兵》（*Three Soldiers*）中表达了第一次世界大战后美国社会的觉醒与躁动。① 他指出，文明不过是虚幻的大厦，战争则是对它最充分、最彻底的表现。受到战争震撼和彻底改变的美国人虽然回到了现实之中，但再也不能恢复他们过去的天真和质朴。他们渴望都市化的生活，需要繁荣的商业，破天荒地能够一起进入大学，购买了当时美国人身份的象征——汽车，拥有了电话、照相机、打字机和缝纫机，享受着电影、爵士乐、鸡尾酒和新潮的服装，拥有引以为豪的自由民主和令人羡慕的发达经济与社会。然而，就是这样具有外在快乐、摩登、享受的美国人，被美国现代作家欧内斯特·海明威（Ernest Hemingway，1899—1961）等人称之为"迷惘的一代"（the lost generation），② 因为他们已寻觅不到稳定的传统价值观、人与人之间的认同感、安全感、可靠的家庭生活、熟悉的和谐社区、农场淳朴的田园和收获的气息、激荡的爱国主义情感、虔诚的宗教信仰、伟人的箴言和社会道德观念。这就是美国 20 世纪 20 年代前后的现代生活，它与来自欧洲的传统古典文明截然不同——更加科学、节奏更快、技术含量更高、更加多变。

这是一个进步的时代，一个迷惘的时代，一个危机的时代。

进步教育正是这个时期美国进步主义运动的一个组成部分。发生于 19 世纪末的进步教育在美国社会进步运动的影响下，开始了大范围的教育革新实验，一批具有进步教育理念的教育工作者和进步学校先后进行了实验研究，特别是一些具有较高理论素养的教育家的参与，使进步教育实验无

---

① 约翰·道斯·帕索斯，美国现代现实主义作家，主要作品有《第 42 条平行线》（1930）、《大钞票》（1936）。

② 欧内斯特·海明威，美国现代著名作家，主要作品有《太阳照样升起》（1926）和《老人与海》（1952）等。

论在原则和范围上，还是在广度和深度上，都呈现出新的理论化趋势。1919 年进步教育协会的成立标志着进步教育从"松散的联合"到"富有活力的组织形式"，1920 年发表的"进步教育七项原则"无疑为进步教育确立了指导思想和理论基础。可以说，进步教育是以一种自己所特有的方式来反映这个时代的特征和要求的。正如现代美国教育史学家克雷明（Lawrence Arthur Cremin，1925—1960）所言："实际上，进步教育开始是一种广泛的社会改良活动的一部分。这种活动是要把美国生活的允诺——民治、民有、民享的政治理想——应用于 19 世纪后半期形成的令人困惑的新的都市工业文明。……进步教育开始时实际上是教育中的进步主义：一种通过学校去改善个人生活的多方面的活动。"①

"八年研究"是美国进步教育发展过程中的一项代表性教育实验研究，也是进步教育协会最有成就的杰作。"八年研究"时期正是进步教育发生、发展的最辉煌阶段。作为进步教育中最有影响的事件之一，"八年研究"既是 20 世纪前半期美国进步教育发展和中等教育嬗变的产物，又是美国进步主义时代的结果。

第一节　美国社会的大转折

在美国历史上，19 世纪末至 20 世纪前 20 年属于大转折的年代，社会生活发生了全面而深刻的改变，工业化和城市化的过程已经完成，作为一个西方资本主义大国的地位得以确立，工业、农业、商业取得了飞速的发展，并逐渐从一个内向民族转变为外向民族，"一个新的美国已经勃然兴起"②。

一　工业化的实现

美国第 26 任总统西奥多·罗斯福（Theodore Roosevelt，1858—1919）曾说："一个伟大的民主国家如果没有进步意识，那么它就既不伟大也不民主。"③ 进入 20 世纪后，美国基本上实现了工业化，城市化的进程如火如荼，一个仅有 8000 万人口的国家拥有了人类历史上空前强大的生产能力和物质

---

① 《学校的变革》，第 2—3 页。

② 同上书，第 101 页。

③ Francis Whitney, An Outline of American History, The United States Information Agency, 1950, p. 166.

财富，这无疑是一种进步。进步主义运动就是美国工业化和城市化的产物。

南北战争以后，美国迅速由农业国转变为工业国，1894 年其工业产值已居世界首位，到 20 世纪 20 年代已成为工业化大国。这个时期工业化的发展主要表现在三个方面：

第一，工业区的扩大。1900 年，美国中西部已取代传统工业区新英格兰成为新的工业中心。特别是西进运动的影响和西部拓荒的推动，促使工业发展向西部挺进，其中最有影响的是五大湖重工业区的形成，它囊括了美国主要工业资源——煤和铁矿石的中心，伊利诺斯和俄亥俄州以煤为主，分别位居全国第二、五位，密执安和明尼苏达州以铁为主，分别位居第四、六位。五大湖重工业区的兴起还形成了一条从波士顿到圣路易斯的工业制造带：新英格兰是传统工业区，以纺织、钟表业等轻工业生产品为主，五大湖重工业区以钢铁、农机产品为主，大西洋中部地区为轻工业向重工业的过渡区，既有纺织也有船舶、机器制造业。工业区的扩大直接导致了一批新兴工业城市的出现，这类城市的专业性、技术性较强，不同于以往的综合性城市，通常有一种或几种工业支柱产业，如匹兹堡以冶炼为主，芝加哥以机器制造为主，底特律以汽车生产为主。

第二，工业生产组织形式的变革。由于工业生产规模逐渐扩大，竞争愈加激烈，大规模的生产也伴随着巨大的风险，破产和合并成为工业生产的主旋律，终于在进入 20 世纪前后爆发了第一次兼并高潮。1870 年至 1905 年间，钢铁工业部门产量增加了 9 倍，但企业数目却从 1808 家减少到 608 家，造船工业的生产吨位增长一倍，但造船厂却减少了一半。在钢铁业中，最早兴起的卡内基钢铁公司到 1894 年控制了全美冶炼能力的 1/4，1901 年被摩根财团兼并组成了新的钢铁公司；在石油工业上，约翰·洛克菲勒（John Davison Rockeffer，1839—1937）组成了庞大的石油王国，拥有40 多家子公司，控制全美炼油生产量的 90%；在汽车工业上，福特汽车公司后来者居上，占据美国汽车产量的一半。这种高度垄断的生产组织形式就是著名的"托拉斯"（Trust）。这种生产组织形式导致竞争，竞争引起生产集中，从而产生垄断。从此，在工业生产中，垄断和反垄断、集中和自由此消彼长，成为争论不休的话题。

工业生产的垄断导致通过大量吸收股份来吸引资本，从而扩大了资本和生产规模，大资本家可以通过掌控企业的股票形成连续的所有权，从而掌握更加广泛的资本。由于股份制的发展，一些中小资本家甚至工人都可以持有股份，少数人操纵股票使投机更加难以控制。这也表明工业生产经营权和所有权的分离，资本主义生产具有了更高的社会化程度。

第三，科学管理进入生产领域。"科学管理"的兴起"既是美国工业化的产物，又是美国工业化的特点。说它是美国工业化的产物，是因为它适应了美国大企业发展的需要；说它是美国工业化的特点，是因为它在美国比其他国家更为突出"①。被西方誉为"科学管理之父"的弗雷德里克·泰勒（Frederick W. Taylor, 1856—1915）于 1911 年出版了《科学管理原理》一书，提出了管理科学思想。泰勒科学管理的根本目的是谋求最高效率，高效率是工人和雇主们达到共同富裕的基础，可以使较高工资和较低的劳动成本统一起来，从而扩大再生产的发展。而提高工作效率的重要手段就是采用科学化和标准化的管理方法。为此，泰勒提出了一些基本的管理制度：（1）培训工人运用科学的操作方法，以便有效利用工时、提高工效；（2）对工人进行科学的筛选、培训和晋升；（3）制定科学的工艺规程，使工具、机器、材料标准化，并使作业环境标准化；（4）实行具有激励性的计件工资报酬制度；（5）管理和劳动分离。这些措施使美国企业的生产效率得到大幅度提高，出现了高效率、低成本、高工资、高利润的新局面。科学管理还是一场精神变革，每个人都要对工作、对同事建立起责任观念；每个人都要有很强的敬业心和事业心。亨利·福特（Henry Ford, 1863—1947）根据泰勒管理理论对如何提高整个生产过程的效率进行了研究。他充分考虑了大规模生产的优点，规定了各个工序的标准时间定额，使整个生产过程在时间上协调起来，创建了第一条流水生产线——福特汽车流水生产线。泰勒的科学管理很快转换成为强大的生产力，成为推动美国迅速走向工业化的重要因素。

工业化的直接结果是城市化的到来。工业化的兴起直接导致了工业化城市迅速崛起，特别是随着美国从农业国转变成工业国，人口开始集中于城市。据统计，1860 年美国城市人口占总人口数的 20.8%，1900 年为 39.9%，1910 年为 45.8%，1920 年为 51.4%，超过了农村人口，实现了城市化。②

工业化和和城市化"无疑为 19 世纪末 20 世纪初美国教育的发展提供了充裕的物质基础，但同时也对美国教育的改革提出了更为急迫的要求。因此，如何使学校教育适应工业化的进程，成为美国社会人士特别是教育

① 何顺果著：《美国史通论》，学林出版社 2001 年版，第 183 页。

② 菲特、里斯著：《美国经济史》，司徒淳等译，辽宁人民出版社 1981 年版，第 364 页。

界人士必须面对和思考的一个重要问题"①。

二 新移民的浪潮

在美国的纽约港有一座纪念性建筑，那就是 1892 年开始使用的联邦移民中心，它是成千上万进入美国大门的移民的见证。没有哪个国家的历史能像美国那样与移民紧密相连。仅在 20 世纪的头 15 年中，就有超过 1300 万人跨过埃利斯岛（Ellis Island）来到美国，埃利斯岛成为半个世纪的美国正式门户。英国作家韦尔斯（H. G. Wells，1866—1946）② 在 1905 年访问这个移民中心后写道：

> 他们向前走去，从这个围栏走向那个围栏，一个围栏挨着一个围栏，最后走向一个金属边门——这就是美国的大门。经过这个门，移民之溪涓涓流入——整天地流，每两三秒一位移民，带着一个提包或一捆什么……进入一个新世界。

19 世纪中期以前，美国把移民看成是一种廉价的劳动力，移民没有任何官方法令加以限制。但是随着移民的接踵而至，美国人开始担心他们的文化会受到威胁。实际上就连开国元勋托马斯·杰弗逊（Thomas Jefferson，1743—1826）都曾怀疑民主如果掌握在大量的移民手中是否可行。然而，在一个急需劳动力的国家，通向移民的大门一直没有关闭。

从 19 世纪 60 年代开始，美国涌现了一次持续时间最长、规模最大的移民浪潮。移民选择进入美国一方面是由于本国或地区的"贫穷、军阀主义、宗教的迫害和政治上的专制"③，另一方面，还是由于当时美国社会的巨大吸引力：工业化高涨的效应；1862 年《宅地法》规定，只需登记便可获得 160 英亩公地给愿意成为美国公民并在此土地上生活 5 年的任何人；铁路的发达，使美国各地畅通无阻；美国公司企业遍布欧洲，吸引了大批欧洲人。其结果是，从 1860 年到 1930 年共有 3100 万移民涌入美国。在 1900 年至 1920 年的移民高峰期，从意大利来的移民达 300 万，来自俄罗斯和波兰的 270 万，来自奥匈帝国腹地（奥地利、匈牙利、塞尔维亚、斯洛伐克等）的 300 万，还有成千上万几百年来一直是官方和非官方迫害对

---

① 《现代教育的探索——杜威与实用主义教育思想》，第 49 页。

② H. G. 韦尔斯，英国作家，以创作科幻作品而闻名，代表作有《时间机器》(1895)。

③ 阿瑟·林克、威廉·卡顿著：《1900 年以来的美国史》上，刘绪贻等译，中国社会科学出版社 1983 年版，第 14 页。

象的犹太人，另外还有 500 多万人来自英国、斯堪的纳维亚半岛、德国、法国、葡萄牙、希腊、叙利亚以及东南亚、加拿大和拉丁美洲。

这些移民的基本特征是使用多达几十种的不同语言；大多数没有受过教育；缺乏应有的技能；贫穷和忐忑不安。他们绝大多数聚集在工业发达的地区或城市，很快改变了城市的居民成分，纽约成为移民最为集中的城市，芝加哥拥有 40 个国家的移民，在马萨诸塞州劳伦斯从事纺织业的移民来自 25 个国家，操着 45 种语言。这些移民都怀着美好的希望，但从事着艰辛的劳动，过着差强人意的生活。但他们绝大多数战胜了偏见、微薄的工资以及为自己和孩子建设美好生活的绝望，并获得了所在社团、民族团体和社会援助的支持。特别令他们欣慰的是，他们的孩子可以在公立学校上学，而这在欧洲大多数国家却是少数人才拥有的特权，他们希望学校教育能使自己的孩子消除语言障碍，获得生存的技能，融入美国社会。美国的学校教育也面临着如何"美国化"移民及其子女的任务，成为"大熔炉"中最好的催化剂。

三　进步主义运动

19 世纪末以来的工业化、城市化和移民高潮为国家带来近 40 年的经济腾飞，美国拥有了人类历史上空前强大的生产能力和物质财富。这无疑是一种巨大进步。但社会结构的变革、生产资本化和社会化的扩大与加深，势必产生新的社会问题和矛盾。

首先，社会贫富分化加剧。生产方式和经济的垄断必然引起财富和权力的重新分配，而分配的结果是日趋加深的贫富差距。具体表现为：（1）财富的高度集中。大公司、大企业、大家族拥有惊人的财富和特权，而且还在迅速扩张。各行各业都呈现出垄断的趋势，极少数的财团决定着国家的经济命脉，经济上的自由竞争几乎不可能。（2）贫困的急剧恶化。普通工人的生活改善远远落后于工业的发展。中南欧近千万身无分文的移民纷纷涌入美国，在极其恶劣的条件下长时间从事单调机械的体力劳动，很少受到法律的保护。妇女儿童的状况尤为悲惨，往往聚集在拥挤肮脏的贫民区，那里是贫穷、愚昧、落后、犯罪最为集中的地方。据统计，到 20 世纪初，全美国 16 座最大的城市中，1/10 的人生活在贫民窟，而纽约贫民窟的人口占该市总人口的 2/3。

其次，社会、经济秩序混乱。由于无秩序的竞争、垄断与自由放任，经济生活处于失控状态。从 19 世纪末到 20 世纪 20 年代，共发生了四次经济危机，造成企业倒闭、金融危机、工农业生产滑坡、失业人数剧增。

　　社会经济的混乱导致社会腐败、道德堕落，各级政府官员不断出现政治丑闻。"黑幕揭发运动"的代表人物、著名记者林肯·斯蒂芬斯（Lincoln Steffens，1866—1936）在《城市的羞辱》中尖锐地指出：①圣路易斯代表着贿赂，印第安纳波利斯意味着利用制定政策获取不义之财，匹兹堡暴露了一个政治和工业的核心小集团，费城显示了文化制度的彻底糜烂。整个社会的道德水准普遍下降，拜金主义、享乐主义和虚假诈骗盛行一时。

　　面对发展中所出现的问题，社会各界为维护自身的利益开展了各种运动，以期改变所处的不利局面，消除社会发展的弊端，其中影响较大、意义深远的还是进步主义运动。这是一场针对当时美国社会诸多问题和弊端而兴起的社会改良运动。美国历史学家阿瑟·林克（A. S. Link）、威廉·卡顿（W. B. Cotton）认为："进步主义乃是绝大多数美国人对新近工业化和城市化引起的问题的反应。这些问题中，最令人不安的是市、州及国家各级责任制政府的崩溃；大城市中贫民窟、犯罪和贫困的蔓延；对劳动人民尤其是妇女儿童的剥削；工业和金融的日益集中；特别是涌现出深刻影响人民命运而又超脱人民控制的铁路、大公司和金融帝国等巨大经济集合体。"②

　　进步主义运动包括制度层面和思想意识层面。在制度层面，进步主义运动以中产阶级和知识分子为主，试图把美国的社会改革运动推向新的阶段，并集中反映了 20 世纪初期"进步"的特点。它涉及四任美国总统，其中西奥多·罗斯福时期是这次改革的顶点。改革的主要内容包括：

---

　　①　"黑幕揭发运动"是 20 世纪初美国从农业社会到工业社会的转型刚刚完成之际发生的一场大规模社会运动，以林肯·斯蒂芬斯为代表的一批有志于社会改革和社会正义的作家、新闻工作者即"黑幕揭发者"，利用当时已经大众化的传媒——报纸杂志，以深度的解析和犀利的言论抨击了伴随社会转型而来的种种不公和腐败现象，与政界、商界和知识界的其他进步力量一起，通过激活公众舆论、促使民众觉醒和支持立法等方式，抑制了社会达尔文主义思潮，避免了可能出现的社会失序，进而巩固了生产力发展的成果和既有的社会体制。它的目的并不是从根本上动摇、推翻美国制度和社会，而是敦促其自我调节、改革，使之更加稳定。西奥多·罗斯福总统在一次记者招待会上不满地将这些专门揭露社会弊端的记者称之为"扒粪者"（muckrakers），把他们比喻为 17 世纪英国著名作家约翰·班扬（John Bunyan，1628—1688）的宗教小说《天路历程》中的"扒粪者"，是由于这些"扒粪者"手拿粪耙，目不旁视，只知道朝下看，因此看不到任何美好的事物，满目都是地上的秽物。然而，这一带有嘲弄意味的词汇反而得到公众的认可，成为一种受人赞许的尊称。故此，黑幕揭发运动又称"扒粪运动"。

　　②　阿瑟·林克、威廉·卡顿著：《1900 年以来的美国史》上，刘绪贻等译，中国社会科学出版社 1983 年版，第 52 页。

（1）政治改革。在市政改革方面，力图以一个超越党派的管理机构取代过去通行的市长—市政会议制。最早由得克萨斯州的加尔维斯顿市首创，市政委员会由超党派行政人员组成，集体承担管理城市的任务。1900年至1914年，效法这一改革的城市由100个增加到400个。在州政改革方面，以"还政于民"为原则，实行直接选举，承认妇女的选举权，并于1920年由第19条宪法修正案予以确认。

（2）经济改革。经济上所面临的突出矛盾是垄断或托拉斯问题，这是造成贫富差距悬殊、中小企业破产、金融体制混乱的原因。为了抑制贫富差别的扩大，宪法于1913年补充了第16条修正案，对任何来源的收入课征所得税，以便把部分负担转嫁给那些最有能力支付的人。同时，通过反托拉斯法案，成立公司管理局，其任务是调查各公司的财务状况，进行反托拉斯的控诉。1912年12月通过了《联邦储备法》，重建国家银行和货币系统，按地区划分银行体制，以便有效地防止投机活动的蔓延。

（3）社会改革。社会改革的一项重要措施是为解决贫困问题而开办福利院，或称贫民宿舍，以便为城市中的无家可归者提供一个暂时栖息之处。开办福利院的是一批年轻的志愿者，尤以妇女为主。她们大多出生于中产阶级，受过良好的教育，相信社会公正和进步的理想。其中，著名社会改革家、和平主义者简·亚当斯（Jane Adams，1860—1935）致力于创建福利与教育中心，为社会变革奔走呼吁，为此荣获1931年诺贝尔和平奖。

社会改革的另一项突出事业是女权运动。女权运动提出妇女的政治要求和主张，争取妇女选举权，力争改善妇女儿童的劳动条件和报酬，期望教育培养一代追求平等解放、投身事业和社会的新女性。

在思想层面，进步主义运动开展了更加深刻的观念变革。进步主义运动实质上就是一场思想变革运动，它试图"在资本主义已取得的巨大物质进步的基础上，推动社会的全面改善，创造出与物质繁荣相应的精神文化条件，重建遭到工业文明摧毁和破坏的社会价值体系，从而推动资本主义的顺利发展。……进步主义运动实质上是一场资本主义条件下的文化重建运动"①，其核心就是重塑资本主义的"新个人主义"。

个人主义是美国社会和文化最基本的信仰之一，具有倔强性、独立性、独创性和毅力。19世纪以前的个人主义为"旧个人主义"，其思想来源是欧洲启蒙运动中反对专制君主制度、实现个人政治与经济自由的信

---

① 李剑鸣著：《大转折的年代——美国进步主义运动研究》，天津教育出版社1992年版，第15页。

念，以及社会达尔文主义。而后者接受了达尔文（Charles Darwin, 1809—1882）"自然适应"和"适者生存"的思想，对 19 世纪后半叶至 20 世纪初的美国思想界影响巨大，其代表人物社会学家萨姆纳（William Graham Sumner, 1840—1910）直言不讳地说：

> 应该了解，我们不能离开这样的选择：自由、不平等，最适者生存；不自由、平等，最不适者生存。前者推动社会前进，有利于所有它最好的成员；后者使社会日益衰落，有利于所有它最坏的成员。①

在萨姆纳看来，无论是政府还是个人，都不应该帮助弱者，干预竞争，因为这将破坏"自然选择"的"伟大进程"，从而阻碍整个民族的不断优化。显而易见，这种个人主义所强调的已不再是旨在反抗专制压迫、争取个人自由的启蒙时期的个人主义，而是公然地鼓吹自我膨胀、自私自利、弱肉强食。不仅如此，随着工业化和城市化的到来，美国的个人主义日益堕落为厚颜无耻的政客、贪得无厌的商人以及冷酷无情的投机冒险家们的遮羞布。

进步主义运动所提倡是一种"新个人主义"。早在 19 世纪末"黑幕揭发运动"中的另一位著名新闻记者劳埃德（Henry Demarest Lloyd）撰文猛烈抨击了美孚石油公司的不法经营，成为新闻界揭露黑幕的典范。他写道：

> 只为自己的人不仅毁灭自己，而且毁灭所有人；只有社会才能促进个体和他人的发展；只有通过把自己和他人联系在一起才能成为自己；只有通过寻找新的普遍遵循的法则，才能扩展自己的自由。……脱离轨道的火车没有任何自由，孤立的人只是人的雏形。②

在劳埃德之后，"黑幕揭发运动"又暴露出许多垄断巨头们为牟取暴利而贿赂政府官员、牺牲平民利益的种种反社会行径。与此同时，学术界也开始了对社会达尔文主义的清算，反对把人理解成为了生存而相互厮杀的孤立的个体，强调人的社会属性。美国社会学的开创者之一沃德（Lester Frank Ward, 1841—1913）对社会进化论作了系统的批驳，指出社会达尔

---

① 纳尔逊·曼弗雷德·布莱克著：《美国社会生活与思想史》，许季鸿译，商务印书馆 1997 年版，第 195 页。

② Merle Curti, The Growth of American Thought, New York, Harper & Row Publisher, 1964, p. 602.

文主义者们把自己的体系建立在"作为动物的人的行动"上，而不是建立在"理性的人的行动"上。许多知识分子认为，社会达尔文主义不仅是反科学的，而且是反基督教的，是不道德的。杜威（John Dewey，1859—1952）最终阐明了新个人主义的内涵和特征，他在1930年专门撰写的《旧个人主义和新个人主义》一书中指出，旧个人主义是自由放任的、倔强的个人主义，而新个人主义则是具有社会责任心的个人主义，而新个人主义要求培养"一种新型的理智、新型的情操和新型的个性"①，其特征有两个方面：（1）社会性。反对把"个人"和"社会"对立起来，强调共同参与、相互合作。（2）理智性。强调面对现实，即理智上的接受，而不是情绪和意志上的接受。

可见，进步主义所信仰的个人主义重视人与人之间的联系，重视人与人之间的交流与合作。个人的自由并非不重要了，而是只有在与他人的联系、交流与合作中，个人的自由才能得到最大的实现。新个人主义不再把政府作为异己的压迫力量加以敌视，而是把它当作一种必要的人类组织形式，用来服务于个人自由发展之根本目的，"新个人主义不再把人生视为一场残酷的生存斗争，把他人视为必须征服的对象，而是把社会视为一个有机的共同体，强调全体社会成员合作运用智慧、运用科学技术来解决共同体所面临的问题，从而不断丰富共同体生活的意义，并最终实现每一个人的自由发展"②。

毋庸置疑，进步主义运动是现代美国社会保障制度的起步，其最大贡献"在于推翻一直牢牢支撑现状的保守思想，在于为社会福利国家提出一种哲学体系"③，它把美国的民主制度推进到一个新阶段。进步主义运动是新时期美国历史发展的动力，也是进步教育的思想理论基础。

四　政治与文化的迷惘

20世纪初期，美国社会的迷惘首先表现在政治上。20年代伊始，美国政治趋于保守，这种倾向有悖于进步主义运动的方向。1920年大选中共和党的获胜标志着保守主义的确立。哈定（W. G. Harding，1865—1923）总统在就职演说中提出"恢复常态"④，提出重建、调整和恢复的施政纲

---

① 杜威著：《杜威教育论著选》，赵祥麟、王承绪编译，华东师范大学出版社1981年版，第288页。

② 孙有中著：《美国精神的象征》，上海人民出版社2002年版，第299页。

③ 阿瑟·林克、威廉·卡顿：《1900年以来的美国史》上，刘绪贻等译，第84页。

④ 沃伦·G. 哈丁，美国第二十九任总统（1921—1923），共和党人。

领，实质上是放弃了 20 世纪以来由民主党所倡导的进步主义改革，特别是声称任何人都无权举行"危害公众的罢工"，迎合了当时美国社会的政治氛围。从 20 年代开始，由于苏俄苏维埃政权的创立与巩固，第三国际的活跃，战后罢工的重新开始，加上美国共产党的成立等，使美国上层社会产生极大的恐惧，把国内的任何恐怖危险活动都与共产主义挂起钩来，产生了所谓的"赤色恐惧"。共和党政府借机怀疑那些对政府持批评态度的人，甚至进行搜捕和政治迫害。

"赤色恐惧"引起了一场排外高潮。20 年代限制移民政策的出现，是美国政治决策的重要变更。1921 年 2 月，美国国会中主张限制移民的力量已具有 2/3 的多数，通过了种族歧视的移民配给法，旨在排斥他们认为不适合进入美国的不可同化的次等民族，即亚洲人和中南欧人，规定了每年移民的总数以及各民族的配额，减至相当于战前的 2/5，为该民族 1910 年在美国人数的 3%。1924 年的移民法又进一步将参照系数提前到 1890 年，也就是大批东南欧移民到来之前。

移民问题还刺激了民族主义情绪的蔓延。从对德裔美国人的不信任发展到对后来移民的普遍不信任，对本民族的认同被认为是美国性不够的表现。"美国性"实质上是指各民族在美国这个大熔炉中混合而成的一种崭新的民族特性，而民族主义者所强调的是以盎格鲁—撒克逊为主的白人新教文化。1915 年三 K 党的复活是这一时期美国政治上走向保守的先兆。他们提出的口号是"百分之百的美国主义"，反对天主教徒、犹太人、黑人和亚洲人，认为天主教徒掌握了美国的政治权利，犹太人左右着经济命脉，黑人威胁到白人的财产和安全，亚洲人与白人争夺了就业机会。这股势力逐渐由社会领域渗透到政治领域，曾夺取了三个参议院议席和至少 4 个州长位置，在美国北部和中西部地区形成了势力范围。

迷惘还表现在文化的冲突上。20 世纪 20 年代，美国工业化和城市化所带来的新的生活方式与传统社会发生了激烈碰撞，开始出现对美国现代生活特点的不满情绪。其中，最明显的是"原教旨主义"（Fundamentalism）的流行。这种思潮认为基督教信仰的根本在于绝对相信《圣经》中的一切记述，反对近代以来的基督教教义和怀疑主义，将基督教与达尔文的生物进化论截然对立起来，有几个州甚至通过了禁止讲授进化论的法令。在肯塔基州，一位学生家长不惜使自己的孩子退学，控告学校的教师，理由是教师在课堂上讲授地球是圆的；1923 年，俄克拉荷马州议会通过法案，禁止中小学教科书含有达尔文进化论的内容；1925 年，田纳西州一位中学生物教师因在课堂上讲授进化论而被审判和定罪。

　　工业化过程所导致的人的异化、物质欲望的张扬、对人性的压抑以及保守主义的卷土重来，使得 20 年代的美国知识分子感到迷茫彷徨，从而产生反叛的心态。有的知识分子崇拜欧洲尼采（F. Nietzsche，1844—1900）哲学，沉迷于个人意识和情感，要求摆脱传统理论的束缚和改变美国现有的观念形态；有的对工业化所导致的负面效应和物质技术对人性的统治和剥夺难以理解，厌恶美国的现代工业文明，采取离群索居和闭门创作的方式来宣泄内心的焦虑和不满；有的不满于生活中所见所闻的那种崇尚物质利益而精神空虚的生活；有的受到弗洛伊德心理学和马克思主义的影响，坚持"无神论"，为推翻传统价值观起到了推波助澜的作用。特别是在文学方面，出现了一批具有批判精神的思想家和作家，以欧内斯特·海明威、威廉·福克纳（William Faulkner，1897—1962）、F. 斯科特·菲茨杰拉德（F. Scott Fitzgerald，1896—1940）为首的"迷惘一代"文学家创作出了美国战后现实主义文学，评论家门肯（H. L. Mencken，1880—1956）、埃德蒙·威尔逊（Edmund Wilson，1895—1972）等人则以犀利的笔锋批判当时自满自足的时代精神，反对随波逐流，形成了一股反叛的文学潮流。[①]

　　20 世纪二三十年代美国社会的两大文化象征是性解放和爵士乐。工业化使许多农民成为城市阶层，生活方式的改变使人与人之间缺乏交往和联系，以往乡村那种大家庭式的田园生活被城市中父母和子女所组成的核心家庭生活所取代，孤独、寂寞和无助困扰着人们。同时，弗洛伊德学说开始风靡美国，并在传播中被缩水和曲解，他所提出的人格理论本是作为精神分析的手段，却被当作追求性解放的一种理论依据。于是，许多具有叛逆精神的美国妇女强烈要求享有公平的离婚自由，要求在就业、接受教育、住房、娱乐、饮酒、性和婚姻方面享有绝对和广泛的平等权利。与此同时，来自非洲的"爵士乐"（Jazz）在 20 年代的美国青年中甚为流行，它那风格热烈、可乐可舞、活泼明快、无拘无束、激烈奔放、放纵不羁的特点，使人赋予官能感受和自发性表现，复活了人的本能节律，恰好适应

---

　　① 威廉·福克纳，美国现代现实主义作家和文学家，著有《喧嚣与躁动》（1929）和《我弥留之际》（1930）等；弗朗西斯·菲茨杰拉德，美国现代现实主义文学家，著有《了不起的盖茨比》（1925）和《乐园的一边》（1920）等；门肯，20 世纪美国杰出的记者和编辑，二三十年代最主要的反传统知识分子，主要作品有：《偏见集》、《评民主》；埃德蒙·威尔逊，20 年代美国评论家和记者，其文学批评深受马克思和弗洛伊德的影响，主要作品有：《名利场》、《新共和》等。

了年轻人性解放的心理。

美国黑人也开始对自己的民族精神进行自我审视，兴起了一场美国黑人的文化和艺术运动，即"哈莱姆文艺复兴"（Harlem Renaissance）运动。[①]该运动同"迷惘的一代"一样，是以诗人兰斯顿·休斯（Langston Hughes，1902—1967）为代表的作家反对中产阶级的价值观和传统文化形式的运动，他们甚至在处理美国社会生活现实的时候，也采取同样的态度。

20 年代美国文化的反叛，深深地影响到社会生活和变革，也影响到大学生在校园的行为方式、道德观念和流行时尚，触及了学校教育的各个角落。有学者指出："20 年代所盛行的各种形式的反叛思潮，在本质上是个人主义价值观的极端表现。……这种氛围直接影响了进步主义教育运动的价值取向，并进而影响到运动中出现的各种试验和理论。"[②]

五　经济的繁荣与危机

20 世纪 20 年代的美国虽然在政治上保守、思想上反叛，但在经济上却迎来了一个繁荣和动荡的时期，其发展速度之快、震撼之剧烈、影响之广泛，均前所未有。

（一）大发展

在美国经济发展史上，20 年代被称为"金色的 20 年代"，经济发展迎来了一个前所未有的繁荣景象。主要表现为：（1）国家总体经济实力不断增强。据统计，1919 年的美国国民生产总值大约只有 742 亿美元，到 1929 年已增加到 1031 亿美元，10 年内增长了 28.4%；从国民总收入上看，1921 年时仅为 594 亿美元，到 1929 年增长到 872 亿美元，8 年内增长了 31.9%；就人均收入而言，1900 年时仅有 480 美元，到 1929 年已增加到 681 美元，增长了 28.9%。而此时的美国工业产值已占全世界工业总产值的 48.5%，超过了当时世界上 3 个主要工业国家英、法、德的总和。由于经济实力增强，资本输出加快，由 1919 年的 30 亿美元，增长到 1929 年的 172 亿美元，10 年内增长了 68.8%。[③]（2）经济支柱产业形成。本时期美

---

① 哈莱姆文艺复兴是美国 20 世纪 20 年代的黑人文化运动，当时以纽约黑人社区哈莱姆为中心，一大批作家、艺术家、音乐家在爵士乐、文学、诗歌等方面迸发出极大的热情和天赋，用艺术形式表达黑人的觉悟和民族自尊心，争取黑人应有的社会地位，因此，也是一场黑人政治文化运动。兰斯顿·休斯是其中的一位著名诗人，代表作有《黑人话河流》（1921，1925）。

② 张斌贤著：《社会转型与教育变革》，湖南教育出版社 1998 年版，第 95 页。

③ 《美国史通论》，第 261 页。

国工业生产形成了三大产业支柱：制造业、电机业和建筑业。特别是制造业中的汽车业获得了惊人的发展速度。汽车虽然诞生于德国，但自1903年美国福特公司成立以后，世界汽车生产的中心迅速转移到美国。到1929年，美国汽车工业的产值已占全国工业总产值的8%左右，而所雇的工人亦占全国工人总数的5%；这一年，美国的汽车产量达2650万辆，占全世界总产量的5/6。汽车业一方面给石油生产、轮胎制造、公路建设、钢铁业带来了巨大利润，直接刺激了交通业的发展，另一方面还改变了美国人的生活方式，缩小了城乡之间、人与人之间的距离，形成了特有的汽车文化，使美国成为"轮子上的国家"。除此之外，电机业、建筑业、化学工业和石油工业也取得了惊人成就。（3）社会生活质量的提高。20年代还是美国社会生活水准普遍提高的年代，除了汽车以外，电话、收音机、电冰箱、吸尘器、洗衣机等家用电器也迅速普及。从1929年开始，美国实行每周5天、每天9小时工作制，人们的生活从一味工作逐渐转向注意消费享受，开车兜风、看电影、听爵士乐成为娱乐的方式，物质主义和享乐主义在社会上蔓延。

　　20年代经济繁荣的直接原因主要是：（1）第一次世界大战的影响。战争的需要使美国的工业产量急剧上升，刺激了美国经济的发展。（2）大规模生产在工业生产中的运用。所谓"大规模生产"（Mass Production）是指采用机器进行批量工业品生产，自动化、标准化和流水线是大规模生产的三大要素。"汽车大王"亨利·福特首创"流水装配线"生产方式，并逐渐由汽车行业传播到其他领域，成为制造业等相关产业中的主要生产方式。（3）分期付款办法的普遍采用。这为许多商品购买者提供了方便，增加了大宗商品交易活动的数量，提高了信用在交易活动中的地位。（4）"自由放任"的政策。这个时期的历任总统都反对政府对经济的任何干预。1925年，时任美国总统卡尔文·柯立芝（Calvin Coolidge，1872—1933）所说的那句名言："美国人的当务之急就是经商"（The chief business of the American people is business.），① 就是最好的佐证。它为短期的繁荣提供了动力，但是也为未来的发展埋下隐患。

　　（二）大萧条

　　然而，这种隐患爆发的速度之快是美国人所始料不及的。1929年10月24日，纽约证券交易所股市暴跌，这个"黑色的星期四"将美国社会

---

　　① 卡尔文·柯立芝，美国第30任总统（1923—1929），共和党人。

带入了"大萧条"。这是美国有史以来最可怕的、历时最长的、打击最严重的一次经济危机。从1929年到1932年短短的3年时间里，工业生产水平下降一半以上，失业人数从400万上升到1200万，全国国民收入从810亿美元降到490亿美元，劳工平均工资下降40%，农场主的收入减少了一半以上，5100家银行倒闭，储户损失达几十亿美元。到1933年，纽约股市的股票价格比1929年危机前跌去了4/5强。对广大工人和劳动者来说，失业成为家常便饭。据统计，1932年全美失业人数相当于全国劳动力的24%。大批无家可归者露宿街头，银行和救济站前排起了长队，一些地方发生了骚乱和镇压事件。得天独厚的美国人从来没有如此规模地堕入贫穷的深渊，从来没有如此丧失过自信和自尊。

这次经济危机的原因是多方面的。第一，资本的高度集中造成了财富分配的不均。社会财富高度集中一直是美国社会和经济发展的定时炸弹，也是整个社会有机体的一个顽症。第二，农业与工业发展极不协调。农业生产长期处于萧条状态，1929年的全国人均收入为750美元，而农业的人均收入只有273美元。工农大众较低的收入水平直接影响到消费市场。第三，大众化的分期付款产生了不良后果。由于分期付款导致市场人为膨胀，必须不间断地保持信贷的供应，否则市场就会急剧萎缩，而一旦贷款减少，危机就会到来。第四，股票投机的盛行。股票在流通领域的交易给人们带来某种虚假繁荣的印象，投机氛围浓厚，社会游资大量游向证券市场和不动产领域。第五，政府缺乏调控和预见。特别是胡佛（Herbert K. Hoover，1874—1964）政府盲目乐观，[1] 在1928年的总统选举中，胡佛一再声称"我国今天比任何国家历史上的任何时代都更接近于消灭贫困的最终胜利"（此话一年后成为美国人的笑柄），在1929年的就职演说中公开表示："总的看来，我们达到了世界上前所未有的慰藉和安全。"[2] 这种盲目的自信还导致危机后始终抱着自由主义和不干预主义的传统不放，导致反危机政策的失败，最终在大选中惨败。

（三）"新政"

1933年当选的民主党新总统富兰克林·罗斯福（Franklin Roosevelt，1882—1954）提出实施"新政"（the New Deal），开始了恢复经济、变革

---

① 赫伯特·K. 胡佛，美国第31任总统（1929—1933），共和党人，因应对经济危机不利，在1932年的大选中惨败于罗斯福。

② 《美国史通论》，第267页。

社会和振兴国家的改革。罗斯福给极度失望的美国人带来了信心和乐观，他在就职演说中声称："我们唯一可恐惧的事情就是恐惧情绪本身"，使美国人民很快集合在"新政"的旗帜之下。

"新政"是由来已久的摒弃自由放任主义趋势的结果。它的推行速度之快、力度之大超过了以往任何时候的改革。其主要措施包括：（1）恢复金融秩序。将已破产的银行暂时全部关闭，要求有偿付能力的银行重新复业，政府采取通货适度膨胀的政策促使物价上升，设立新机构，使工农业生产可以取得条件优厚的信贷便利，对股票交易中的证券出售实行严格管理。同时，安抚民众的恐慌心理，罗斯福亲自发表了著名的"炉边谈话"，次日成千上万的人来到 12 个设有联邦储备银行的城市，他们不是来提款的而是存款的。（2）控制失业的进一步蔓延。国会批准建立了平民保护团（Civilian Conservation Corps，缩写为 CCC），旨在救济 18 岁到 25 岁之间的失业年轻人，该组织采取半军事化的形式，在全国各地接收无业的年轻人，组织他们参加各种各样的保护项目，如植树造林、保护国家林业资源、防止河流污染、建立鸟类的庇护所、保护能源资源等。同时，成立民事劳动局开展救济工作，使失业计划建立在工作救济基础上，而不是靠福利来解决问题。（3）颁布《农业调整法》和《农业救济法》，为农民和农场主提供经济援助。（4）整顿工业生产秩序，保护劳工。1933 年颁布了《国家工业复兴法》，力图创造更多的就业机会和公平竞争的机制，保护劳工组织的利益。

从 1933 年 3 月到 6 月的第一次"新政"，美国先后制定了 15 项具有历史意义的法律，起到了恢复、救济和改革的作用，基本上遏制了经济的进一步崩溃。此后开展的第二阶段新政转移到社会经济改革上，扩大政府和国家的干预权力，修正了各项改革措施，完善了整个社会的保障体制，确立了充分就业、经济繁荣和社会安定的方针政策，在一定程度上改变了美国传统的放任自由主义经济，把资本主义推进到国家资本主义的阶段。

大萧条和"新政"对美国社会的发展产生了直接的影响。大萧条不仅是一场经济危机，而且还对美国社会政治、文化教育产生了重要影响，正如美国学者佩尔斯（R. H. Pells）所言："归根结底，经济萧条的性质——大萧条所提出的特殊问题，解释这些问题的方式和看来需要作出的反应等等，决定了美国的政治生活、社会生活和文化生活。"①

---

① 佩尔斯著：《激进的理想与美国之梦：大萧条岁月中的文化和社会思想》，卢允中等译，上海外语教育出版社 1992 年版，第 378 页。

　　由于社会现实的影响，进步教育的基本倾向发生了微妙的变化，它所一直坚持的儿童中心主义开始偏离统治已久的圣坛，长期处于边缘化状态的"社会需要"或"社会中心"倾向逐步取得了应有的地位，并影响到运动发展的方向。1932 年，进步教育家康茨（G. S. Counts）所发表的《学校敢于建立新的社会秩序吗?》一文就是最直接的反映。大萧条引发的社会危机和传统观念与现实的冲突，极大地改变了进步教育所处的社会环境和氛围，直接影响到它的发展方向。"新政"符合进步主义的思想和主张，大萧条使曾经退居主流思想和意识的资本主义理想主义、浪漫主义、改良主义和国家宏观干预理论得以复苏。"新政"取得的胜利实际上标志着进步主义运动的成功，使罗斯福总统以各种进步主义组织、知识分子、流派和基本观点为联盟，完成了进步主义运动所倡导的思想和理念。

　　大萧条和"新政"还提出了一个重要的社会问题，那就是在社会繁荣和动荡、危机和重建的过程中，在撇开自由放任的资本主义和社会主义而实施国家资本主义后，如何还能同时保持资本主义所崇尚的社会民主和个人自由，以及个体如何在这种新的社会观念和机制下充分、恰当地运用自由，如何将这种新的民主自由理念灌输给未来的年轻一代。因此，从某种程度上来讲，大萧条以及新政使资本主义更加趋于理性，使进步主义运动的理想得以部分实现或具备了必要条件，客观上为进步教育提出了新的探索领域，也使它获得了开展新一轮教育实验研究的新动力。

第二节　学校的变革与躁动

　　20 世纪二三十年代，无论在规模和质量上，还是在教育的民主化和制度化方面，美国教育都取得了举世瞩目的成就，特别是公立中学的迅猛发展使在校中学生人数剧增。与此同时，进步教育已成为本时期教育改革的主流思想，并开始引领中学发展的方向，特别是高中的教育目标和未来走向。因为高中是中等教育重要的环节，对整个教育结构具有潜在和直接的影响。

一　中学与大学的衔接

　　从教育的转型上讲，20 世纪二三十年代美国中学的发展遇到了新的挑战。美国中等学校源自欧洲模式的文法学校，属于上流社会子弟学习的场所，课程以古典学科为主，以培训学生进入大学为目标。后来，富兰克林（B. Franklin, 1706—1790）创立了文实中学，开设了实用性课程，英语语法、古典作品、作文、修辞和演讲取代了拉丁语和希腊语，特别是为学生设置了为未来职业作准备的科目。例如，将来准备充任牧师的学生可以学习拉丁语和希腊语；准备从事商业的学生可选修法语、德语和西班牙语；准备从事记账、测量土地和建筑工作的学生可学习实用性较强的数学（而不是抽象的科目）。这样，文实中学既为学生升入大学作准备，又考虑到学生未来就业的需要。这种为职业作准备的潜在目的，引起了公立学校倡导者的兴趣。波士顿学校委员会在 1821 年建立第一所公立中学时就指出，公立中学是为学生的"职业作准备，而不是为他们的升学作准备的"①，应该继承文实中学重视实用知识教学、为学生谋职服务的传统，向综合性方向发展。到 19 世纪末，富兰克林的功利主义和职业教育论思想得到了广泛推广，许多公立学校都按照这一思想设计课程。

　　但是，公立中学蓬勃发展之际也是内在矛盾暴露之时。公立中学所开设的课程并未涵盖大学入学考试科目，即古典的拉丁语和希腊语。而旧的文法学校和文实学校所开设的科目反而与大学的要求相吻合。公立中学显然处于不利的境地，最终不得不修改了初衷。19 世纪中后期，公立中学逐渐成为具有升学和就业双重功能的教育机构，既开设实用性的实科课程，又开设古典课程，结果是课程名目繁多，教学质量难以保证且参差不齐。另一方面，大学之间的入学条件差异显著，且依据将来所授的学位来规定中学毕业生进入大学的条件。例如，耶鲁大学要求中学毕业生具有植物学知识，哥伦比亚大学要求学生具有突出的物理学、化学方面的知识，而普林斯顿大学则根本没有对自然科学提出任何要求。这样，中学和大学的衔接出现了脱节。究其原因主要是公立中学最初并不是作为大学的预备教育而建立的，课程设置和大学入学要求存在差异，彼此之间没有稳定的衔接关系。

　　大学曾试图改善与中学的关系。早在 1860 年，有的大学开始将高质量中学所开设的课程作为考试科目。1870 年，密执安大学校长首次建议从那些被认为是"合格"（即高质量）的中学里免试录取学生，凭证就是中学校长的推荐信。同时还任命了一个委员会专门负责评价、认可合格学校的标准。其他大学纷纷效仿，"合格中学"也越来越多，大学开始采用统一的入学考试制度。这种认可制度（accrediting system）加强了中学和大学的联系，有利于促进中学提高自身教学质量，大大促进了中学和大学的

　　① E. D. Grizzell, Origin and Development of the High School in New England before 1865, New York, The Macmillan Co. , 1923, p. 42.

衔接，也为那些准备进入大学或无意继续接受教育的学生提供了相对平等的机会。但是，新的问题又出现了：决定中学课程的主要因素是大学的入学考试科目，而不是学生的需要或兴趣，这显然不符合正在生成的新教育理念。于是，有的人士就建议设立一种兼顾升学和就业的统一性课程，作为中学生进入大学的一致标准。

为此，美国全国教育协会（NEA）成立了一些分支机构，尝试解决中学与大学的衔接问题。其中开展了卓有成效的工作，最著名的就是 1892年成立的以哈佛大学校长埃利奥特（Charles W. Eliot, 1834—1926）为首的"十人委员会"（the Committee of Ten）。该委员会于 1893 年 12 月提交了一份报告，阐述了对中等教育培养目标和课程设置的建议，明确指出：中学毕业生升入大学的标准只能是出色地完成了中学的学业，而不论学习的课程是否有利于学生未来的发展；应将中学课程统一为四门学科，即古典语言科、拉丁语—自然科学科、现代语科、英语科；为数不多的中学生进入大学接受教育并不能成为中学演变为大学预科的理由，中学的大学预备教育应成为一项附带的职能，而不是首要职能；大学不仅应向修完规定课程的中学生开放，而且也应接纳那些具有学习潜力的学生。显然，由于多数中学设置的学科内容为终结性课程，中学和大学相互协调的时机还不成熟。尽管如此，委员会还是建议尽可能缩小学生学习目的与课程的差异，简化中学向大学的过渡。随后成立的"大学入学条件委员会"于1899年发表了《大学入学条件》的报告，基本精神主要有两点：一是提出了中学课程的选择性原则，使大学的入学条件具有灵活性；二是提出学科的一致性，平等地对待所有中学学科，"所有学科都有同等的教育价值"[①]。

为了在大学和中学之间建立有机的联系，1908 年成立的卡内基教学促进基金会（Carnegie Foundation for the Advancement of Teaching）推出了"卡内基学分"（Carnegie unit），作为保证大学质量、衡量中学课程学习标准的单位。该基金会是 1905 年由美国著名钢铁、商业巨头和慈善家安德鲁·卡内基（Andrew Carnegie, 1835—1919）创建的。早在 19 世纪末，纽约州立大学首次采用了以"分值"评定中学毕业标准的制度，称"积点"（count）。20 世纪初期，卡内基教学促进基金会为了确定统一学分的概念，并使花费在学分上的时间标准化，将"一门课不少于 120 学时"确定为一

---

① 　National Education Association, Report of the Committee of Ten on Secondary School Studies, Washington, National Council of Education, 1893, p. 52.

个卡内基学分。此后，美国中学普遍采用学分制，学分单位均采用卡内基学分，并规定一个卡内基学分就是一学年（36 周）学习一门课程（每周上课 5 节，每节以 40 分钟为原则）至少达到 120 小时以上。1911 年，美国全国教育协会规定进入大学需修完 15 个学分，其中英语为 3 学分，社会学科和自然学科各为 1 学分，另外两门主科各为 3 学分，任何一门选修课均为 2 学分，在 15 个学分中英语、外语、数学、自然学科不低于 11 学分。后来，美国许多大学把中学毕业生所应获得的学分量确定为录取标准之一，通常要求中学毕业生修完高中的 16 个卡内基学分，而大学的要求决定了中学的主要课程，中学的课程被固定在 16 个学分上。

第一次世界大战后，进步教育逐渐渗透到中等教育领域，其基本教育思想和理念对大学入学要求提出了质疑和挑战。因为，对于进步教育而言，学校的教学内容或课程应该建立在儿童经验和需要的基础之上。这样，进步教育与中等教育之间产生了价值观和基本原则的冲突。与此同时，动荡的政治经济为保守主义思潮创造了适宜的环境，要求恢复美国传统价值观和道德规范的呼声四起，进步教育也遭到抨击和指责。曾经主持过进步学校早期实验的教育家弗莱克斯纳（A. Flexner，1866—1959）这时已成为进步教育的反对者，他从保障美国高等教育质量的角度出发，认为大学的责任就是追求科学和学术，中等教育和高等教育的区别是未成熟与成熟之间的区别。中等教育需要密切关注学生，关心他的教材、甚至关心他的礼貌、道德和思想。大学不需关心如此复杂的事情，大学生必须对自己、对所学学科、对自己的学习方式负责。他批评进步教育的原则和课程设置损害了美国高等教育的学术质量。他说：

> 中学被看成是人民的学校……作用是为日益增多的美国青年提供一点知识……其中较多的是微不足道的实用科目……拉丁语、数学和历史一类的科目与打字或烹饪一类的技能根据一种错误的理论被巧妙地组合成为各种名称的"学分"，只要通过简单计算累积了足够的"学分"并消费了足够的时数或年数，学生就受完了"四年中学教育"。用计算方法简单累计"学分"的做法，无意中起了极大减少学生智力努力的作用。……流行的教育哲学不相信艰苦的学习。①
>
> ……

---

① 亚伯拉罕·弗莱克斯纳著：《现代大学论》，徐辉、陈晓菲译，浙江教育出版社 2001 年版，第 37 页。

因此美国的中学既不是明智的、选择性的，也不是全面的。正是那些六月份毕业的中学生——他们大多缺乏训练，未经选拔，知识破碎，所学的科目有许多既无理性价值也无使用价值或职业价值——正是这些人，加上那些学了些推广课程或函授课程的人，成为冬季入学的大学生。①

面对这种指责，进步教育唯一的选择就是用事实和行动来说明大学教育的质量并不取决于在中学规定的时间内学习规定的课程，说明进步教育的课程、教育方式与方法并没有影响中学生在大学的成功。美国教育史学家布鲁巴克（J. S. Brubacher）在分析这段历史后认为，"由于进步主义的中等学校是依照儿童的经验组织课程的，而不是传统的学科内容，因而不能完整履行大学的入学要求。然而，进步教育认为，尽管进步学校不能满足外在的大学入学要求，但却可以更好地实现其精神实质。为了证明这一点，进步教育开始了'八年研究'"②。

二　进步学校的实验

进步教育一开始就是以一种反传统的、改良主义的、富有创造性的姿态出现的，并将自己置身于各种纷乱的怀疑、猜测和迷惘之中，"它不仅无情地增加了忧心忡忡的父母的担忧情绪，而且助长了多疑的保守主义的敌对情绪"③。如何将自己的社会发展目标转换为教育的理念、思想和行为，如何以雄辩的事实来证明所持教育理念和原则的正确性和价值，是进步教育面临的一大难题。杜威曾说道："艺术非一日之功，困难的问题在于将这些概念付诸实施——看看在某一特定时期内什么教材和教学法、什么比例和何种安排是可行的，有益的。说到这里，我们必须再一次回到实验室的想法上。对这样一些问题没有预先的答案。"④ 作为一次广泛的、群众性的教育改革运动，进步教育必须用雄辩的事实来阐释自己的观点，为此，一批具有革新精神的教育工作者先后开办了以改革传统学校教育为宗旨的进步学校，开展了一系列具有理论意义和实践价值的教育实验。可以

---

① 《现代大学论》，第41页。

② J. S. Brubacher, A History of the Problems of Education, McGraw - Hill Inc. , New York, 1966, p. 416.

③ 《学校的变革》，第2页。

④ 杜威著：《学校与社会·明日之学校》，赵祥麟等译，人民教育出版社1994年版，第78页。

说，进步教育是在教育实验的过程中逐渐形成和发展的。

（一）实验主义

实验主义是进步教育的重要理论基础——实用主义的基本思想之一。作为美国第一个土生土长的哲学思潮，实用主义被看作是美国民族精神和生活方式的理论象征，① 也是对美国社会生活、思想文化和教育改革影响最大的流派。实用主义产生于 19 世纪末期，主要代表人物有皮尔士（Charles S. Peirce，1839—1914）、詹姆士（William James，1842—1910）和杜威，其特点是强调哲学应立足于现实生活，主张把确定信念作为出发点，把采取行动当作主要手段，把获得效果当作最高目的。20 世纪前期，生物进化论思潮成为美国社会、文化和科学中影响较大的思潮，实用主义以一个标榜进化论为其科学依据的哲学流派，影响到美国社会的方方面面，并对 20 世纪上半叶的美国教育产生了直接影响。实用主义哲学体系十分庞大，其中对美国进步教育实验活动有直接指导意义的是其实验主义思想。

实验主义强调通过实际运用来验证思想观点的必要性。皮尔士最早提出实用科学的方法验证思想。他说："为了满足我们的怀疑，必须找到一种方法，借助于这种方法，使我们的信念不是由任何人为的事物来决定，而是由某种外在的、永恒不变的因素来规定，也就是被某种不受我们思想影响的因素来规定。"② 詹姆士则从真理作用的意义上强调实践检验和证实的必要性。他认为，真理存在于对其证实的过程中，甚至"实验"是检验真理的标准，只不过实验的目的是为了检验观念是否产生使人感到满意的实际效果。

杜威将实验主义与他的经验自然主义联系起来，使实验主义系统化和具有指导意义。杜威认为，经验可以分为"经验性的经验"和"实验性的经验"（experienec as experimental）。前者指通过对行为的记忆积累而成的经验，它不受因果关系的约束，不受科学理论的指导，仅按常规方式办事，是一种非理论的、非科学的经验。后者则是实验性的，它重视实验在检验这种经验中的重要作用，它是一种理性的、科学的经验。换句话说，前者是一种未受控制的、单纯认识的经验，后者则是一种受控制的、受一定理论指导的经验。可见，杜威所强调的是实验性的经验，因此他有时也把自己的观点称为"实验的经验主义"或"实验主义"，并指出这种观点

---

① 刘放桐编著：《新编现代西方哲学》，人民教育出版社 2003 年版，第 176 页。

② 皮尔士：《皮尔士文集》第五卷，第 384 页，参见涂纪亮著《美国哲学史》第二卷，河北教育出版社 2000 年版，第 94 页。

是伴随近代自然科学中的实验科学的兴起而产生的。

实验主义的"实验"不是一种盲目的、杂乱无章的行为，而是一种在科学理论指导下自觉进行的活动，人们通过这种活动改变自己的周围环境，同时也改变自己与其环境之间的关系。杜威特别强调人的行动受人的观点的指导，经验产生观念，观念反过来又指导人的行动。他说："一切实验都包含一种接受观念或思想指导的、经过调节的活动。例如，在当前的物理学中就包含一种高度精致、复杂的思想图式，它超出感觉或者任何形式的观察的范围。因此，在科学实验和科学构造中作为理论和假设发挥作用的那些观念，并不是感觉的复制品，也不是由过去的经验、过去的观察提出的，这些观念具有一种自由的、有想象力的性质，这种性质不可能为直接的感觉或观察所具有。"①

实验主义重视实验的结果，因此它不像传统哲学那样把认识对象看做固定不变的，相反，它把认识对象看做认识的起点，看做尚未完成的东西，因此，它注意观察认识对象在未来的发展变化和关系。杜威表示："知识的对象不是思维由以出发的东西，而是以之为终结的东西，是思维由以构成的那个探索和试验过程本身所产生的东西。因此，知识的对象在下述意义上说是实践的东西，即它的存在（它作为知识对象的存在）取决于一种特殊的实践。"② 在他看来，实验主义是一种新型的经验主义，不同于以往那种仅仅重视直接的感性观察的旧经验主义，而是更加强调科学实验，重视从科学实验中得出的结果。杜威指出："这种向前看、重视未来和使用观念的实验习惯普遍流行起来，使得处于发展过程的经验概念发生一次根本的转变。"③ 由此可见，实验主义是近代科学发展的结果，近代科学的发展为哲学改造和新经验主义的诞生创造了必要条件。

杜威十分重视科学实验或科学实践，因此，他的哲学有时又被称为"实践哲学"。"实践"这个概念在他的思想中处于重要地位，而实践概念在他那里又是与实验概念紧密相连的。杜威将人的行为理解为人的经验，也就是人的生活，生活的主要内容就是适应环境，对环境的刺激作出适当的反应。杜威认为，这种把人的实践归结为人对环境的适应的观点是建立在美国心理学家华生（John Broadus Watson，1878—1958）等人的行为主

① 杜威著：《论经验、自然和自由》，参见《美国哲学史》第二卷，第136页。

② 杜威著：《实验逻辑论文集》，参见《美国哲学史》第二卷，第137页。

③ 杜威著：《论经验、自然和自由》，参见《美国哲学史》第二卷，第137页。

义心理学的基础之上，因而是有科学根据的。按照行为主义理论，人的一切意识和精神活动本身是无法直接观察的，但它们都在人的机体的行为中表现出来，因此可以通过研究人的机体的行为来研究人的一切意识和精神活动。另一位行为主义心理学家桑代克（Edward Lee Thorndike，1874—1949）提出创建："一种真正的教育科学"，其理论和思想应以实验和测量的结果为依据。他说："教育关系到人的变化。这种变化是两种状况的差别，每一种状况只有通过它的结果才能为我们所知。要测量其中的任何一个结果，就意味着要用一些方法确定它的量，以便有能力的人了解他究竟有多大。……要很好地测量一个结果，就意味着确定它的量……而且这种知识可以记录下来并被应用。这是 20 世纪最初 10 年里那些忙于用测量方法扩展和改善教育结果的人的一般信条。"① 杜威借鉴了行为主义理论，把它看作自己哲学思想的主要科学依据之一。

杜威将其实验主义思想运用于实践，创建了著名的芝加哥大学初等学校用来检验自己的学说，这所实验学校成为杜威哲学、心理学和教育学的实验室。杜威早就有创建一所实验性学校的想法："现代教育方法，特别是小学的教育方法是与儿童正常发展的心理学原理不相协调……激起了他创办一所实验学校的愿望。在他看来……在学校的直接教育经验中，哲学应该得到它的社会应用，并受到检验。"② 他坚信教育实验方法的正确性。1896 年，在杜威任哲学系和教育系主任的芝加哥大学的直接支持下，一所由杜威亲自设计的教育实验室——"大学初等学校"成立了，1902 年更名为"芝加哥大学实验学校"，人们习惯上称之为"杜威学校"（Dewey School）。"这所学校之所以称'实验学校'是要强调它的实验性质，尤其是要用它来检验杜威……的一些理论以及它们的社会含义。"③

杜威学校是作为一所实验室而建立的。杜威将自己的学说和理论付诸实践，检验和评价教育思想的基本假设。他说："构成这所学校的基础的观念是实验室观念。……它有两个目的：（1）展示、检验、证实和批判理论上的阐述和原理；（2）在它的专门范围内的事实和理论要点中增加新的内容。"④ 杜威学校的基本原则和主导思想是与传统学校中普遍运用的、不

---

① 桑代克著：《教育成果测量的性质、目的和一般方法》，引自《学校的变革》，第206页。

② 简·杜威著：《杜威传》，单中惠编译，安徽教育出版社1987年版，第32页。

③ 《学校的变革》，第152页。

④ 德彭西尔著：《芝加哥大学实验学校史》，引自《现代教育的探索——杜威与实用主义教育思想》，第130页。

符合儿童需要的目的、方法和教材相脱离，"它包含着与那种认为教育上恰当的教材和基本上众所周知的教学，现在只需加以提高、精练、扩充的概念断绝关系。它意味着更多地注意个人、儿童和当代社会的现状，而不去注意主要以过去的成就为基础的学校中的情况。它更包括着对工作、游戏和探求持积极态度，来代替那种在传统学校还占统治地位的硬塞、强吞现成知识和固有技巧的教学方法。它更意味着比传统学校给首创、发现和理智自由的独立的传授以更多的机会"①。

在实验过程中，杜威所提出的实验假设完全是建立在他的实用主义教育思想基础上的，具体包括：假设一，学校应该与儿童的家庭生活相联系；假设二，儿童应该学习现实生活所需要的内容，而不是为将来为成人所准备的内容；假设三，学校应该成为激发儿童好奇心和主动性的场所，学生在学校中可以独立地发现、解决问题；假设四，儿童应该接受必要的训练和指导；假设五，教师的教育和教学工作中心应该是儿童而不是教材。在此基础之上，杜威所实验的主要内容包括四个方面：（1）如何使学校教育与儿童的家庭和社会生活更加密切地联系，如何克服学校与儿童日常生活之间的脱节现象；（2）如何使学校所传授的教学科目在儿童自己的经验中有积极的价值和真正的意义；（3）如何激发儿童学习知识和获得技能的动机；（4）如何使教材与儿童智力的和身体的活动相互联系。②

杜威认为，实验学校的实验主要是为了通过实验来发现和呈现教育和教学中存在的问题以及解决问题的可行性和途径，从而修正和改变原有的方法和计划。他在杜威学校的实验过程中，修改了两个最初的设计，一是将最初按不同年龄混合编班的方式转变为按学生相同能力和知识结构来编班，但学生仍可以自由地穿梭于不同班级之间，接触到不同的教师；二是将最初依靠优秀教师开展实验或教授多门实验课程，改变为由教育专家来实施实验任务，原因是教育实验本身就需要教学具有挑战性、激励性和启发性，只有专家才能胜任这项工作。

从杜威学校的实验中可以发现，杜威把教育理论与教育实践视为一种有机的、功能的关系。在他看来，"教育理论和它在实践中的贯彻，两者的距离总是那么巨大，对于孤立地陈述纯理论原则的价值，自然令人怀疑"③。从

---

① 梅林、爱德华兹著：《杜威学校》，王承绪、赵祥麟等译，华东师范大学出版社1991年版，第4页。

② 参见《现代教育的探索——杜威与实用主义教育思想》，第131页。

③ 《杜威学校》，第348—349页。

一定程度上讲，杜威学校的实验为杜威实用主义教育思想体系的构建提供了实践基础。它不仅在当时是一件重大教育改革事件，它所提供的教育经验甚至比最好的教育制度所能提供的教育经验具有更丰富的创造性，被认为是"19 世纪末 20 世纪初美国的一次成功的教育实验活动，曾对整个美国教育思想和实践产生重要的影响"①。美国教育家胡克（S. Hook）甚至认为，杜威的芝加哥大学初等学校的实验是"美国整个教育史上最重要的大胆的实验"②，为 20 世纪前半期的美国教育探索特别是进步教育的各种学校实验研究提供了参照摹本。杜威本人则说："我们不指望别的学校刻板地模仿我们的做法，一个工作模型不是要照抄照搬的东西，它只是为原理的可行性和使用原理可行的方法所作的一次演示。"③ 可以说，杜威的实验学校使其教育理论具有了超越性，这种超越并不是因为实验过程，而是因为他的实验假设，这一点是其他任何进步教育实验所不及的。

（二）早期的教育实验活动④

进步教育自产生之日起就对传统学校教育进行了彻底的批判，反对传统教育的教师中心论、以书本为中心的教学、对知识的被动灌输、学校与社会的分离以及教育教学中的压制手段。在进步主义看来，教育应该以满足儿童的需要为目的，学生的兴趣是教育的基础和课程内容的依据，教师是学习的促进者，而进步学校应该是教育改革的实验室。进步教育发展的一个重要特征就是不断的教育实验。

1. "明日之学校"

杜威和其女儿在《明日之学校》中介绍和分析了当时出现的进步教育实验学校，对教育实验的案例进行了剖析，许多实验学校的价值是在杜威的挖掘下显现的。他较为详细地介绍了 18 所进步学校。美国教育家拉格（H. Rugg）认为，在进步教育的早期，总共有 12 所"新型学校"，均具有实验性。这反映了各自的标准有所不同。但主要包括以下几项教育实验：

（1）"进步教育之父"弗朗西斯·帕克（Francis Parker, 1837—1902）的昆西学校实验。1875 年，帕克主持了马萨诸塞州昆西市的"昆西学校"（Quincy School）实验，第一次把进步教育理念付诸于学校教育

---

① 《现代教育的探索——杜威与实用主义教育思想》，第 147 页。

② 《杜威学校》，"译者前言"。

③ 《学校与社会·明日之学校》，第 72 页。

④ 这里泛指"八年研究"之前的进步教育实验活动，而不是严格意义上的进步教育发展的早期阶段。

实践，确立了"教育应使学校适应于儿童，而不是使儿童适应于学校"的进步教育原则，他在昆西学校所推行的一系列教育实验措施和教学改革，引起了广泛关注，被称为"昆西教学法"（Quincy Method）。在帕克的影响下，许多教师和教育工作者仿效办起了各种实验学校，尝试进行学校教育改革。

（2）库克（F. J. Cooke，1864—1953）在弗朗西斯·帕克学校所进行的实验。1901 年，进步教育家库克担任了新成立的弗朗西斯·帕克学校的校长，将帕克和杜威的教育思想结合在一起进行了教育实验。在学校中打破学科的界限，以问题研究为核心加以组织和安排教学内容，着重强调学生的兴趣、社会活动和以完成任务为目标的学习。学校还定期出版《弗朗西斯·帕克学校年鉴》，总结和记录学校开展教育实验的工作和取得的成绩，涉及儿童的社会动机、"晨课"、儿童个人表现、通过具体经验的教育、课程和儿童个性。该校后来参加了进步教育协会发起的"八年研究"。

（3）密苏里大学初等学校的实验。1905 年，密苏里大学教育学院设立了一所旨在进行教学实习的实验初等学校，委托该学院教授梅里亚姆（J. L. Meriam，1872—1960）负责，出发点就是为了开展进步教育实验。梅里亚姆在《儿童生活与学校课程》一书中指出，密苏里大学初等学校课程的变革是重新确定学校教育目标和职能的前提，课程是学校教育的中心问题，学校的其他诸如学校管理和教学方法等教育和教学工作均从属于课程的变革。

（4）约翰逊（M. Johnson，1864—1938）的有机教育学校实验。1907 年，进步教育协会的创立者之一约翰逊在亚拉巴马州的费尔霍普小镇创办了"费尔霍普学校"（Fairhope School），由于她借用了纽约普拉特学院院长亨德森（C. H. Henderson）"有机教育"的概念，将儿童身心发展看作是有机体的统一，把促进儿童多方面发展的教育理解为"有机教育"，所以，人们把这所学校称为"有机教育学校"（School of Organic Education）。

（5）沃特（W. A. Wirt，1874—1938）的"葛雷计划"（Gray Plan）实验。1908 年，年轻的沃特被印第安纳州葛雷市聘请担任教育委员会督学，开始了以杜威教育理论为依据的教育革新实验，使葛雷学校（Gray Schools）成为当时进步教育的中心。葛雷计划是一次较为全面的教育改革实验，没有局限在一两所学校，而是在许多学校同时展开；没有局限于实验学校教育的某一个方面，而是进行全面的学校改革；它不仅成为进步主义学校效仿的榜样，而且在 1929 年被美国 41 个州 29 座城市的学校所采用。

　　(6) 弗莱克斯纳与林肯学校（Lincoln School）实验。[①] 对于林肯学校及其改革，弗莱克斯纳的实验指导思想深刻地影响了此后的进步教育实验。他认为，学校是研究教育问题的实验室，"在那里可以进行教育问题的科学研究。这个实验室首先是要批判地检查和评估现代学校作为根据的那些基本主张以及所得到的那些结果"[②]。

　　"明日之学校"反映了进步教育早期教育实验的基本状况和特征。首先，"明日之学校"的实验均尝试实施完全不同于传统学校教育的改革措施，探索和求证进步教育的可行性。其共同倾向是：(1) 都致力于抛弃那种只适合于少部分人和专门阶级的课程；(2) 都强调学生健康的重要性；(3) 都注重儿童活动的教育意义；(4) 都突出兴趣的作用；(5) 都强调对教育与民主关系的进一步认识。其次，"明日之学校"的实验主要在初等学校进行。其原因主要是当时美国已完成了初等教育的普及，初等学校体系相对完善，故此，初等学校是人们关注的焦点，问题也更加突出。另一方面，初等学校和中学所面临的主要任务不同。初等学校是要在普及的基础之上进一步发展和革新，带有普遍性，而中学的主要职能是为升学作准备，针对性较强，大学的入学考试决定着中学课程的设置，学校改革难以抛弃社会的需求而自行其是。最后，"明日之学校"的实验具有个别性。具体表现为：(1) 实验是个人行为，缺乏统一的部署和安排。这个时期，进步教育还仅是一种思潮，没有相应的组织和团体，信奉进步教育理念的教师依据个人的认识与理解，在实践中独立地进行教育改革。(2) 实验学校大都是非公立学校，代表性还较为欠缺。这一方面是因为进步教育还没有为广大的教师和公立学校普遍接受，另一方面也说明进步教育还未取得城镇当局和教育管理部门的认可，只能在个别对进步教育具有认同感的学校开展实验。(3) 实验的主持者大都是

　　[①] 弗莱克斯纳曾经是进步教育的拥护者。1915 年，在美国普通教育委员会的会议上，弗莱克斯纳提出开办一种提供普通教育的现代学校，受到与会的哈佛大学校长埃利奥特的支持。1916 年普通教育委员会和哥伦比亚大学师范学院决定建立一所现代中学，并由弗莱克斯纳领导，1917 年 9 月该校成立，取名为"哥伦比亚大学师范学院林肯学校"（the Lincoln School of Teachers College），简称"林肯学校"。弗莱克斯纳把该校作为教育实验的场所，用以检查和评估教育思想和主张所取得的实际结果，对 20 世纪二三十年代的美国教育产生过广泛影响，后来该校还成为"八年研究"中 30 所实验学校之一。有意思的是，弗莱克斯纳本人最终并没有成为进步教育的支持者，而是成为了反对者。克雷明也提到："在《现代学校》中，弗莱克斯纳阐述了自己的温和进步主义看法。到 20 世纪 20 年代，他又持坚定的反对进步主义看法。"

　　[②] 《学校的变革》，第 313 页。

中小学教师。他们具有热情，有较好的群众基础，与教育实践密切联系，但过于注重理论的应用，忽视实践的总结。

2. 进步教育协会与教育实验

1919 年 4 月 4 日，具有进步教育理念和支持学校改革的教育工作者在华盛顿公共图书馆正式宣布成立"进步教育协会"（Progressive Education Association，缩写为 PEA）。克雷明对此评价道：进步教育协会的成立"对进步教育运动的变化具有特殊意义。因为进步教育运动以前只是反对教育上形式主义活动的一种松散联合，而现在采取了一种富有活力的组织形式"①。

进步教育协会成立的目的就在于进一步推进、统一和指导进步学校的实验，以影响整个美国的学校教育。该协会执行委员会第一任主席、美国海军学院英语教师科布（Stanwood Cobb）在 1929 年《进步教育》会刊第 6 期上撰写《开端的故事》中指出，约翰逊最早提出建立协会的设想，而目的就是希望通过协会进一步推广有机教育实验。他认为，进步教育协会"是一个把应用某种新的方法的教育工作者和对进步教育感兴趣的社会人士集合在一起的协会"②，它"为正在全国不同地区进行的分散的和不一致的教育改革尝试提供一个中心"③。科布强调，我们的目的就是改革美国的整个教育制度。为此，有必要制定一个指导原则，说明或描述一种教育改革实验所遵循的基本要求。1920 年，进步教育协会发表了著名的进步教育七项原则，成为进步教育学校实验的基本准则：④（1）学生有自然发展的自由，应该根据社会的需要，而不是根据随意的法则来指导学生自治；（2）兴趣是全部活动的动机；（3）教师是指导者，而不是布置作业的监工；（4）注重学生发展的科学研究；（5）对于儿童的身体发展给予更大的注意；（6）适应儿童生活的需要，加强学校与家庭之间的合作；（7）进步学校在教育运动中的领导作用。

这七项原则既是对早期进步主义学校实验及其指导思想的概括，又是进一步开展教育实验活动的纲领和指针。在此原则指导下，从 1919 年到 1929

---

① 《学校的变革》，第 199 页。

② 科布著：《一个新的教育运动》，载《大西洋月刊》1921 年 2 月，引自《社会转型与教育变革》，第 97 页。

③ 科布著：《开端的故事》，载《进步教育》1929 年第 6 期，引自《社会转型与教育变革》，第 97 页。

④ 参见《学校的变革》，第 270—273 页。

年，进步教育开展了一系列较为全面的、新的教育实验。其中影响较大的有：

（1）华虚朋（Carleton W. Washburne，1889—1974）的文纳特卡制（Winnetka Plan）实验。1919 年，华虚朋在伊利诺斯州芝加哥附近的文纳特卡学校开始了他的教育实验，试验了以发展学生创造性和社会意识为目标的个别教学制度。

（2）帕克赫斯特（Helen Parkhurst，1887—1973）的道尔顿计划（Dalton Plan）实验。1920 年，她在马萨诸塞州道尔顿市的道尔顿学校实施教育实验室计划，称之为"道尔顿实验室计划"，简称"道尔顿制计划"，旨在保证每一个儿童都能独立地按照课程要求的学习速度和方式来进行学习，是一种个别教学制度。

（3）科罗拉多州丹佛市的课程改革实验。1922 年，在教育家纽伦（J. H. Newlon）的设计和指导下，丹佛市成立了许多主要由教师组成的课程委员会，旨在使教师参与课程设计，并为此确定了多项目标，以及评估学生进步的测试方式。后来，丹佛市的许多学校参与了"八年研究"。

（4）克伯屈（William H. Kilpatrick，1871—1965）的设计教学法（Project Method）实验。作为美国进步教育的主要理论指导者，克伯屈尝试打破学科体系，把学生有目的的活动作为设计的学习单元。

（5）拉格（H. Rugg）的课程改革实验。从 1920 年至 1936 年，拉格以林肯学校为中心，在全美 400 所学校从知识、认知和社会文艺两个方面，确定选择、编制课程的原则，其指导思想是加强学校与社会的联系，使学校的社会学科教学充分反映工业化文明的要求。林肯学校成为"八年研究"中贯彻进步教育原则最彻底的合作中学之一。[①]

---

① 据进步教育协会统计，截至 20 世纪 20 年代，被认可属于进步教育的学校 55 所，其中 4 所为私立学校，6 所为大学或学院的附属学校，45 所为公立学校。其中大多数都开展了相关的教育实验，比较重要的有：1919 年弗伦奇（J. R. French）在马萨诸塞州实施的"剑桥学校"（Cambridge School）实验；1919 年科布在华盛顿进行的"切维·蔡斯学校"（Chevy Chase School）实验；1919 年华虚朋在伊利诺斯州的"文纳特卡制"实验；1919 年福勒（Burton Foeler）在德拉韦州"塔山学校"（Tower Hill School）的实验；1920 年帕克赫斯特在马萨诸塞州"道尔顿学校"（Dalton School）的实验，该校后来参加了"八年研究"；1921 年斯密斯（E. R. Smith）在马萨诸塞州"比弗乡村日校"（Beaver Country Day School）的实验，该校后来参加了"八年研究"；1921 年欧文（E. Irwin）在纽约市开展的"小红校舍"（Little Red Schoolhouse）实验；1921 年艾金在纽约市的"斯坎伯罗斯学校"（Scarborough School）实验；1924 年约曼斯（E. Yeomans）在加利福尼亚州的"欧杰谷学校"（Ojai Valley School）的实验；1929 年克拉普（Elsie Clapp）的"罗杰·克拉克·巴拉德学校"（Roger Clark Ballard School）的实验。同时，库克的"弗朗西斯·帕克学校"、沃特的葛雷学校、林肯学校等实验还在继续。

　　这个时期的进步教育实验与此前的实验相比有很大变化。首先，实验的质量有所提高。与此前的实验相比，这个时期的实验大都由进步教育的理论工作者或专业人士主持，且影响较大。如华虚朋、帕克赫斯特、拉格等都是进步教育重要的理论家和核心成员，他们更能把握教育问题的本质，更系统地设计实验方案。事实上，20年代后的教育实验在指导思想、实验目标、计划性、可行性方面均已比较成熟，侧重点也从早期的尝试新教育理念、新教学方法和新教育形式转变到构建新的教育理论体系、课程体系乃至学校体系。其次，实验的范围有所扩大。许多教育实验不再仅仅局限在初等学校，开始逐渐转移到中等学校，并且关注初等学校与中等学校的联系。这反映了实验者对学校教育的重新认识和对学生发展的全面理解。同时，实验不再满足于在一两所学校的实验，而是尽可能在更大的范围内实施革新实验。再次，实验的深度有所加强。早期的进步教育实验主要集中在教学组织形式和方法上，虽有课程和教学内容的改革，但较为单一，缺乏相应的统一实验。这个时期的实验所涉及的范围非常广泛，包括教学组织形式、教学方法、课程、学科内容、学校管理等等。最后，实验产生了较大的影响。这个时期的实验往往受到社会的普遍关注，并被其他学校所效仿，在很大程度上促进了进步教育的成型和理论化。这也促使了进步教育协会组织发起了一系列普通教育实验研究，希望进一步验证和落实进步教育基本原则的合理性和实用性。

第二章 "八年研究"的启动

20世纪二三十年代是美国进步教育的拓展和兴盛时期。[①] 进步教育的社会影响更加广泛,进步教育协会的作用开始显现,社会发展的客观形势为其开展更加深入的教育实验创造了机遇和条件。

第一,进步教育已具有了一定的社会影响和基础。从20年代开始,进步教育开始渗透到美国公立学校,1929年的《进步教育》杂志专门出版专刊讨论公立学校教育的新趋势,认为许多州对进步教育已从最初的排斥和怀疑转向好奇和谨慎地接受,甚至已经尝试采用进步教育的实践或贯彻其基本理念。譬如,1924年洛杉矶的学校系统公布了一项活动课程的研究计划,并建立了一所示范学校,帮助中小学教师掌握新教育思想和方法;密执安的一所公立小学按照儿童中心的理论采用综合单元教学;西雅图的学校按照活动作业的方式重建中学课程;1922年,科罗拉多州的丹佛从幼儿园到中学高年级按照进步教育原则评估和设置学校课程。但是,进步教育的影响仍然局限在小学或初中,绝大多数中学特别是高中并没有接受进步教育思想的迹象,"小学教师对他们逐渐熟悉,并随着时间的前进,实践也更经常化;初中受到了一些影响,高中则没有很多动静"[②]。于是,在整个30年代,进步教育协会的主要工作和任务就是设法通过实践证明进步教育原则对中学同样适用。

第二,进步教育协会的作用愈加突出。由于进步教育协会的努力,进步教育及其教育革新赢得了社会关注,逐步确立了在社会领域和教育界的重要地位,使进步教育的精神更加易于贯彻、活动更加易于开展。进步教

---

① 关于进步教育发展的分期各有己见。克雷明在《学校的变革》中笼统地将进步教育的发展分为"进步教育的动力"(1876—1917)和"进步教育的时代"(1917—1957)两个阶段;张斌贤在《社会的转型与教育变革》中划分得较为详细,分为"进步主义教育运动的兴起"(1883—1918)、"进步主义教育的成型与拓展"(1919—1929)、"进步主义教育的兴盛与危机"(1929—1943)、"进步主义教育的衰落与解体"四个阶段。

② W. F. 康纳尔著:《20世纪世界教育史》,孟湘砥等译,湖南教育出版社1991年版,第497页。

育协会与社会各界的联系也日趋广泛,如与美国无线电公司广播电台合作开办进步教育讲座,与普通教育协会、全国教育协会和卡内基基金会的合作,为 30 年代教育实验活动提供了有利的社会基础和物质保证。同时,进步教育协会从一个松散的群众组织逐渐演化为具有职业性的专业组织,汇集了一批教育专家和理论工作者,为进一步进行系统、全面的教育实验提供了技术和理论指导。此外,协会的执行委员会意识到必须将工作重点放在扩大范围和加强影响上。30 年代初,进步教育协会开始突破前期规模小、分散式的教育实验框架,主持较大规模的、较为统一的、系统的教育实验。为此,进步教育协会先后成立了各种专门委员会,负责研究、推行、规划、设计和主持各项实验,主要包括:教育资源委员会、教育自由协会、中学课程委员会、人际关系委员会、农村学校委员会、家庭和学校关系委员会、成人教育委员会、师范教育委员会、实验学校委员会、文化交流委员会以及中学与大学关系委员会等。这些委员会工作积极、成效显著,成为 30 年代进步教育运动和进步教育协会存在的代表和象征。正是其中的中学与大学关系委员会拉开了"八年研究"的序幕。

第三,社会发展的现实为进步教育协会开展新的教育实验提供了机遇。30 年代正值美国经济大萧条,经济危机沉重地打击了美国社会,失业现象分外严重。据统计,1930 年劳动力市场失业率达 25%,而刚刚跨入社会的中学毕业生几乎 100% 无法找到工作。[①] 许多高中毕业生不得不滞留在学校,初中升入高中的比例也大幅度增加,而传统高中以升入大学为目的的教育目标根本不能提供任何有意义的教育经验和就业机会。这就使得中学尤其是高中必须重新思考和制定办学方针,照顾到大多数学生的未来去向,而中学的课程设置是学校努力适应年龄较大学生与社会有机结合的重要途径。另一方面,大萧条和"新政"也引起了人们对社会、经济和教育问题的普遍关注,对现实的批判性思考引导人们去探索如何建立一个崭新的社会。人们由来已久的那种对教育的殷切希望在大萧条中越发明朗化和现实化。进步教育接受了这一挑战和必须的选择。

第一节 中学与大学关系委员会

自 1919 年进步教育协会成立以来,开展了许多形式多样的实验活动,

---

① W. M. Aikin, Reflecting on the Eigth - Year Study, Journal of Thought, Vol. 21, No. 1, 1986, p. 15.

标志着进步教育发展到一个新阶段。协会的活动为进步教育赢得了声望，使这场运动从分散走向联合，从个别的偶然的教育探索变为有一定组织的社会活动，并将一批热衷这项事业的人士团结到一起。协会还从一开始由学生家长关注的公共教育组织和教育咨询服务组织，发展成为广大中小学教师热情关注、支持的专业协会。在进步教育协会的各种活动中，最为重要的就是年会。通过每年一度的年会，进步教育协会的领导人、主要成员以及其他忠实地参与这项活动的人们共同探讨彼此感兴趣的问题，交换相关的信息，相互鼓励，一起开展教育实验。年会发挥了一种组织、团结和宣传的作用，它既是进步教育协会乃至整个进步教育活力和生气的象征，又是进步教育协会和运动发展的重要动力。从 1920 年至 1929 年（1924 除外），进步教育协会先后在华盛顿、代顿、巴尔的摩、芝加哥、费城、波士顿、克利夫兰和纽约等地召开了 9 次年会。

一　委员会的成立

早在 1929 年的纽约年会上，有代表就提出讨论怎样解决中学与大学关系问题。1930 年 4 月，进步教育协会在华盛顿召开了第 10 届年会，会议讨论的主要议题是：进步教育中训练的时间、地点和作用，中等教育的考试，进步主义教师的教育，大学入学考试的影响，精神健康在教育中的作用，初级学院的可能性，教育与民主政治等。会议的议题反映了进步教育协会在这个时期所关注的中心问题。

参加这次年会的进步教育协会成员和热情的家长共有 200 人。他们当中有在教育领域工作多年的白发苍苍的校长和教师，有刚从大学毕业、渴望了解怎样更加有效教育学生的年轻教师，还有许多关心子女成长的家长。会议就美国中学所面临的迫切问题广泛讨论和交流了彼此之间的认识与建议，与会者一致认为应该从根本上对中学进行彻底改革。他们分析了中学教育的现状和作用，期望中学生在学校能获得能力的最佳发展，有效掌握参与和重建社会生活和经济生活的本领。经过两天的讨论，会议提出了一些改善中学教学工作的建议和设想。

然而，与会者不得不承认，中学应该使学生获得这样的发展和能力，但前提是必须保证学生没有失去进入大学机会的风险。因为，如果中学和中学生不依照大学规定的教学科目和单元来设置课程和安排学习，学生就不可能升入大学。显而易见，绝大多数中学根本不愿意偏离传统课程太远，它们不愿冒着自己的毕业生被大学以没有接受完整的大学预备教育为由而拒之门外的风险，从而影响学校已有的声誉和地位。在大学仍坚持传统入学要求的情况下，中学的任何改革都是一种冒险行为。有了这样的担心和疑虑，会议对此问题的讨论基本上在一种无奈和挫败的感觉中结束。

但是，进步教育那种固有的进取精神和反对传统教育的革新意识并没有泯灭，一些具有不懈勇气和敏锐预见性的积极分子提议进步教育协会应该成立一个研究中学和大学关系的委员会，专门调查和探讨有效协调中学和大学关系的可能性，并寻求达成一种赋予中学自由重建学校教育的协议。他们认为，在20世纪20年代，美国的初等学校在课程和结构方面已发生了重大变化，学院或大学也出现了新气象，但中等教育依然承袭着传统模式。中等教育要想取得类似的变革和改观必须产生根本性突破，而这一切都离不开与大学的合作。

1930年10月，进步教育协会正式成立了"大学入学与中学委员会"（the Committee on College Entrance and Secondary Schools），后很快又改名为"中学与大学关系委员会"（the Commission on the Relation of School and College）。其目的就是考察中学与大学紧密合作、相互衔接的途径和方式，具体就是如何使中学的高中阶段有更多的自由修订课程的机会和权利，同时又不影响部分学生进入大学的可能性。刚刚接替科布出任进步教育协会主席的伯顿·福勒邀请约翰·巴勒斯中学校长、后任俄亥俄大学教授的威尔福德·M. 艾金（Wilford M. Aikin）担任委员会主席，故又称"艾金委员会"（the Aikin Commission），成员最初有26位，后又增加2位。他们是：①

约翰·巴勒斯中学校长艾金（Wilford M. Alikin），委员会主席；

威斯康星大学教授阿加德（Walter Raymond Agard）；

纽约布林克斯韦尔（Brinxville）地方教育官员贝蒂（Willard Beatty）；

《新共和》杂志编辑布利文（Bruce Bliven）；

芝加哥大学系主任鲍彻（C. S. Boucher）；

衣阿华州德斯·默尼斯东部中学校长伯顿（A. J. Burton）；

弗兰西斯·W. 帕克学校校长库克女士（Flora S. Cooke）；

蒙克莱尔中学校长弗格森（Harold Ferguson）；

---

① 其中衣阿华州德斯·默尼斯东部中学校长伯顿、林肯学校校长纽伦博士、《进步教育》杂志编辑休梅克女士分别于1932年之前去世。

塔山学校校长福勒（Burton Fowler）；

瓦萨学院格利森博士（Dr. Josephine Gleason）；

林肯学校课程研究专家霍普金斯博士（Dr. Thomas Hopkins）；

芝加哥大学库斯博士（Dr. Leonard V. Koos）；

卡内基基金会的勒尼德博士（Dr. W. S. Learned）；

本宁顿学院院长罗伯特·利（Robert D. Leigh）；

希尔学校莱斯特博士（Dr. John A. Lester）；

利哈伊大学系主任麦康恩（Max McConn）；

纽约师范学院的米勒（Clyde R. Miller）；

林肯学校校长纽伦博士（Josse H. Newlon）；

斯瓦特茅大学的瑞安博士（W. Carson Ryan）；

哥伦比亚大学师范学院的拉格博士（Harold Rugg）；

《进步教育》杂志编辑休梅克女士（Ann Shumaker）；

比弗乡村日校校长尤金·斯密斯博士（Dr. Eugene R. Smith）；

北海滨乡村日校校长佩里·斯密斯（Perry Dunlap Smith）；

沙迪希尔学校校长泰勒女士（Katharine Taylor）；

道德文化学校的赛耶博士（Dr. Vivian Thayer）；

芝加哥大学师范学院华生教授（Goodwin Watson）；

辛辛那提大学校长沃尔特斯（Raymond Walters）；

哥伦比亚大学学院教育研究所伍德博士（Dr. Ben D. Wood）。

进步教育协会在挑选委员会成员时坚持两个标准：一是关心中学教育和教学工作的改革；二是致力于改革大学僵化的入学要求和考试方法。他们中有的曾在同年春季的华盛顿年会上表现积极，疾呼改善中学与大学之间关系的必要性，有的是中学和大学的教师、中学校长、大学系主任、学院院长、教育行政官员、评估专家、教育哲学专家和新闻记者。

在最初的两年里，委员会成员经常不定期地会面，共同调查和讨论如何构建中学与大学的良性关系。他们都是带着对进步教育的无限憧憬和忘我工作的热情，自愿地、无私地进行工作。最初的活动费用完全由成员自理，此外，在委员会成立的头一年，弗朗西斯·帕克学校、约翰·巴勒斯中学、林肯学校和塔山学校共同资助了800美元，以便启动委员会的工作。从1932年到1936年，卡内基基金会资助了这项研究，但是，由于基金会财务困难和对"八年研究"态度的转变，资助逐渐减少直至取消。此后，普通教育委员会（the General Education Board，简称为GEB）开始大规模资助委员会的所有工作。① 据统计，在整个"八年研究"期间，卡内基基金会主要资助了前期的实验研究工作，总计 7 万美元，1933 年后，"八年研究"引起了普通教育委员会的关注和兴趣，在以后 8 年中一共资助了 150 万美元，其中 62.25 万美元直接资助中学与大学关系委员会。

二 对美国中等教育的审视

从成立之日起，中学与大学关系委员会就开始着手研究美国中学存在的问题和改革的思路，经过一年多的认真讨论和总结，于 1931 年发表了一份报告，重点指出了美国中等学校存在的各种问题，提出了采取行动的建议。

（一）成就与现状

首先，中学与大学关系委员会分析了美国中学取得的成就。从历史的角度看，20 世纪以来的美国公立中学获得了惊人的发展，成为美国中等教育发展的划时代杰作。然而，公立中学从一开始就在升学和就业两大功能之间摇摆不定。美国全国教育协会的"十人委员会"于 1893 年正式提出：中学既是为了生活作准备，也是为升入大学作准备；设置统一的课程，扩大升入大学的渠道。这实际上强化了中学升学的功能，忽视了为学生就业作准备的目标。

进入 20 世纪后，随着中学入学率的提高和生源的多元化，建立一种能够整合中学双重教育目标和彰显现代社会民主思想的新型中学被提到议事日程上来。1918 年，全国教育协会所属的"中等教育改组委员会"发表了著名的《中等教育的基本原则》报告，强调中学不应是一个选择机构，也不是大学的附属机构，而是面向所有学生并为社会服务的学校，它"将所有课程包容在一个统一的组织之中，是美国中等学校的标准类型"②。该报告还指出，美国中学的最理想形式是综合中学，这种性质的中学可以克服其他形式中学的弊端，充分体现现代社会的民主思想，具有明显的优势：（1）"职业教育的有效性"。"能够比特殊类型学校进行更有价值的分化教育，因为综合中学有助于明智地选择课程，在需要重新调整时有助于

---

① 普通教育委员会为美国著名教育基金组织和机构，由洛克菲勒慈善委员会捐助设立。1903 年，美国国会任命成立。主要职责是：掌管和分配洛克菲勒资助的经费以及其他个人、财团的捐赠，促进美国初等、中等和高等教育的发展。

② ［美］中等教育改组委员会：《中等教育的基本原则》。引自瞿葆奎《教育学文集·美国教育改革》，人民教育出版社 1990 年版，第 33 页。

重新进行调整，提供在每种职业上取得真正成功所必须的更广泛的接触。"
（2）"统一化"。"综合中学是民主制度的原型……是对民主制度中的生活之自然的有价值的准备。"（3）"职业之外的目标"。"综合中学比一些较小的特殊类型学校能更加有效得多地提供健康教育、有价值地使用闲暇的教育和家事教育。"（4）"就学方便性。"（5）"适应地方需要"。（6）"有效地组织中学的课程"①。可见，中学被确定为综合性教育机构，为不同社会、文化和经济群体服务，并通过不同的课程既满足农业、商业、工业和家政方面的需要，又满足升入大学的需要，同时又保留其综合性和民主性的特征。

由于中学性质的变化和学校数量的猛增，到1930年，美国中学的在校学生人数已由早期的不足100万增加到将近1000万，有70%的适龄青少年在中学学习，各州、市、城镇和乡村共投资10亿美元用于学校建筑和设备添置，而且社区还通过纳税来支付将近30万名中学教师的工资。由此可见，美国人民对中等教育的认可和理解，并将个人未来和社会发展的责任托付给了学校。

其次，中学与大学关系委员会也坦然面对中学的现状。该委员会的主要成员大都是长期从事教育工作的教师、教育理论工作者或教育事业的积极支持者，亲历了30年来美国教育的发展历程。他们中的许多人早已发现其中的症结，并尝试进行局部、个别的改革实验，力图扭转传统的中学模式；有的目睹了中学课程局限性的不良影响，设想重组中学课程；有的参与了传统学科内容和教学方法的改革；有的在教育实验中注重培养学生在演讲、戏剧、音乐、运动、出版物和其他方面的能力；有的致力于将中学改造成教师和学生愉快生活和学习、平等交往的场所。

同时，艾金委员会承认中学毕业文凭已成为通往舒适的社会生活和经济优先之门的"魔力钥匙"。他们认识到，在6名进入中学的学生中只有3名能够毕业，这3名毕业生中最终只有1名能升入大学。那么，对于5/6的学生而言，中学就是正规学校教育的终结。因此，对于5名接受终结性教育的中学生和1名即将升入大学的中学生而言，中等教育阶段具有深刻的内涵和决定性的意义。

（二）问题与不足

在认真分析了中学的现状后，中学与大学关系委员会指出，由于综合

① 参见《中等教育的基本原则》，引自《教育学文集·美国教育改革》，第33—36页。

中学的迅猛发展而出现的学校数量增长过快的现象，客观上造成了学校不得不雇用尚未达到合格要求的教师，学校也没有充裕的时间去调整因新的要求与职责而导致的教育教学工作的变化，与此同时传统教育的理念和做法还充斥在中学的各项活动中。所以，中学以及它与大学之间的关系都还面临着一系列问题和障碍，与社会发展和进步教育的精神存在着明显的差异。

1. 中学教育目标的迷惘

艾金委员会指出，美国中等教育缺乏清晰而明确的基本目标。中学的教育目标十分庞杂，看不到突出和明确的教育目标，且没有主次之分。中学毕业文凭可以使人获得更高的社会和经济地位的现象使人们深信中等教育对年轻人多有裨益，但几乎没有人思考过或严肃地提出："究竟对什么有裨益？"社会乃至学校并不了解中学的主要目的是什么，其结果是教师缺乏教学的真实感，学生没有完整的、令人满意的学校体验。

教育目标的缺失还表现为中学没有教会学生如何作为一个公民去正确评价美国的遗产，不能真正继承和发扬美国的文化传统。例如，在中学的教学中，历史课程的教学并没有使学生理解整个国家发展过程中为之追求和奋斗的生活方式，更不会激起学生的热情和忘我投入。当中学生带着毕业文凭离开学校时，他们根本没有掌握洞察国家政治、社会和经济问题的辨别力和习惯。

此外，中学没有为学生履行社区生活的责任做好充分准备。传统学校往往十分专制，不具备成为民主生活和团体协作榜样的条件，很少引导年轻人清晰地理解民主理念，其结果是大多数学生离开学校后，当他们就业谋职和扮演成人生活角色时缺乏自我教育和行为规范，许多学生还缺乏应有的社会责任感，对公共福利漠不关心。

2. 中学教育价值的缺失

艾金委员会的报告强调，中学不能满足有天赋才能的学生的需要。对学生来说，"学习课程"或通过课程考试是很容易的，其结果使许多聪明的头脑逐渐养成了懒散、粗心和肤浅的习惯。这些在青少年时期形成并越来越顽固的习惯阻止了人的能力的全面发展。那些具有超常智力的学生在自然而然中泯灭了天赋，不再有聪明的灵感、渴望探求的欲望、克服困难的精神和实现目标的快乐。这无论是对个体还是对社会都是一种失败。

中学缺乏对学生充分的了解和明智的指导。传统中学的教师很少了解青年学生成长的方式，学校中的个别辅导通常就是偶尔的彼此聊天，没有指导意义；职业指导仅限于职业课的教条式学习；学习辅导甚为肤浅，主要是组织学生对下个学期开设科目进行临时讨论；几乎没有学校关心那些毕业前辍学的学生。

中学没有为学生有效地学习提供必要的条件。尽管传统中学的教师可能十分了解学习方法，但仍然不得不给大多数学生布置毫无意义的任务和背诵作业，教师的任务就是监督学生学习要求掌握的内容。这种教学不考虑学生的目标，更不关心学生所关注的事情，显然与现代心理学所发现的科学学习方法和过程相违背。课堂教学以教师为中心，学生很少有机会和教师一起解决真正有意义的问题，也不可能发挥自己的潜能去积极地完成学习任务。艾金委员会在调查中发现，许多学生按照中学的标准取得了进步和良好成绩，但对学习的愿望却一年比一年减少。原因可能是多方面的，但是，学生脱离丰富的社会生活实践、对学校的学习失去兴趣并因此而丧失青年人应有的活力的现实，可能要对这种令人惋惜的结果承担部分责任。艾金委员会认为，这与中学内部的课程结构和学科内容有着一定关系。

学生的创造性没有得到释放和发展。在学校中，学生整日忙于应付冗长的作业和各种各样的考试，没有时间做其他的事情，即使是有时间，也很少得到教师的鼓励或同意独立工作，而这正是个人首创精神、反思性思维、发明创造、动手设计以及专门兴趣爱好所需要的。该委员会指出，尽管创造性的欲望可以在任何领域里得以自我表现，但是，在中学里较为适宜的课程则是美术，不过美术被看作是"偶尔的爱好或装饰"，许多学校根本不开设，即便是开设也是浅显的教学。"艺术以其丰富多彩的形式和用途渗透着我们的日常生活，以它崇高的表现形式，表达了人类精神最美好的渴望。然而，只有很少学校为他们的学生提供了充足和愉悦的体验。"①

3. 中学课程设置的僵化

中学与大学关系委员会批评传统中学的课程脱离学生的真正需要。传统学校总是把教室中学习的学科内容归为课程；学生的独立活动划作课外活动。后者恰恰是由学生开发和亲自参与的重要教育体验，但是却被排除在正式课程之外。艾金委员会抨击了传统学校的课堂教学，认为大多数学校的课堂教学对学生毫无意义，完全为获得"分数"而安排的，因为"分数"可以使一个学生更接近获得文凭的要求或进入大学的总目标。学校教

---

① W. M. Aikin, The Story of the Eight - Year Study, New York and London, Harper and Brothers, 1942, p. 7.

育追求的是外在的形式，而不是其内在的本质和精神，这种形式成为学生学习的目标，也成为父母希望的目标，教师也被追求分数的外表和气氛蒙蔽了视线，忘记了他们真正的任务。而青年一代所真正需要的东西——为谋生做好准备、正确认识自己、与人和睦相处、成为社区有责任感的成员、寻觅生活的真谛等等，中学课程却很少触及。

课程中的传统学科也已失去自身的活力和价值。即便是那些具有超凡天赋才能的学生也很难意识到所学内容的真正目的和意义。外语教学通常并不是广泛阅读或选读他国的伟大文学作品；历史很容易被遗忘，学生没有记住有关人类社会的重要概念，没有深刻理解铸造人类命运的力量；自然科学没有引起学生对人类或宇宙基本问题的探索；数学没有成为有效的工具，甚至很少对观察和理解提出质疑；文学的学习根本不能提高欣赏力、加深理解或有助于解释经验。艾金委员会了解到，大多数中学毕业生甚至不能很好地使用英语，他们很少主动地阅读，而且不能流利地通过语言或写作来完整地表达自己的思想。

4. 中学教学工作缺乏统一性

艾金委员会在调查一些具有代表性的中学时发现，大多数中学里的教学工作都没有系统的计划安排。譬如，学科和教学内容不断增加使整个课程如同一个大杂烩，尤其规模较大的学校，缺乏计划的连贯性和目的性，把一些支离破碎的东西拼凑在一起，学生的主要目的是获取足够的学分，以便能够毕业。即便是学科之间固有的统一性，学生也不能发现。学习计划和内容安排均由专门人员独立制定，由专门教师讲授，相互之间没有联系，更不考虑学生其他的学习。

传统中学的教师也是各自独立或仅在某一学科工作。英语教师只关注自己的领域；自然科学教师把教学仅仅局限于教授一定的科学事实和技能。教师彼此之间很少交换意见，即使偶尔有所接触，结果也不能令人满意。"中学教师的这种脑力劳动分工使得教育过程中共同的语言和领域濒临消失的危险，中学教学的专门化使得任何教师几乎不可能使自己成为一个具有广泛文化知识的人。教师们的生活无奈和不幸地处于狭隘和贫瘠的状态。"①

教学工作统一性的缺失直接导致教学缺乏连贯性。每个年级的课程和上下年级的课程都不相连，学生和教师对课程没有明确的长期目标，教师不知该如何引领学生，学生找不到努力追求的目标。

---

① The Story of the Eight – Year Study, pp. 8—9.

5. 教师和学校管理者均没有承担起应有的责任

中学与大学关系委员会指出，在公立中学产生之初，人们对中学还是相当满意的。但自从初等教育进行了深刻变革以后，中学却仍然固守传统，还相当自我满足。由于中学传统的声誉，人们很少对其教育目标、教学过程或结果产生质疑，而且中学还不断接受馈赠和盲目的信任，这种情形促使教师和学校管理者坚信中学教育和自身行为的正确性。

事实上，传统中学的教师没有很好地担负起自己的责任。他们缺乏对年轻人天性、身体、智力、情感、动机和成长过程的了解，不知道有效学习需要哪些重要的条件，仅仅朦胧地意识到学校与社会之间的关系。他们对民主的理解过于肤浅，对民主作为一种生活方式没有任何清晰的概念，而这种民主应该是学校整个生活的主要特征。很少有教师能够引导青年学生去理解民主及其相关问题。

不仅是教师，中学的校长也没有尽到自己的职责。他们往往将自己的工作理解为对社区、教师和学生的民主领导。通常校长的形象是一位慈善的管理者或一个"老好人"，只要家长和学生都不抱怨，教师都喜爱他就行。大多数校长不辞劳苦、辛勤工作、夜以继日，就像一台"运转着的机器"。但是，他们很少有时间认真反思学校的发展、课程的设置、未来的计划和需要改进的工作。

大多数校长和教师都忘我地辛勤劳动，但缺乏对工作结果的综合评估。他们知道学生的知识和技能考试的分数或学分，但没人知道或者似乎没人真正在乎另外一些目标的培养情况——理解力、欣赏力、清晰的思维、社会敏感性、健康的兴趣。

在此基础上，中学与大学关系委员会得出了初步结论。他们一致认为，中学毕业文凭仅仅意味着学生累积了所需要的学分，并不意味着学生掌握了未来所需要的一切。学生从中学毕业后，没有长远目标，没有职业准备，没有接受过自我教育的训练，没有为自己找到对生活有意义的事情，没有意识到自己所担负的职责以及所面临责任的深刻意义。

因此，最终的结果是，中学与大学对彼此的关系都不满意。尽管事实是5/6的青年人在高中毕业或毕业之前结束了正规教育，但中等学校仍然受为大学做准备的思想主导，课程仍然是"大学的预科"。大学为入学规定的课程很大程度上决定了美国中学生在学校能够学到什么。

虽然在一些较大的城市中学里开设有广泛的学习科目，而且许多科目是为那些并不进入大学的学生设置的，但家长和学生都把"为大学准备"

的科目看作是最"值得尊敬的"。成千上万的没有或极少具有适合大学学习禀赋的学生在简单地重复学习着相同的内容，因为这是传统学校教育所要求的事情。在那些只有五六位教师的小型中学里，客观条件限制了学习的科目，大学规定的科目构成了学校的主要课程。在当时的美国，60%的中学毕业生都在200人或200以下的中学里学习，因此，不难想象大学对中学教育影响有多大。

按照传统习惯，美国大多数社区仍然依据大学所规定和认可的排名方式来评估中学的质量，而标准就是中学毕业生在大学是否成功。当一个中学毕业生在大学的学业非常失败，作为一个失败者回到他的社区，中学就会失去公众和资助人的信任和原有的声誉。可见，"一个中学生在大学的学业失败对中学名誉的损害比一百个没有进入大学的学生在就业和承担社会责任方面的失败更大"[1]。正因为如此，中学不恰当地把教育目的放在培养学生升入大学的准备上，而丢弃了对那些直接进入社会生活的学生的应尽责任。

总之，中学与大学关系委员会对美国中等教育极为不满，指责中学没有真正继承和发扬美国的民主传统，没有为未来的公民做好准备，阻碍了具有天赋的学生充分发展才能，没有有效地指导和激励学生，学校课程毫无生气，完全不符合学生的需要。但是，艾金委员会并没有因此失去信心，他们立即行动起来制定了最初的改革方案。

三 实验研究计划的制定

经过为期两年的努力工作，中学与大学关系委员会认真分析了中学普遍存在的问题，调查访问了许多中学和大学，征求了很多教师、大学管理者、教授、家长以及教育专家的意见，详细研究了美国中学教育变革的各种思想，基本确立了委员会工作的出发点和所要实现的目标，制定了旨在理顺中学与大学合作关系的实验研究计划。1932年，为了更加有效地开展实验，中学与大学关系委员会专门成立了"指导委员会"（the Directing Committee），由艾金亲自担任主席，负责整个实验研究。[2] 1932年5月，

---

① The Story of the Eight – Year Study, p. 11.

② 指导委员会除了主席艾金外，还有：指导委员会秘书、利哈伊大学系主任麦康恩；纽约布林克斯韦尔地方教育官员贝蒂；塔山学校校长福勒；本宁顿学院院长罗伯特·利；希尔学校莱斯特博士；林肯学校校长纽伦博士；比弗乡村日校校长尤金·斯密斯博士；俄亥俄大学教授鲍德（Boyd H. Bode）；哥伦比亚大学系主任霍克斯（Herbert E. Hawkes）；J. B. 约翰逊；帕克（Marion Park）；弗伦奇（Will French）；布里格姆（Carl Brigham）以及委员会主席秘书斯蒂尔（Elizabeth M. Steel）。

艾金委员会公布了一份题为《关于中学与大学工作良好合作的建议》（*A Proposal for Better Co - ordination of School and College Work*，以下简称《建议》）的计划，确立了实验研究的主要目标、指导思想和实施方案。

（一）实验的目标

艾金委员会在《建议》中明确表述了实验研究的主要目标，即："该项计划的主旨在于明确中等学校必须更加有效地帮助青年人形成丰富多彩的、有益的生活所需要的洞察力、各种能力和自我指导。……建立一种及时适应变革需要的、基于清晰地了解青年人以及成人生活特性的中等教育模式。我们将努力培养学生把教育视为人生意义的一种持久的探索，而不是积累学分；培养学生渴望学习，不断进取，勇于探索新的思想领域；培养学生了解怎样安排时间，怎样更好地读书，怎样更加有效地运用基本知识；培养学生履行在学校或社区所承担义务的经验。"①

艾金委员会在《建议》中还提出，指导委员会应该负责落实以下具体目标：更全面地研究学生的需要，同时根据需要相应地调整学校教学计划；保持连续记录以便日后进行分析研究；为了充分利用大学所提供的机会，帮助学生做好智力上的准备。可见，《建议》是以进步教育基本原则为基础，重在改变中等教育的模式。

（二）指导思想

艾金委员会在《建议》中表示，将全面提供一个比现行中等教育更加完善的系统，为此，必须赢得大学的理解和支持，验证那种认为大学学业的成功取决于一定时间内对指定学科的学习的假设是否成立，这就要求中学采用新的教育理念、方式和方法，所以有必要进行专门的实验研究。据此，委员会确立了实验研究的指导思想：②

1. 更好地掌握学习技能

主要包括：快速阅读和理解能力；精确地观察、组织和概括信息资料；处理各种学习内容的能力；辨别事物之间相互关系的能力；清楚地表达思想的能力；作为进一步高级研究所需的基本技能。

2. 学习更有连贯性

只要具有可行性，尽可能取消中学里那些随处可见的、狭隘的、多余的教学任务和课程内容；建立学科系统自身的连贯性；做好持续学习一门

---

① The Story of the Eight - Year Study, p. 144.

② 参见 The Story of the Eight - Year Study, pp. 144—146。

专门学科的准备；激励学生热爱学习（包括方法和途径的设计，在课程表中要有充分的安排）；培养课外学习的能力和动机以及将思想付之于实践的能力。重点建设相互联系的统一的学科内容。

艾金委员会认为，在中学现有的课程中，只有英语是唯一比较具有连贯性的课程，建议用自然科学和社会科学构成的系列课程代替孤立的学科内容。

3. 发展学生的创造力

通过实践和欣赏培育各种艺术体验（例如，绘画、手工制作、写作、戏剧、音乐）；通过多方面鼓励发展个体独立思考和综合思维的习惯；在教师的指导下为学生提供更多独立完成任务的机会（例如，维修、发明、建造、专门研究、阅读、使用乐器）。

4. 对现代文明有更清晰的认识，形成社会责任感

通过在课程中涵盖有关美国文明、现代社会以及个人或集体解决这些问题的卓越成就的学科，通过把握各种机会帮助学生认识人类的互相依存和相互关系，通过帮助学生在情感、实践和评价所涉及的问题等方面，通过参与和公共福利有关的学校共同体生活、有关社会和经济问题的讨论小组，通过实地考察工业发展、住房改善或政府机构等，帮助学生形成社会责任感。

5. 修订和重组课程教材

除了上述指导思想所带来的课程重建以外，中等学校还须进行的实验研究包括：重新排列不同学科领域的内容（例如数学，自然科学，历史，语言）；统一学习科目，打破相关学科现有的界限（例如，历史与经济、地理、文学、美术等学科的内容相连）；增加一些迄今尚未包含在中学课程领域之中的新学科内容（例如某些经济学、人类学和地质学领域的知识）。

6. 更好地指导学生

教育的指导作用意义重大。培养学生具有较强的独立性和责任感十分重要，这需要教师的及时指导。教师应该全面了解学生，能够或已做好与学生共同发现问题并解决问题的准备。中学和大学需要帮助学生认识到职业也是一种成长经历，与整个成长过程有着直接的关系。

7. 更好地教学

中学与大学关系委员会在《建议》中强调，如果没有高质量的教学，中学的所有变革都无从入手，任何教育实验都无法进行。委员会认识到开展实验研究还缺少对实验有充分了解的、训练有素的、经验丰富的、个性

鲜明的教师。当然，也有一些中学教师胜任参与这项计划，其中有的已经开始探讨这项研究的可行性。但是，委员会坚持一方面通过学院或大学培养和挑选最有前途的毕业生参与实验活动，另一方面还必须在实验中培养中学教师逐渐开展教学改革，形成实验研究所需的师资保证。委员会清醒地认识到，发现和培训优秀教师必须与实验同步进行，实验研究必须逐渐地展开，以便得到优秀教学和教师的支持。

（三）实施方案

中学与大学关系委员会综合了成员所设计的若干套实验研究计划，设计出了一套具体的实施方案。

1. 合作计划

艾金委员会将实验研究的性质界定为合作实验研究，合作的双方是参与实验的中学和大学，因此参加实验的中学和大学也称之为"合作中学"（co – operating secondary school）和"合作大学"（co – operating college）。实验具体分为两个阶段：

第一阶段从 1933 年到 1936 年，参与研究的中学在中学与大学关系委员会和专门指导委员会的督导和协调下，在实验中学内部实施多方位教育革新，主要是按照进步教育的原则自由制定学校教学计划，编制课程，实施民主管理，鼓励教师参与实验研究，并与学生合作开展各项实验活动。指导委员会及其分支委员会、进步教育家和专业人士负责提供指导、咨询和帮助。

第二阶段从 1936 年到 1941 年，由合作大学根据双方事先签订的协议从合作中学招收毕业生，不经过传统的大学入学考试，依据合作中学校长的推荐信和学生在中学表现的详细记录录取学生，时间为 5 年，由专门委员会跟踪研究。在允诺参加实验的 300 余所学院和大学中，绝大多数都同意放弃原有的入学考试要求，只有哈佛、哈特福德、普林斯顿和耶鲁 4 所男子大学拒绝放弃入学考试，但承诺接受其他各项建议。最后由专门委员会记录和评价合作中学的毕业生在大学是否取得成功。协议还规定，合作大学在遇到新问题时，可以暂停接受合作中学的毕业生。

艾金委员会认为，为了实现此次实验研究的目的，首先要选择参与实验的中学，数量不宜过多，以不超过 20 所为宜，这样可以避免因规模过大而操作困难。学校的类型应带有普遍性，既有公立的也有私立的，并且每所学校要有资金、教职工的支持和兴趣、家长的支持和能承担实验任务的行政领导。总之，该委员会向大学和社会保证，只挑选那些成绩斐然、声名鹊起的学校参与此项研究。后来的实际情况是,参与实验的学校远远超过了预先的计划,而且,并不是所有被挑选的学校都符合要求和期望。20年后,艾金在《"八年研究":假如重新再来》一文中表示,如果再重新进行这项实验研究,"任何不能完成重要课程开发工作的中学都将在研究开始的早期被剔除出去"。①

在合作计划中,中学与大学关系委员会负责委派指导委员会和其他相关委员会监督、评价、指导和咨询实验研究过程中的各项事务。

随着实验工作的开展,中学与大学关系委员会的职能逐渐明确,具体为:②

(1)选择实验学校。

(2)检查工作计划,统筹和指导中学提交的课程计划。

(3)与中学一道,对所提交的方案进行表决——同意、反对或修改。

(4)与所有合作学校共同进行系统性研究,不断地呈交全面的、准确的工作汇报。

(5)把握合作学校工作的一致性。

(6)在指导学生工作方面,保持大学和中学的紧密合作。只要有迹象表明,学生有上大学的准备,那么大学代表就要和中学一道共同研究和帮助这些学生。即使大学生活已经开始,这些工作仍需继续开展。

(7)建议在五年里,针对这些实验学生,对大学的某些规章制度和教学程序做一些调整。在新的安排下,保持实验的基本教育价值。

(8)在评估合作中学的同时,系统观察和了解这些学生在大学中的表现。

2. 挑选学生

按照实验研究方案的规定,合作中学在向合作大学输送毕业生时需提交中学校长的推荐信和学生在中学各项表现的记录,这是中学生进入大学的唯一凭证。具体包括:

(1)合作中学的校长所推荐的毕业生要满足下列条件:a. 学生要具有在大学正常学习所需要的一般智力;b. 已显示出具有浓厚的兴趣和目标;c. 能出色地完成大学某个学科或更多学科的研究和学习。

---

① W. M. Aikin, The Eight - Year Study: If We Were to Do It Again, Progressive Education, 31. October 1953: 11.

② The Story of the Eight - Year Study, p. 142.

（2）毕业生的中学生活、活动和兴趣的详细记录中，应包括各种考试的结果和一些学生作业质量和数量的证明材料以及学术性向分数、学习成绩和中等学校课程的诊断性测验。

这样做的目的是为了检验新的录取方法是否比现行的方法更能充分而全面地反映毕业生的真实面貌。为此，还需要成立专门的记录委员会研究确定以下内容：

第一，为了精确挑选和指导学生，大学究竟需要什么样的材料；

第二，怎样才能最大限度地获得这些材料；

第三，以何种形式记录信息以及以什么形式呈交给大学。

合作计划还规定，在实验期间，合作中学的毕业生和其他学生一样完成规定的课程要求和单元学习，合作大学对合作中学的毕业生与按照大学入学考试录取的学生一样对待。

第二节　实验学校的确定

1933 年，中学与大学关系委员会在完成了启动和组织实验的前期工作后，将实验研究的管理权和职责全权委托给指导委员会。此后，中学与大学关系委员会主要起协调作用，指导委员会承担所有具体实验研究工作，直到结束。

一　合作中学的筛选

根据实验研究实施方案，由指导委员会选择少数具有代表性的中学参与实验，这些中学可以不按大学通常的入学要求，自行决定学科的开设和学习内容。所以选择实验学校成为第一个重要的环节。

指导委员会邀请全国各地许多中学和大学校长、行政人员、教育家和进步教育协会的主要成员，推荐参加这项实验的中学。中学与大学关系委员会的成员也全力以赴承担起进一步筛选的任务。当时并没有太多的时间进行必要的仔细调查，推荐者仅凭个人的感觉和学校能否承担实验任务的条件加以考虑。但是，委员会还是确定了一个宽泛的标准：被挑选的学校要具有代表性，既包括私立学校，又包括公立学校；既有规模较大的学校，也有规模较小的学校；既能代表城镇学校，又能代表乡村学校，而且必须符合一项基本要求，那就是"这些学校对现在的教学工作极为不满，并且渴望进行探索性研究和变革，然而如果没有大学所给予的自由就无法进行研究和中学的改革"①。最终，在推荐的 200 多所中学中，挑选了 27 所符合实验研究目的的学校，1934 年又增加了两所加利福尼亚的中学和另外一所学校，共 30 所学校，其中早期 27 所中学中的一所——佩勒汉姆·曼诺学校（Pelham Manor School）经指导委员会同意和批准于 1936 年申请退出了实验。最终的实验中学包括 10 所公立学校（或学校系统），6 所大学附属实验学校，13 所私立学校。这个数字大大超过了此前设想的实验学校数目，原因是许多进步学校要求加入到实验研究的行列。

这里特别需要指出的是，在最后确定的 29 所学校里实际上有 3 "所"学校并非指单一的 3 所学校（school），而是指 3 个学校系统（school system），即德斯·默尼斯的中学、丹佛的中学和塔尔萨的中学。德斯·默尼斯（Des Moines）是衣阿华州的一个中等城市，高产的玉米是其经济支柱，公立学校有 2 所高中、6 所初中和 2 所初高中（junior–senior high school）。"1933 年春，德斯·默尼斯学校系统（the Des Moines school system）被邀请参加'八年研究'。地方教育官员史蒂倍克（J. W. Studebaker）接受了邀请。"② 科罗拉多州的丹佛市（Denver）早已因开展进步教育课程改革而闻名。1933 年，丹佛市学校教育官员和中学校长们要求进步教育协会同意全部 5 所高中都参加实验，五年以后（1938 年），又有 10 所初中也加入到实验研究的行列，因此，"关于丹佛参加这项研究的总结并不是 15 所不同学校实验的记载，而是整个学校系统试图全面解决中等教育问题的记载"③。塔尔萨（Tulsa）是俄克拉何马州的一个小镇，坐落在一个山谷中，盛产石油，有"石油之都"之称，该市有 10 所白人公立中学（3 所高中，7 所初中）、2 所黑人公立中学（1 所高中，1 所初中），师资队伍非常优秀。1933 年，该市公立中学或某些年级参加了"八年研究"，并且，有一份长达 140 页关于参与这项研究的完整报告。④ 如此看来，参加实验研究的中学数量远不止 30 所，准确地说，确定参加"八年研究"的学校有 27 所中学和 3 个城市的学校系统。最终，参与了全部实验过程的中学或学校系统有 29 所（个），即：

① The Story of the Eight – Year Study, p. 14.

② The Progressive Education Association, Thirty Schools Tell Their Story, New York, Harper & Brother, 1942, p. 213.

③ Thirty Schools Tell Their Story, p. 147.

④ Ibid, p. 640.

阿尔图纳高中	阿尔图纳，宾夕法尼亚州
巴尔德维因学校	布琳摩尔，宾夕法尼亚州
伊格尔·洛克中学	洛杉矶，加利福尼亚州
贝费尔乡村学校	切斯纳特岭，马萨诸塞州
费尔斯顿学校	纽约，纽约州
布朗克斯韦尔中学	布朗克斯韦尔，纽约州
弗朗西斯·W. 帕克学校	芝加哥，伊利诺斯州
切尔敦汉姆城镇学校	埃尔金斯公园，宾夕法尼亚州
友谊中心学校	日耳曼顿，宾夕法尼亚州
道尔顿学校	纽约，纽约州
乔治学校	乔治学校，宾夕法尼亚州
格尔曼顿学校	格尔曼顿，宾夕法尼亚州
贺拉斯·曼学校	纽约，纽约州
塔山中学	威尔明顿，特拉华州
约翰·伯勒斯学校	克莱顿，密苏里州
林肯学校	纽约，纽约州
芝加哥大学附属中学	芝加哥，伊利诺斯州
米尔顿中学	米尔顿，马萨诸塞州
奥克兰大学附属中学	奥克兰，加利福尼亚州
新特里尔城镇中学	温内特卡，伊利诺斯州
俄亥俄州立大学附属中学	哥伦比亚，俄亥俄州
北海岸乡村学校	温内特卡，伊利诺斯州
维尔塞学校	波士顿，马萨诸塞州
拉德诺中学	韦恩，宾夕法尼亚州
威斯康星中学	麦迪逊，威斯康星州
谢克中学	克利夫兰，俄亥俄州
德斯·默尼斯的中学	德斯·默尼斯，衣阿华州
丹佛的中学	丹佛，科罗拉多州
塔尔萨的中学	塔尔萨，俄克拉何马州

不过，由于最初挑选的实验中学有30所（或学校系统），特别是后来的"八年研究"第五份报告取名为"三十所学校自述"，因而有人也将"八年研究"称之为"三十所学校实验"。但是，这种称谓仅仅是一种习惯性说法而已，并不是"由于参加这项实验研究的中学有30所，因此

'八年研究'有时也被称为'30所学校实验'"①。

二　中学实验的指导原则

从1933年开始，合作中学开始进入实验环节，全面改革学校各项教育与教学工作。但是，对实验的意义和价值，从一开始就存在着不同意见。有的实验学校教师认为实验研究是一项没有必要的危险改革；一些大学教授认为进步教育协会目前的做法是作茧自缚；学校家长也开始对实验研究产生了不安和不满。②负责实验研究的主要成员也面临着巨大的风险；没有人能够完全预料未来的艰巨工作、问题、挫折和最终的结果。艾金委员会和指导委员会中的大多数人已感觉到正面临着在实验中能否表现出首创精神、想象力、勇气和智慧等的考验。一切都在难以预料之中，也没有该如何去做的统一一致的建议。一位中学校长坦诚地说道："我和教师们都不知道怎样运用这种自由，我们面临着挑战和茫然。"③

针对这种情况，指导委员会决定定期与合作中学的代表召开协商会议，共同探讨出现的问题和制定实验具体计划。对于指导委员会而言，实验的基本思路就是给予合作中学在制定各自计划、课程、组织和教学程序方面的充分自由；委员会必须认真确保合作中学享有的独立与自治，努力通过下属委员会以及评价、记录、报告和课程领域专家提供尽可能的帮助，避免任何强制规定的意见和行动，既不妨碍实验研究基本目标的一致，又促成了多样化的改革方式。

对于合作中学而言，它们有充分决定实验过程的自由，但都渴望从其他学校的观点和经验中获取裨益。每一所学校都有不同的侧重点和方式、方法，难以概要和准确报告实验的进行和目标。然而，在进行实验研究中，指导委员会和合作中学共同确立了指导学校教学改革的两个基本原则：

基本原则之一：学校的日常生活和教学方法应该符合公认的人类学习和成长的方式。

传统的教育观念一直把学校学习看作是一个学习某种技能和掌握规定科目的思维过程，而与学生身体和情感的发展关系不大，即便是有关系，

---

① 关于这样的说法在国内许多版本的外国教育史著作和教材以及有关课程研究的著作中屡见不鲜，在此不一一列举，主要是因为尚未见到准确的原始资料。

② Thirty Schools Tell Their Story, pp. 23—24.

③ Ibid, p. 16.

也并不重要。进步教育的教学观则认为，人的发展是通过自身有意义的活动实现的；活动包括个人生活的各个方面；当人的经验导致对新问题的深刻认识和更加理性时，就获得了发展。

信奉这种观念的合作中学认为，学校应该成为学生共同实现自身发展目标的场所，而不仅仅是一个完成了既定任务的场所。学校教育并不是为了单纯教会学生学习各门功课、积累学分和最终拿到毕业证书，而是一个充满生机的社会有机体，每个学生都是其中重要的组成部分。在学校里，所有的学生都可以自由地行动，从事自己感兴趣的事情，解决日常生活中遇到的问题，激发兴趣，开阔视野；学校教育可以调动学生所蕴含的潜能；学校还应为学生提供获得社会认可和高尚地位所需要的身体、智力、情感以及精神全面发展的机会。

因而，合作中学认识到，既然学校对学生的发展具有特殊的意义，那么，教学方法、组织形式和课程诸多变革就显得十分重要，课堂应该是教师和学生共同活动、探索和发现的场所。"只有当社会要求和学生的需要统一为学校的目标时，教育才能成为一种具有重要意义的体验。只有这样才能以对追求知识和理解力的渴望代替分数的积累，才能愉快和理智地从事重要与艰苦的工作，教育才能成为一项重要的事业。这样，学生将追寻教育的本真和实质，而非教育的形式和肤浅的外表"①。

基本原则之二：中学应该重新确立自身存在的价值。

指导委员会和合作中学认为，普通学校尚不能为学生的学习创造良好的条件，所以，有必要确定美国年轻人到底需要学习什么。通过讨论和研究，合作中学认识到教育的主要目的是引导年轻人理解、欣赏和践行那种在民族的历史发展过程中不懈追求的生活方式，学校应当成为一个民族所信仰的生活方式的代表。所以，"学校为年轻人提供的最重要服务就是使他们理解并欣赏我们称之为'民主'的生活方式，而理解和欣赏的最佳途径就是在学校也过着同样的生活"。② 这种民主的学校生活十分广泛，如培养学生各种美德，促进学生参与学校事务，引导学生独立思考。而这一切都需要对课程和教学方式进行根本的变革。

依照这两个原则，合作中学明确了实验研究的思路和策略，统一了基本认识和理念。

---

① The Story of the Eight – Year Study, p. 18.
② Ibid, p. 19.

第一，合作学校认为，实验与探索的精神和行动应该成为民主社会中等学校的特征。合作中学被称作"实验"学校，最初许多合作中学害怕听到这样的称呼，因为"实验"一词隐含着没有经过认真研究而进行的尝试性变革，尚未对结果进行严谨的评估。对此，合作中学要求认真研究为学生服务的最好方式，制定周密和详细的改革计划，并对结果进行仔细的评估，不断地完善相关理论、设计和措施。从某种意义上讲，合作中学过去和现在都是"实验性的"，民主学校的任何教学和教育工作都不能因循守旧和固守传统，不能回避对真理的探索和进步的追求。实验研究人员还意识到，学校教育的基本变革必须考虑到中学在社区中所起的作用。如果缺乏对整个教学计划影响的考虑，不适宜对课程进行任何修改，这需要时间、组织和引领。

第二，中学课程应该体现青年一代目前所关注的事物以及构成民族文化遗产的知识、技能、理解力和欣赏力。中学课程改革通常不会低估或消除一个国家长期形成的已组织得很好的文明经验。但是，许多传统课程已经僵化，没有任何价值，学生的需要不能有效得到满足。所以，美国青年一代的普遍问题应该成为所有课程的核心，无论他们是否进入大学。

合作中学从一开始就认识到中学课程统一和连续性的问题。在1933年提交的改革建议中，有些合作中学建议合并课程，教师合作制定计划和教学。这样，可以使学生了解学科与学科之间的关系，使教师和学生都感受到知识的统一性。另一方面，通过更好的安排课程顺序可以发现课程的连续性。任何预先固定安排的课程都不能使学生产生真正有意义的连续性经验。一些具有远见的学校试图通过让学生参加与以往经验有关的单元计划的教学，从而保证学生发展的连续性。

第三，合作中学认为，必须全面了解和明智地指导学生。学校应该把每个学生都作为一个单独的个体来看待，而不仅仅是一个学习英语或数学的学生。教师要广泛了解学生的各方面情况，具有敏锐性，善解人意，态度和蔼，善于运用学校和社区的恰当资源引导学生，解决他们教育和职业上的问题。

第四，指导委员会和合作中学都认识到具有评估、记录、报告教育实验结果的职责。他们从最初就明白这项工作的复杂性和艰巨性。委员会具备评价学生知识积累和技能发展的手段，但无法评估那些十分重要但又无形的目标和实现程度。然而，他们确信，对实验结果的有效评估将有助于课程的改革，有助于认识学校存在的不足和作用，为进一步改革奠定良好的基础。

第五，合作中学期望中学和大学建立更加令人满意的关系。有的中学的毕业生几乎全部可以进入大学；而另一些中学可能只有 1/5 或 1/6 的学生继续接受正规教育。从理论上讲，中学也可以满足不进入大学的学生的要求。但是，大学的入学要求限制了中学所有科目的教学大纲。因此，中学必须具有安排教育与教学目标、计划和学科内容的自由，这也是中学与大学建立新型关系的主要特征。合作中学对学生大学成绩依赖于中学学习某些特定学科的观点表示怀疑，同时也质疑大学与中学关系的传统假设：只通过学习英语、外国语、数学、自然科学和历史才能使学生为大学的进一步学习做好准备。

总之，合作中学相信，有更多不同的学习和经验的途径，通过这些途径学生能够形成在大学期间取得满意成绩所必需的技能、理解力和智力。他们确信，学校的教学工作建立在学生所关注的事情之上，对每个学生都有意义，确信这些教学工作能够发展大学所需要的能力。在对大学的正式建议中，指导委员会陈述道："我们正力图培养那种把教育视为有意义的执著探求而不是分数积累的学生。学校坚信，可以通过把中学课程建构在作为社会成员的年轻人的需要上来实现。如果实验中学帮助学生发现了生活经验的意义，他们就会依据成熟的经验在大学中寻找更深刻更广泛的生活意义。总之，传统的学习必须有新的活力和定位，许多新的内容必须纳入学校和大学的课程之中。"[1] 合作中学坚信，中学能够真正为学生的大学学习和生活做好准备，只有中学与大学建立起良好的合作关系，实验研究才能取得成功。

第三节　评估计划的制定

从实验一开始，中学与大学关系委员会与合作中学就意识到必须对实验的结果进行令人信服的评估。其原因主要有：第一，合作中学要为大学提供关于那些准备进入大学的学生发展情况的详细材料。第二，合作中学必须能够鉴别各种改革方案的优缺点和可行性，以便进一步改进。第三，只有澄清中学的教育目标才能指导课程开发、编制和设置评估工具。现实的情况是许多中学培养目标模糊不清。第四，实验的记录和数据具有重要

---

[1]　The Story of the Eight - Year Study, p. 23.

意义。艾金委员会意识到，仅凭以往局部的、含糊的、个人印象的价值判断根本不足以说服教师和家长，也不利于证明进步教育的合理性。因此，应该广泛收集、记录和报告有关学生发展的任何资料和数据。遗憾的是，由于早期财力所限，没有能力对所有合作中学的学生进行研究，而只选择了那些准备进入大学的学生。

一　评估委员会的作用

指导委员会指出传统中学最经常、最普遍的成绩测试方式就是考试，考试已经成为中学生活的一部分。但是，即使是在学校还仅限于传授"3R"课程时，通过考试来评估学生在读、写、算方面的掌握熟练程度也是很牵强的，更不要说学校为满足学生需要而设计的各种课程和指标了。

在实验研究开始时，虽然已经有了一些教育测量的工具，但通常比较单一，并不存在评估许多种教育目标的工具。一般来说，大部分测试是用来评估学生知识的增长和某种技能的熟练程度。而合作中学与其他学校的主要不同之处就在于教育目标的多样性，合作中学的教育目标均具有同等的价值。

艾金认为，从某种意义上讲，30 所学校在"八年研究"早期最富有意义的经验就是研究和确定了学校所期望获得的成果。这些目标可能是，学校期望帮助学生了解自身情况，学会如何与别人一起工作，明智地阅读并通过语言和写作恰当地表达自我，学会如何进行问题研究和调查，接受教师的指导以及能够激发和扩展学生的兴趣。那么，合作中学怎样才能知晓是否取得了这种成果？1933 年，当中学开始改革后，新课程框架的内容和类型十分丰富，通常所运用的评估显然不能测试更多的目标，因为标准测验是建立在传统学科的内容之上的。参与研究的中学很快就发现需要新的评估工具和更加全面的评估计划。1934 年，指导委员会成立了下属的"评估委员会"（the Evaluation Staff），由课程专家泰勒（Ralph W. Tyler, 1902—1994）担任委员会负责人。[①]

评估委员会的任务是帮助参与研究的学校编制评估学生进步与发展的工具和有效途径。这种评估不单纯是评估委员会成员的工作，而是合作式的，

---

① 评估委员会负责人为泰勒，助理负责人分别为奥斯卡·K. 布罗斯（1934—1935）、路易斯·E. 赖斯（1935—1938）、莫里斯·L. 哈通（1938—1942），其他成员共 22 人，委员会秘书为塞塞莉娅·K. 沃瑟斯特龙、凯·D. 华生。

学校的教师均参与设计评估方案，评估过程也是教师不断反思的过程。

评估委员会所作的第一项工作是分析学校教育目标。仅有教育目标，参与实验的学校仍然不可能完全确定教学工作所产生的预期结果。他们希望评估委员会帮助判断是否实现了这些目标，如果没有，怎样进一步改变课程设置和教育方式，然后再评估结果。评估委员会鼓励学校积极参与评估，要求学校在课堂和教学中大胆使用新的评估工具和方式，并不断发现其中的缺点和不足，便于委员会及时完善，最终建立有效的评估体系。

评估委员会在 7 年间设计了大约 200 种测验，这些测验被反复试用、修改和提炼，其中一些因不合适而被弃用，一些证明行之有效的测验被用于对数千名学生进行测试，具有很高的实用性和可靠性。其中在中学运用最广泛的有 16 种：[①]

（1）解释材料（interpretation of data），包括一系列测试题，要求学生对许多来自自然科学和社会学科领域的资料作出合理的归纳。

（2）普通科学原则的运用（the application of principle of general science），包括一系列测试题，要求学生依据相关事实和原则解释各种科学现象。

（3）社会问题（social problem），包括一系列社会问题，要求学生依据社会科学归纳和个人社会信仰选择行动路线并加以证明。

（4）原则的运用（application of principle），包括一系列社会问题，与"社会问题"相比，所作出解释更加依赖事实和归纳，较少依赖社会信仰。

（5）特定逻辑原则的运用（the application of certain priciples of logic），测试题要求学生从假设中推断出合乎逻辑的结论。

（6）验证的特性（the nature of proof），测试题要求学生确定基本定义、假设和判断它们的合理性。

（7）熟悉可靠的资料来源（familiarity with dependable sources of information），测试题要求学生简要说明研究各个学科领域问题的资料来源。

（8）使用书籍和图书馆（use of books and libraries），测试题要求学生熟悉书籍和学校图书馆的构成。

（9）使用初中书籍和图书馆（use of books and libraries for junior high school），这种测试题与测试（7）、（8）相似，但难度稍小。

（10）信仰测试（scale of beliefs），测试题分为两部分，验证学生在各种社会科学问题上信仰的是自由主义还是保守主义以及信仰的牢固性。

---

① The Story of the Eight - Year Study, pp. 91—92.

（11）有意阅读的调查问卷（questionnaire on voluntary reading），问卷表明学生对文学作品的反应类型和强度。

（12）七幅现代绘画（seven modern paintings），这份测试和调查问卷显示学生对现代绘画作品的反应。

（13）确定成对的图片（finding pairs of picture），这个测试无需口头语言，要求学生挑选主要特征相似的成对图片，显示学生对图片艺术美感的广度和成熟状态。

（14）兴趣指数（interest index），问卷显示学生对学校各种学科活动有关兴趣的广度和成熟度。

（15）自由阅读的记录（record of free reading），学生自由阅读的评估主要根据所阅读小说的作者类型和成熟水平来确定。

（16）兴趣和活动（interests and activity），问卷通过学生对各种类型的个体或社会体验的好恶，反映个体与社会之间的适应性。

评估委员会认为，评估应该有多种形式，而不是仅仅局限于书面测试。泰勒特别指出，许多评估局限在书面测试或某种纸笔测试（paper and pencil tests）上，原因可能是书面测试更容易进行。书面测试可能是检验回忆学习内容和牢记知识的有效措施，甚至写作技能、数学能力、思维能力都可以通过书面测试来呈现，但许多诸如增进身体健康、个体与社会之间的适应性、兴趣的测试就需要采用更广泛的评估手段和技术。在"八年研究"中，评估委员会主要运用了观察记录、轶事记录、调查问卷、面谈、活动记录、创作的作品等技术和手段。总之，评估技术的选择取决于这种技术是否适合于评估某种类型的行为。评估委员会也坚持认为，教师和学生应该参与评估。评估委员会的一项重要责任就是帮助教师掌握评估和编制技术、评估工具的运用及结果的解释。同时，在教学中教师和学生共同决定目标、制定计划、落实怎样实现并共同测试结果。

评估委员会和合作中学一致认为，评估只有和学校的教育目标相结合才有意义。除非教育目标得以清晰地阐释，否则对结果的任何评估都没有意义。正如一位校长所说："学校所追寻的目标应该像晴天的云柱和夜晚的火焰一样，稳定地呈现在全体教师面前。"① 只有在教育目标清晰可见的情况下，哪怕是不断变化的目标，评估学生或学校的进步才有可能。

---

① The Story of the Eight – Year Study，p. 88.

二　评估方案的设计

在"八年研究"中，评估委员会认真总结了以往教育评估的情况，针对实验研究的具体特点和实际要求，分析和阐述了新的评估理念和体系，构成了"八年研究"中具有深远影响和价值的内容。

（一）评估方案的意义

以泰勒为首的评估委员会首先强调教育评估的重要性。他们认为，"评估"（evalution）是用来描述全体教师和计划方案的，与"测量"（measurement）、"测验"（test）或者"考试"（examination）等不同，因为评估是确定一项事业或计划的价值的过程。实验学校评估方案的主要目的就是帮助学校确定新课程的价值的方法或手段。

评估方案对实验学校和普通学校以及大学都十分重要。学校不同于其他社会机构，具有复杂性。首先，学校通常对教育的基本目标存在着不同的认识，所以对学校期望取得什么样的价值的问题就存在疑问，因而在评价过程中要得到什么结果的问题上也不尽相同。即使学校目标统一且明确规定，这些目标往往也是含糊的。其次，确定教育目标实现的方法和过程较为复杂。为了说明教育目标实现的程度，就需要应用分析和阐明结果的方法，而这个过程比其他社会事业的评估更加困难，难以把握，在实践中寻找和设计测量学生综合发展变化的方法一直颇为艰难。最后，概括和揭示学校评估的结果也是复杂的。教育评估的概括需要不同的主体，即学生、教师、行政人员、家长和资助者。不同主体之间设定的标准、采集的信息、呈现的形式、表达的方式均不相同。显而易见，教育评估比其他评估需要更深入的研究。评价人员的工作应该有助于展示实施评价过程的程序，有助于提供可以用于评价的方法和建议。

（二）评估的主要目的

评估委员会认为，大多数中学和大学进行评估的目的是为了给学生评定等级、分组和提高，为家长提供报告，为教育委员会或学校董事会提供报告。"八年研究"中的评估是一项综合性的工作，包含更广泛的目的。

1. 评估的主要目的是为了定期检查学校教育的有效性，从而发现实验研究计划和改革中需要改进的地方。通过中学和大学的定期评估揭示学校教育中应保持和发展的主要方面以及修正和改变的内容。

2. 评估是为了验证教育机构所做的假设。实验学校所编制的课程是建立在研究假设的基础之上的，但这种假设是否能够获得令人满意的结果还有待检验。这些假设可能是不正确的,学校由于没有完善的检验假设的严密评价体系,可能继续采用不适当的课程计划。

3. 评估是为了提供有效指导学生所需的资料。学校的指导只有在合理地评估学生的学业成就,全面了解学生的成长和发展的过程和因素后,才能有效实现,这意味着要全面评估学生的所有方面的发展。

4. 评估是为了给学校教师、学生和家长提供某种心理的稳定性。学校教育工作的复杂性和强烈的责任可能使教师产生焦虑和不安,怀疑自己和学校是否真正能够完成主要目标。这种不确定的心态也许会产生进一步改进实验计划和认真的态度。但是,如果缺乏有计划的评估,教师往往会缺乏安全感,有时会放弃正常的努力。那样,学校和教师就会按照既定的传统程序行事,以便寻求安全感,教师会不遗余力地强调学分考试和大学入学测验,学生所取得的成功是他们完成目标任务的明确标志。但是因为这些测验可能只适合于一部分高中生,因此,将注意力集中到他们身上实际上阻碍了中学的整个教育计划。准确而全面的评估可以排除教师和学校的顾虑,为他们提供一种发展和自信所需要的安全感。对于进行全新的教育实验研究的学校和教师来说,尤其需要这种安全感。

学生和家长也饱受这种不安全感的困扰。他们期望教育实验的效果有明确的证据,如果综合的评估计划不能提供这种安全感,学生和家长就很可能寻求那些明确的但无关紧要的安全因素。

5. 评估的目的还是为了加强与社会的联系。在与社区建立建设性、合作性关系时,最重要的因素是学校究竟能够为社区带来什么样的成效。一个精心设计的综合评估计划就是一份最好的宣传资料,它可以向社区阐明学校实验的价值或大学实验计划的可行性。如果可以利用学校所取得成就的具体成果,还可以解除学校董事会和家长的担忧,并转化为富于建设性的深层次合作。

评估委员会认为,这5个目标不仅是与合作中学开展实验的基础,也是所有学校评估的原则。在实验研究过程中,应该依据这些主要目标决定评价什么、评价的手段和结果的概括与阐释。

(三)基本假设

评估委员会认为,学校教育的评估需要建立在一定的假设的基础之上,为此提出了许多实验研究的评估假设,主要有8种假设:[①]

---

① Eugene R. Smith, Ralph W. Tyler and the Evaluation Staff, *Appraising and Recording Student Progress*, New York, Harper & Brother, 1942, pp. 11—14.

1. 教育是一个探索改变人类行为模式的过程。任何教育都具有改变人的行为方式的作用，一个受过教育的人和一个没有受过教育的人之间的差别就是最好的例证。学生通过接受教育，形成以前所不具备的思维能力、阅读和写作技巧、对艺术的欣赏力等等。

2. 学校的教育目标是不断地完善人类行为模式的发展形式。教育的基本目的是有效地改变学生的行为，它代表了人们希望通过教育给青年人带来一些根本变化：期望他们具有和运用的良好思维，期望他们形成技能，期望他们学会审美，所有的这些都是对教育目的的进一步说明。

3. 评估教育计划就是确定教育计划具体实现的程度。既然这种计划就是寻求改变学生的行为方式，也是基本的教育目标，那么对教育计划的评估就是一个确定学生取得进步程度的过程。

4. 人类行为通常是非常复杂的，不能用单一术语或者维度来加以描述或测量。描述或者测量人类行为的特定阶段通常需要从多方面或者多维度进行。单一的成绩分数、分类或者等级不能取代对学生任何发展阶段的评估。因此，需要开发综合成绩分数、综合分类和多维度的描述方式。

5. 学生组织行为模式的方式是评估的重要内容。对各种教育目标的认同容易导致孤立地看待学生的行为，这就可能促使寻求改变学生的知识、技能、思维方法、态度和兴趣的教育计划，出现片面评估行为的某一方面发展的情形。然而，人类行为是统一的活动，在任何情况下，知识往往和技能、思维方式、态度、兴趣、评价紧密联系，学生的各种行为之间具有很大的关联性和整合效应。学生各种行为能力形成的方式是其发展的一个重要方面，也是评估其教育成就的重要部分。

6. 评估方法不仅仅局限于纸笔测验，任何提供有关学生趋向教育目标的有力证明的方法都是合适的。由于传统的原因，大部分学校的评估方案都局限于纸笔测验或者多种纸笔测验。然而，纸笔测验不能提供对所有教育目标的充分评估。

7. 评价的性质影响着教与学。评估委员会认为，如果用特定内容定期测试，学生和教师就会受到这些测验的影响，更多地专注这些内容而忽视内在价值。如果他们认识到测验侧重某些方面，即使这些方面不在课程计划中，他们在教学和学习中也更加注意。这就要求评估设计人员尽可能编制一种与新课程协调的、没有局限性的评价措施和方法，更加关注广泛的课程内容和与之相适应的评价方法，而不是仅仅注重开发学科内容测验。

8. 学校的全体教师和委托人具有评估学校活动的责任。评估人员的职责不是评估学校,而是帮助开发评估工具和解释方法,只涉及开发评估技术。

评价计划也运用其他的假设,但是这 8 个假设尤其重要,因为它们引领着实施评估计划的一般程序,显示出评估计划以教育目标为基础的必要性,表明了制定评估目的的教育目标一定要依据学生行为的变化来阐述,强调了行为的多方面性和行为的各个方面之间相互联系而不能孤立地对待,清晰地展示了运用广域的评价技术的可能性。

(四)开发评估计划的一般步骤

评估委员会将开发评估计划的一般程序具体分为 7 个主要步骤。这个程序是由研究人员设计的,但具体执行是由学校行政人员、教师和评估人员共同协作进行的。其中任何一个环节都需要全体教师与评估委员会合作完成。

1. 明确目标

作为第一步,要求每一个学校的全体教师明确地阐述教育目标。由于实验学校正在修订课程,有的学校已经开始进入这一阶段。这并不仅仅是一项评估活动,而且还是编制课程的重要一环。教育目标不是学校教师个人或评估人员凭借各种幻想和喜好确定的,而是在充分研究和分析社会需要、学生的个性特征、各种知识领域潜在的作用、学校的社会与教育理念、学习心理学的相关理论等基础之上形成的。因此,许多学校在这一环节上投入了大量的时间和人力,并计划定期重新测试他们的目标。

2. 目标分类

评估委员会将合作中学各自确立的教育目标汇集成一个总目录,然后分成主要类型。中学自定的教育目标在普遍性和特殊性上差异很大,很多尚处于实践操作层面。因此,中学期望目标分类有助于指导课程开发。目标分类对于评估十分重要,因为目标的分类预示评估技术的种类,而评估技术对正确的评估具有决定意义。评估委员会将中学的教育目标分为 10 种主要类型:[1]

(1)发展有效的思维方法;

(2)培养良好的工作习惯和研究能力;

(3)培育社会态度;

(4)获得广泛的兴趣;

(5)培养对音乐、艺术、文学和其他审美体验的欣赏力;

① Appraising and Recording Student Progress, p. 18.

（6）提高社会敏感性；

（7）增强个人与社会之间的适应性；

（8）获取重要的知识；

（9）培育健康的体魄；

（10）形成稳定的人生观。

评估委员会认为这个分类并不十分理想，但为评估明确了范围，有助于确定课程开发的重点。

3. 界定目标的行为内容

评估委员会把这一阶段理解为依据行为界定目标。由于主要目标类型的表述非常笼统，用词也较为模糊，很难具体加以评定，而且目标发展的呈现形式也因人而异。为了进一步界定目标，合作学校和评价人员组成了目标界定小组，通常一个小组针对一个目标类型。每一个委员会都由学校中支持某种目标类型的教师组成，依据教师对目标行为内容的描述而不是引经据典，以利于澄清目标的内涵。委员会在界定目标的过程中负责协调一般目标与特殊目标的关系，一般目标有助于更宽泛地界定特殊目标，特殊目标有助于澄清一般目标。

4. 提出显示目标完成的情景

对于委员会而言，这个步骤要求评估人员明确识别学生预期表现行为类型的情景，以便于获得该项目标的相关资料。这个步骤取决于第三个步骤，即"界定目标的行为内容"。这个步骤的价值之一是提出了一个可用于评估的更加宽泛的情景，在下一个阶段开始之前，将会罗列出许多种情景类型，这些情景为学生提供了展示业已形成的行为模式的机会。这实际上就是潜在的"测验情景"（test situations）。

5. 选择和检验成功的评估方法

评价的第五个步骤主要是选择和检验获取各种目标类型资料的成功方法。在尝试设计新的评估工具之前，每个委员会都要检验已开发出的各种测试和其他评估工具，以便了解它们是否可以作为令人满意的评价教育目标的方法。

6. 开发和改进评估方法

评估委员会指出，这个阶段就是在初步测验的基础上选择那些成功的方法，由评估人员进行进一步的开发和改进。委员会经常开会评论评估人员的工作，也要求教师提出改进建议和意见。但具体工作必须有评价人员来完成。

7. 解释结果

最后一个步骤是设计用来解释和运用各种评估工具结果的方法。此前的程序用来定期地评估学生完成目标的程度。这些工具提供了一系列的测试分数和描述，用于测量学生的行为模式的各个方面。随着这些工具的使用，在每个评价阶段都存在大量的可以利用的测试分数或者口头描述。然后，评价人员用某种工具将这些测试分数和口头描述与以前测试相比较，评估学生的成长和变化的程度。评估计划的有效性很大程度上取决于合理的解释结果和教师、学校管理者应用这些结果的程度。

总而言之，评估委员会为合作中学设计了一系列评估教育目标的方法、工具和形式，为实验的展开和最后完成提供了技术保障。在开展评估工作时，评估委员会还逐渐认识到评估计划是一种潜在的教师继续教育的形式。明确表述和澄清目标的不断要求，根据这些目标对学生反应的持续研究，坚持不懈地尝试把获得的结果与各种类型的测量联系起来，这些都是将教师的兴趣集中到教育过程最主要方面的手段。一些实验学校的成果显示，评估是不断改进教育计划的方式，评估是随着学校的作用不断增强而深刻理解学生的方法。

第三章　合作学校的教育实验

1933 年 3 月，参加实验的中学代表和中学与大学关系委员会成员召开了第一次联席会议。大学校长、系主任、教授和中学校长、教师共同出席了大会，正式拉开了"八年研究"的序幕。

从一定意义上讲，合作中学是在困惑和不知所措的情形下开始工作的。在联席会议上，合作中学的代表情绪激昂，表示热切期望赋予教育改革的充分自由。不过在以后的回顾当中，他们意识到当初参与和接受这项艰巨任务时缺乏足够的准备。

合作中学所提出的各种改革建议和方案内容庞杂，范围十分广泛，大多数都表现出雄心勃勃的姿态。课程内容从计划讲授"人的发展"到"观众视野中的足球"；有的中学提出"学校将为学生提供从幼年到成年的个体全面发展的可能；学校将通过加强学生参与研究当前与未来形势的意义，进一步为社会发展做出贡献"[1]；有一所中学制定了一项宏大的英语教学目标，计划为学生安排近 300 年以来所有文学作品的学习内容；还有一所学校计划研究远古人，并准备用 3 年时间全面概括美国历史以及所有国际问题；有的中学"把交谊舞纳入课程"，建议课程设置"消除个人竞争的动机"，将学生在校时间分配为：重要兴趣或能力占 40%，次要兴趣占 15%，娱乐和健康占 20%，社会学习占 15%，基本技能占 10%；还有的中学计划延长课堂教学时间，而另外一些学校则试图取消课堂教学与课外活动的区分。几年以后，许多教师感悟到："从研究开始起，我们就对新任务感到兴奋，试图事无巨细地去做好每一件事情。现在看来这是完全不可能的。"[2]

影响合作中学开展实验研究的因素也较为复杂。有的学校由于资助人财力雄厚，又对学校的现状基本满意，就会相对保守一些，不愿冒太大风

---

[1]　The Story of the Eight – Year Study, p. 28.

[2]　Ibid, p. 27.

险；有些学校认为让大学真正做到协议中所作的承诺（不经过大学入学考试入学）非常困难，所以在运用自由设置课程的权力时尚有保留；有的中学内部管理较为欠缺，教师分为不同的阵营，影响改革进程的推动。然而，大多数合作中学还是满怀教育改革的热情积极投身教育实验，而且得到许多开明和有远见的家长的合作和支持，学校校长具有深厚的教育理论素养且能力超群，教师具有共同协作的良好习惯。

在实验研究过程中，合作中学基本上还是享有较大自由度的，问题是缺乏主要目标，主次区分不够，对实验的理解和意义的认识欠缺。甚至一直到1935年，仍有一些合作中学的代表不愿参加与艾金委员会成员共同探讨教育目标的例会，他们把主要精力放在课程的修订上，不希望在探讨教育价值观和学校其他各项改革上浪费时间。另一方面，学校之间不同的特点和环境也强化了彼此之间的差异性。两年以后，合作中学已经认识到建立一个相对完整的实验研究价值体系和确立改革主要内容与范围的重要性。

第一节　教育目标的确立

在合作中学开始进行实验之前，艾金委员会以及指导委员会就明确指出，必须首先解决4个问题：实验要达到的目的是什么，采用什么样的课程，选择哪些学校和机构参与实验，实验的结果如何评价。每一个问题中又包含若干子问题。但概括起来说，实质上就是要在4个主要方面做出选择：教育目标、教育内容、教育方法和教育评估。其中前3个问题需要中学做出直接的回答和行动。

这4个方面的问题以及所包含的子问题之间存在着非常紧密的关系。目标的表述是选择教育内容和教育方法的标准。当一位教师试图对教育内容或教育方法做出选择时，他对教育目标有着自己的理解与认识，可以根据特定的目标，对教育内容进行选择，但为了更好地迎合教育目标，对教育内容进行选择时，必须同时兼顾教育方法的选择。当然，评估的问题同其他几个问题也有密切的联系，例如，所选择的教育内容是否有利于教育目标的实现？所选择的教育内容是否比其他的内容更有效？同样的问题，所选方法的有效性也应接受评估。

一　教育目标的基础

30所学校的教育目标是在实验过程中逐渐形成的。在实验的初期，30

所学校制定的教育改革目标十分丰富，也有许多共同的目标，例如，寻求适应学生发展的教学，使学生掌握技能，更好地展示创造力的机会，学习的连贯性，等等。但缺乏一个突出的主要目标。所以，人们很难在合作学校的早期实验报告中找到明显一致的主要目标。

1937年，合作学校的主要教育目标开始逐渐清晰，成为学校教育实验的重要思想基础。这个目标来源于美国社会生活方式和民主理想，那就是：美国中学的全部教育活动都应该是民主生活方式的化身，任何学校改革所追求的目标都不应偏离保持和促进美国社会的生活方式。俄亥俄州立大学附属中学在"八年研究"的报告中阐述了学校教学与教育改革的价值观基础，显示了合作中学从生活和教育的理念中确立的学校教育目标，具有典型的代表性：[1]

> 民主生活方式是基于建立在尊重人的个性的假设基础之上……
>
> 从物质意义上讲，民主生活方式意味着身心健全的成长与发展所需的适当的营养食物、住房、衣服、医疗保障、工作条件。从精神意义讲，民主生活方式意味着自由的安排个人生活，并在实施计划时适当地考虑对自己和他人所带来的影响；意味着自由地运用民族文化的财富来丰富生活的目标；意味着自由运用聪明才智解决冲突，了解自己和社会，决定行为。
>
> 与众不同的个性不能孤立地发展，只有在与他人自由发生相互影响时才得以发展。充分自由地参与到一个特定的群体或许多群体之中，是促进个体在复杂的互相依赖的社会中良性发展的最好方法。虽然个人健康的发展是基本目标，但社会生活是取得这种发展的较好方式。检验每一个社会和政治组织作用的方式是看其对个体的影响：如果它增强和丰富了人的个性，就是可取的；如果它破坏或限制个体发展的机会，就是不可取的，故而是和理想背道而驰的。
>
> 通过为共同的目的和结果一起生活和工作，个性的发展和丰富意味着作为一种方法的智慧的运用；因为只有当个人和集体在深思熟虑的基础上自由地制定和实施行动计划，人类的教育机构才能不断地进步和提高。

---

① Thirty Schools Tell Their Story, pp. 720—721.

科罗拉多州丹佛市学校的做法，也反映了确定学校教育目标的过程和坚持探究目标的必要性。这个城市有 10 所初中和 5 所高中直接参加了"八年研究"，并在最后的实验研究总结报告中指出：①

直到实验已经进行了 4 年，一种在研究目标和课程设置之间建立明确关系的需要才浮出水面……

有关丹佛市学校的价值观念的阐释可以说是"八年研究"的成果，它是由代表丹佛市小学、初中、高中的委员会制定的：

在理念的形成过程中，学校必须依据它所面对的个人特征以及它所服务的社会特征确定其信条。丹佛的公立学校认为，人是充满活力和有目的性的，具有生长的本能和经验发展的能力。丹佛的学校坚信，一个民主的社会是一个最适合个人最佳发展的社会。可以说，民主是一种生活方式。任何时候它都包括：(1) 理智地自由运用；(2) 尊重个人价值，也就是说，人的价值至上；(3) 所有的人都参与包含所有人际关系的社会生活。

学校对民主的主要作用是保存和完善民主的生活方式。丹佛的公立学校强调，通过以下方式可以使学校最佳地履行这一职责：

1. 以学生的生活为中心设置课程；
2. 认识到个人与社会所关注的事物是相互依赖的；
3. 使专门指导成为所有教育活动中的一个组成部分；
4. 依据学生个体和社会的发展来评估学校课程；
5. 有机组织学校课程，揭示教学关系；
6. 与社区建立一种密切、直接和可运作的关系；

这种价值观念引导了丹佛市学校设置课程的目标……

在"八年研究"中，合作中学所形成的主要教育目标就是源于这种崭新的民主生活和教育的理念。它给学校管理、学校与家庭关系、教师在学校中的作用以及学生在学校与社会生活中角色的确立指出了方向。

二　教育目标的形成

为了全面了解和认识教育目标的内涵和实质，指导委员会与合作中学共同探讨了有关教育目标的理论和实践问题。

---

① Thirty Schools Tell Their Story, pp. 157—158.

（一）教育目标的历史考察

按照西方教育史学家的观点，人类社会教育目标的发展呈现过不同的形式。原始文化的教育形态是非制度化的，其目的是传授给学习者如何获得食物、居住地和衣物等生产与生活方面的知识，教育目标的本质是实用性；当人类社会呈现机构化倾向时，教育目标就转变为教导青年人理解自己所处社会的文化，传授给他们保护和延续社会传统的方法，教育目标具有了描述性；当社会文化逐渐趋于稳定和永恒时，具有了一定特性、价值和道德，教育的目标就转为向年轻人灌输这些价值和道德等，具有浓厚的宗教色彩，其特征是宗教性。

在美国公立学校系统建立时，教育目标具有上述 3 个特点：实用性、描述性和宗教性，并且期望借助于学习一定知识，实现上述目标。然而，事实证明仅仅依靠掌握这些既定的教育内容并不能实现预期的教育目标。随着机能心理学的兴起，教育目标的实用性和宗教性被"智力训练"的目标所取代，描述性特点则被保留下来，对知识的训练仍然继续着。其原因在于，一是把其作为记忆训练的一种方式；二是因为具有延续文化传统的优势。根据机能心理学的理论，所有个体智力的机能都是相同的，都有待于训练。这种观点几乎完全排斥了对学生兴趣和需要的关注。这样，中等学校的为"进入大学做准备"的目标就理所当然地形成了。1893 年，"十人委员会"在报告中指出："中学的一切科目应该以同样的方法和同等程度教给一切学生，而不必考虑他们将来可能的发展目标，例如，或者升学或者就业。"① 通过智力练习为学生继续接受高等教育或走向社会做准备，成为中等学校的主要教育目标。

在这种教育目标支配下，学科内容被分类化、系统化和形式化。文化遗产也是通过系统化的教育内容传递的。而以这种方式编排的知识难以被学生掌握的事实却被认为是其优点所在，因为这更能说明加强智力训练的必要性。虽然，心理学的研究已经显示智力训练理论值得怀疑，但这种教育目标长期左右着美国中等教育，智力训练几乎成为教育目标的代名词，其特征是依据难度来设计教学问题，要求通过识记大量资料来训练学生的抽象思维能力。1918 年，中等教育改组委员会发表的"中等教育七项基本原则"使教育朝着实用性方向迈出了关键的一步。这些原则并非代表着教

① J. S. Brubacher, A History of the Problems of Education, McGraw – Hill Inc., New York, 1966, p. 415.

育的目标，而是人类社会活动所需要的活动或行为。但是，这些原则更多涉及的是成年人的生活世界，而不是青少年的生活世界。

1932 年，进步教育协会设立了中等学校课程委员会（the Commission on Secondary School Curriculum），由塞耶（V. T. Thayer）任主席，故又称"塞耶委员会"（the Thayer Commission）。该委员会研究了青少年的特性，开发了一系列课程教材，提出通过满足青少年需要的方式来研究普通教育的问题。① 塞耶委员会认为，教育过程和目标应该与学习者的需要密切联系，中等学校的教育目标应该这样描述："普通教育目标是提供社会生活中主要方面的丰富与有益的经验，促进个体潜能的最大可能地实现，以及最有效地参与民主社会生活。"②

在这个教育目标的界定中，有两个宽泛的指导原则：（1）教育计划应有助于学习者有效地适应周围的各种环境，包括身体、经济及其社会方面；（2）教育计划应该有助于人的个性的发展，以便有效地参与文化的保存和传递。

（二）教育目标的依据

参与"八年研究"的中学几乎毫无保留地接受了这两个原则，并把它作为表述中学教育目标的基本假设。由此，合作中学在教育目标的两个方面达成了一致：满足青少年的需要；保护和发展民主生活方式。当然，在具体表述这种目标时存在着很多差异，但这些差异的存在并不是因为认识的不同，而是专业用语上的差别。

---

① 该委员会是 1932 年由进步教育协会设立的，主要负责研究中学或初中阶段普通教育的基本问题，开发了一系列课程教材，发表了很多有影响的报告，主要有：《普通教育中的自然科学》（*Science in General Education*，1938）、《普通教育中的数学》（*Mathematics in General Education*，1940）、《普通教育中的语言》（*Language in General Education*，1940）、《普通教育的社会学科》（*The Social Studies in General Education*，1940）。此外，还发表了 6 部有影响的个人著作，分别探讨了普通教育的专门领域：康拉德（L. Conrad）的《培养创造性写作》（*Teaching Creative Writing*，1937）、塞耶等人的《重建中等教育》（*Reorganizing Secondary Education*，1939）、布洛斯（Peter Blos）的《青少年个性》（*The Adolescent Personality*，1941）、莱恩诺（Elbert Lenrow）的《散文小说读者导读》（*Reader's Guide to Prose Fiction*，1940）、米克（Lois H. Meek）的《中等教育中的学生个人社会发展》（*The Personal - Social Development of Boys and Girls with Implications Secondary Education*，1940）、扎克里（C. B. Zachry）的《青少年的动机与行为》（*Emotion and Conduct in Adolescence*，1940）。这些报告和著作对"八年研究"有重要影响。

② Progressive Education Association, Mathematics in General Education, Appleton - Century Co. , New York, 1940, p. 43.

1. 教育目标的依据——青少年的需要

"需要"一词常常用来形容个体所体验的渴望、焦虑、欲望、愿望和兴趣等。如果这些"需要"得到满足，个体就会产生满足感，相反，就会产生挫败感。"满足需要"是重要的，但作为教育目标的唯一基础是不合适的。

20世纪30年代，美国许多普通学校都接受了一个观点，即包括渴望、焦虑和欲望在内的"需要"与兴趣学说有密切联系。当然，很多兴趣常常是由"需要"的驱动产生的，但有时候兴趣也许仅仅是偶然的冲动，缺乏持续性和连贯性。个体在发展过程中不断对周围环境做出反应，行为受周围环境所影响。在这个互动过程中，对社会的认识发生着变化。

另一个被普遍接受的"需要"概念的含义是社会对个体的要求。换句话说，周围环境不仅是个体实现需要的媒介，而且在创造着需要。因此，教师的责任就是确定社会对个体要求的性质，选择合适的教育内容以帮助个体实现社会所提出的要求。然而，如果不考虑个体需要而仅仅强调社会对个体的要求，也是不现实的，如果所选择的教育活动脱离了个体的需要，那么，这类教育活动会阻挠个体满足感的获得。

需要可能主要是个体的或者主要是社会的。但是，从其性质上讲，就不能把其看成是完全个体的，或者完全是社会的。无论需要起源于什么，它都有个体的一面，也有其社会的一面。例如，"自信"的需要中似乎个人的成分占主导地位，但离开一定的社会环境个体是无法获得自信的。事实上，只有在个体与社会的互动中"自信"才能实现。

合作中学和指导委员会根据需要的多样性和个性化特点，将青少年的需要概括为以下几个方面：身心健康；自信；迈向成人角色的信心；人生观；广泛的个人兴趣；美感；明智的自我指导；在社会关系中获得成长；明智的选择商品和服务；职业选择；职业能力。分析和鉴别学生的需要是制定和编制课程的基础之一。

2. 教育目标的依据——保存和发展民主生活方式

受进步教育新个人主义思想的影响，中学与大学关系委员会在与合作中学探讨如何确立恰当的教育目标时，并没有忽视社会需要的重要性。他们认为，社会性质和社会所认可的价值观决定了需要的社会化程度。个体需要成长和发展，但成长和发展的方向应由所处的社会和文化观念所决定。

合作中学承袭了美国社会的基本理念，坚信民主社会中最崇高的信仰就是尊重个体的特性和价值。社会应该鼓励和支持个体的发展，这不仅是因为个体具有这种天赋的权利，而且是个体的发展有益于整个社会。

但是，进步教育的价值观和社会观不同于以往的极端个人主义。这种价值观坚持认为，具有重要意义的个性发展只有通过共享社会共同的兴趣和目标才能实现，作为教育目标的个人发展不能与旧个人主义混为一谈，极端个人主义同民主信仰格格不入，因为它不能确保其他人同样实现自己的潜能。因此，广泛的社会共同需要、兴趣以及责任共享是个性得到发展的根本保障。所以，对于社会而言，应该形成一种坚定的信念，即社会发展的最高目标是促使个人需求的不断实现；对于个人而言，社会中的个体必须意识到自身发展是离不开社会因素的，必须学会在社会生活中共享社会需要。

合作中学完全赞成进步教育对民主与个人关系的阐述。他们认为，无论是个体发展还是社会民主的完善都有赖于个人才智在解决人类共同所面临的问题时自由而充分的施展。旧个人主义观念、盲目的冲动或被动的消极接受都不符合民主的基本原则。在民主社会中，公共机构、政策、计划和价值观都处在不断的发展之中，它们并非由外在的权威所强加，而是集体智慧的结晶，它们依据人们的意愿，不断修正和完善。民主是建立在对普通民众理解力的信任基础之上的，一旦丧失这种认识，专制就会随之而来。

艾金委员会的许多成员和合作中学均认为，杜威就是进步教育的精神支柱。杜威关于"民主"价值的论述也成为学校确立教育目标的理论依据。杜威十分简要地概括了民主的概念："民主……意味着基于个体同他人自由交往而获得才能的基础上做出的自由选择；意味着一种共同生活方式，在这种生活方式下，相互的、自由的磋商原则取代了压制，合作取代了残酷竞争成为生活的法则；意味着一种社会秩序，在这种社会秩序中，社会所有有助于友谊、美好和知识的力量都受到恰当的珍视，以便于每个人都能成为他所是的和他能是的。"①

在合作中学，教师们也开始更新自己原有的民主概念。他们认识到，在民主社会中，个人不能逃避参与确定价值观和社会活动、制定政策的责

---

① John Dewey, Education and Social Change, The Social Change, May, 1937. H. H. Giles, S. P. McCutchen and A. N. Zechiel, Exploring The Curriculum, New York and London, Harper and Brothers, 1942, p. 11.

任，所有的人都必须分享民主社会的工作以及从事公益活动。为了履行这些社会职责，个人需要具备稳定的个性特征：广泛深入地关注社会事务；广泛参与社会活动；认识到个人行为的社会重要性；具有创造性和社会敏感性；学会合作与忍让；理智地自我指导；以事实为根据的愿望和能力；基于基本判断的行动准备；考虑个人和社会问题的反思能力；验证权威的技能。

这些特征不仅是学生发展的需要，而且也是衡量个人发展的指标。在"八年研究"中，许多合作中学受中等学校课程委员会所确定的教育目标原则的影响，并在实践和报告中都体现了这种精神。

（三）教育目标的表述与分析

指导委员会认真分析了以往进步学校在教育目标上存在的模糊认识，向合作中学提出建议或指导。其中最突出的一个问题是，许多学校的教育实践和教育目标之间似乎根本没有联系，有的教育目标很快就被遗忘，有的甚至同目标要求背道而驰。

指导委员会认为，造成这种情况主要有两个原因：一是缺乏对教育目标作用的理解；二是教育目标表述的方式有误。特别是在表述教育目标上，有两个经常出现的错误，即不是对目标所涵盖范围的规定过于具体就是过于概括，结果使教育目标的意义模糊，失去了指导作用。学校教育目标指导着学校和教师的整个工作，完善的教育目标表述应该是在范围上广泛概括，在分析内涵上尽量具体。

教育目标能够指导教师如何选择教育内容、教育方法及教育评估形式，但需要对教育目标进行进一步的分析和具体分类，通过分析增强教育实施的针对性。对教育目标的分析还能提供进一步理解教育目标所需的具体化程序。

例如，"反思能力"是合作中学普遍重视的一个教育目标，训练"反思能力"必须包含：（1）详细说明一个问题；（2）形成假设；（3）搜集资料；（4）分析资料；（5）得出推论；（6）理解结论和假设之间的差异；（7）把结论付诸行动。由于有了对目标的具体分析，相应的教学方法也随之产生：（1）给学生提供尽可能多的机会，让他们解决自己认为有意义的问题；（2）利用广泛的资料来源；（3）学生必须共同承担明确问题、提出假设、练习收集资料的能力、组织实施、解释数据等方面的责任；（4）评估计划应依据上述7种能力提供学生发展的表征；（5）学校应尽可能给学生提供在有意义的真实情景下训练反思能力的场所。

此外，还有一些更抽象的其他教育目标更加难以做出具体分析，如"社会成熟度"，然而，通过分析典型行为模式的例证，可以把握目标的内涵。

总而言之，指导委员会和合作学校认为，教育目标是指导教育活动的原则，合作中学的教师应该既能达成教育目的的最后统一，又能完成实现目标的共同行动。参与"八年研究"合作中学的各个部门都致力于研究与学校有关的问题，并事先提出假设，然后在此基础上开展实验活动。所有的教师都明白自己的角色，知道自己还需要探索许多未知领域，随着实验研究的深入开展，教师获得了更多的激励和挑战。

第二节　课程的改革

"八年研究"中的课程改革被泰勒视为"20 世纪五项最有意义的课程事件"之一。[①] 30 年代的大萧条使许多中学毕业生面临找不到工作的问题，只好又回到中学注册。他们既没有进入大学学习的准备，又缺乏相应的就业能力。面对这种情况，许多美国中学和校长提出或赞成重新制定中学的课程和教学计划，同时又避免使学生完全失去升入大学的机会。于是，进步教育协会率先在"八年研究"中开始进行课程改革的实验。

中学与大学关系委员会在邀请 30 所学校（或学校系统）参加实验时就承诺绝不干涉学校工作的自由，允许中学保持完全独立，也就是说，对实验的方法和组织形式不施加任何的强迫性指令，而只提供建设性指导。委员会遵守了自己的诺言。其结果是，实验学校在课程设置、教学内容、管理模式等方面均不相同，差异性很大，以至于很难总结它们的共性。这也是以后人们研究"八年研究"所面临的一个棘手问题。

然而，由于指导思想的一致性，艾金委员会还是试图做出概括性总结。不过，即便是这样，各个学校的改革内容上还是不尽一致，甚至在任何方面都可以找到相悖的例子。课程改革是"八年研究"的主旋律之一，但任何一种课程类型都不是完全以某一所合作中学为范例的，实际上，没

---

① 参见泰勒著：《课程与教学的基本原理》，施良方译，人民教育出版社 1994 年版，第 145 页。该文是 1968 年泰勒在美国"视导与课程编制协会"（Association for Supervision and Curriculum Development）新总部落成仪式上的演讲，发表在美国《教育领导》（*Educational Leadership*）杂志 1986 年 12 月至 1987 年 1 月合刊上。这 5 件最有意义的课程事件是："桑代克的研究工作在课程上的意义"、"杜威关于兴趣和努力的专著"、"全美教育研究会第 26 年鉴"、"课程研究协会"和"八年研究"。

有哪一所学校完全按照一种课程实施改革，通常都是几种课程的结合。

美国 30 年代的课程改革趋势是从"州域"（state – wide）或"市域"（city – wide）课程开发模式向"个人—学校"（individual—school）课程开发模式发展。但是，大多数中学教师的职前培训并不包括课程设置方面的高层次训练，需要接受这方面的培训和指导。因此，课程类型的分类是以课程编制所应用的方法为基础的。这样，根据课程编制的方式，可将合作中学实施的课程分为 3 类：综合课程（the broad – fields course）、核心课程（the core curriculum）、学科重组（the reorganization subjects）。

一　综合课程

综合课程又称广域课程，是一种学科内容来自一个独立的学科领域，但同时又打破了学科领域内不同学科间界限的课程。当时美国大学里通常开设的"概论课"（survey course）就属于这种组织形式。

这种打破学科之间壁垒的课程编制方式并不是合作中学的独创，传统课程中的"科学通论"就是典型的例证，实际上，社会学科课程也属于此类，它包括了历史、地理、社会学、公民和经济等诸多学科在内。在大学里已获得广泛验证的概论课已经成为某种课程编制的趋势，其价值主要体现在可以帮助学生理解某一学科领域同人类生活经验相关的知识的重要性。

对综合课程的阐述基于以下几点假设：

（1）在同一知识领域内以顺序排列的科目（如代数学、几何学和三角学）编制课程是为专业教育而不是普通教育做准备的。

（2）由于课程是由学科领域内科目所组织的，学生所学习的学科和领域非常有限。

（3）依照顺序排列的学科课程形式可以扩大（或至少涵盖）知识量，但缺陷是不能使学生理解与日常生活问题相关领域的意义。

（4）在专门领域内按照逻辑性和有序性组织的知识仅对少数人有意义（比如这一领域的潜在专家）。

（5）家庭和社区生活的突出问题是课程设置的基础。

（6）除了与学生特殊兴趣相关的知识，经验应是概括性的，而非详尽的。

（7）试图用一门课程达到既满足专业教育需要又满足普通教育需要，是无法实现的。

（8）在一个知识领域内的分科行为是人为的。

在合作中学的课程改革中，综合课程也是选项之一。在具体编制这类课程时有两种截然不同的方法：一种是通过分析学科领域的内容来确定，称之为"学科内容分析法"（subject - matter analysis approach）；另一种是通过分析日常生活中所常见的问题来确定范围，称之为"社会需要方法"（social demands approach）。综合课程编制主要集中在社会学科方面。

（一）学科内容分析法

芝加哥大学附属中学运用这种方法编制的课程可以说明这个问题。该校第11、12 年级的学生学习两年的自然学科。

这种自然学科课程包括自然界那些对普通教育十分重要的诸方面，主要有物理、化学、地质学、天文学的内容以及物理化学领域的主要内容。所选择的学习内容主要是那些有利于学生理解自然界和人类与自然界关系的知识。选择内容所遵循的原则侧重于：（1）对基本原理的正确理解；（2）思维的科学方法和过程；（3）科学原理的日常描述和应用；（4）科学知识的社会意义及其应用。

该课程的大纲如下：[1]

第一学年——物理学 A	第二学年——物理学 B
第一单元：地球——我们的家园	第一单元：化学反应
第二单元：地球不断变化的地形	第二单元：溶解过程中离子的反应
第三单元：运动——力和物质的变化	第三单元：原子结构和化学性质
第四单元：能量——变化的动因	第四单元：金属和非金属
第五单元：物质的分子性质	第五单元：生命的基本元素——碳
第六单元：化学变化和物质的原子结构	第六单元：地球的历史
第七单元：静止和运动的电	第七单元：地球及其邻居
第八单元：电和物质	第八单元：传播能量的波
	第九单元：辐射和星系的性质

指导委员会认为，虽然教师以"需要"作为编制课程范围的标准，但实际上在具体应用中已感到范围有所缩小，不过，这其中起码体现了两种需要：（1）了解科学方法以及运用科学方法技能的需要。（2）了解科学社会意义的需要。这些可以通过所选单元的重点讲解来实现。

---

[1]　H. H. Giles, S. P. McCutchen, and A. N. Zechiel, Exploring the Curriculum, New York and London, Harper and Brothers, 1942, pp. 25—26.

　　学科内容分析法也是建立在一定假设基础上的：（1）教师能准确地预见到学生对知识的需要；（2）有效的学习需要充分的动机；（3）这些内容、原则和概念具有一定的永恒性。

　　对这种课程编制方法持有很大争议。反对者认为其假设就是错误的，课程编制的重点在于教育内容本身，而不是学生的发展；而且会出现学生过早专业化的倾向。具体到课程设置，反对者还认为这种课程缺乏清晰的组织脉络；组织顺序混乱无序；教学内容空洞无物，也达不到破除学科之间壁垒的作用。但是，支持者坚持认为，这种组织方式能帮助学生更好地掌握学科基本知识；帮助学生掌握应用这门学科的能力；这种课程并不是为了使学生成为学科的专业人才；这种方法可以清晰地阐述综合学科领域中各学科的相互关系，这远不是诸如天文学、地理学、物理学和化学等专门学科编排形式所能比拟的。

　　（二）社会需要方法

　　综合课程编制的社会需要方法可以以洛杉矶市第11年级的自然科学课程为例加以说明。洛杉矶教师委员会认为，所有有关南加利福尼亚地区的社会问题都可以作为编制课程和组织课堂教学的内容。所基于的假设是：通过把解决问题的方法应用于课堂教学，自然科学教育的目标就能最有效地实现，因为确定问题的过程就是一个内在的、基本的步骤。

　　自然科学课程包括许多领域，每一个领域又包含许多问题。这门课程所选择的是：水、地球、大气、天文、燃料、光、交通、通讯、物质和过程、家庭用品等。洛杉矶教师委员会鼓励学校的教师和学生共同制定教学计划，确定内容范围和顺序。以"水"领域为例：[①]

　　领域1：水

　　1. 需要解决的问题

　　（1）水的供应；

　　（2）莫诺流域计划（The Mono Basin Project）；

　　（3）大城市的水源；

　　（4）顽石坝（Boulder Dam）的建造；[②]

　　（5）水力发电；

　　（6）水质的净化；

---

①　Exploring the Curriculum, pp. 28—29.

②　顽石坝：美国科罗拉多河上的大坝，高221米，坝顶长约360米。

（7）水质的软化；

（8）作为化合物的水；

（9）作为地质动因的水；

（10）地下水；

（11）水蒸发的保护；

（12）灌溉工程。

2. 需要理解的主要内容

（1）在所有文明地区，水供应已经或将继续成为一个重要问题；

（2）必须不懈地确保大城市水供应的纯净；

（3）现代水利工程的建设需要在计划、建设和资金上大规模的合作；

（4）在南加利福尼亚州，水的副产品——电也是我们的主要能源之一；

（5）水的物理特性使其特别适合人类在能源转换方面的使用；

（6）水是一种重要的化学制剂。

3. 建议学生的活动

（1）制作自流井的模型并加以论证，并为此阅读各种不同的科学书籍。

（2）水陆两用飞机——男生带来模型——阅览不同的杂志——同飞机制造商交流。

（3）制造洗浴盆、水槽等日常用的 U 形存水管模型——将玻璃试管折弯成 U 形，用来阻止下水道废气的溢出。

（4）举办船模或图画展览等，通过排水量测量船模的重量。

（5）建造小鸟洗澡的浴池。

（6）通过蒸发制冷——论证水温的下降。

（7）测试碳化水——测试石灰水中气体的释放——二氧化碳试验。

（8）论证水的性质：a. 水在金属中的变化；b. 水在氧化物中的变化；c. 水的结晶。

在这门课程中，学科内容的选择依据主要遵循以下原则：[1]

（1）内容应该有这样的特点：促进所期待的结果的出现；

（2）应该尽可能地包括那些被认为对个体有重要意义的科学基本原理；

（3）教师有权选择或调整教学内容以适应特殊教学情景的需要……

---

[1]　Exploring the Curriculum, p. 31.

这种课程的预期结果是掌握以下技能：

（1）运用科学方法解决课题；
（2）批判性地运用多渠道信息；
（3）量化思维；
（4）独立计划和实施方案；
（5）仔细地掌握和操作实验设备与材料。

所形成的习惯是：

（1）批判性思维，依据所提供的数据得出结论；
（2）探索实际存在的因果关系；
（3）理性的诚实；
（4）操作的精确性和整洁。

能力：

（1）能确认和阐明问题；
（2）能评价信息的真实性；
（3）作为消费者的理智行为；
（4）在解决公共问题中的合作；
（5）认识相互关系；
（6）根据当前的需要开展独立研究。

态度：

（1）开放的心态；
（2）合作；
（3）探索的精神；
（4）关注社会；
（5）尊重其他人的观点；
（6）尊重所有权。

理解和评价：

（1）科学既是探索真理的方法，又是一种经过验证的有组织的知识；
（2）许多科学知识具有不确定性；
（3）作为描述或阐释自然现象的科学法则的性质；
（4）同巫术和迷信相对的客观因果关系；

（5）日常生活中自然环境的重要性；

（6）自然资源及其保护的重要性；

（7）科学进步的社会和经济内涵；

（8）我们的科学遗产以及为此做出贡献的机会，包括对尚未解决的科学问题的认识；

（9）科学分类的标准以及优缺点。

洛杉矶市第11年级的自然科学课程较完整地说明了社会需要法的应用和要求。但这类方法在合作学校中应用并不是很广泛。主要的反对意见是：学生根本无法掌握一个知识领域。但是，洛杉矶教师委员会则认为，对学科的基本掌握并没有上述所预期的结果重要。实际上，在合作中学之间，围绕"掌握"的含义是不一致的，有不同的理解。支持掌握"学科内容"的学校或教师认为"掌握"就是要确保对知识的完全理解；而支持"解决问题"的则认为"掌握"意味着：（1）掌握获取资料的知识；（2）获取和使用资料的技能。

还有许多合作中学和教师以及指导委员会的成员，对这两种方法都给予了批评，指出对多领域组织教学内容这种方式的基本前提不科学，在这种组织方式下，必要的道德训练很难实现。指导委员会则感到有必要进行控制性实验，帮助确定多领域组织教学内容这种方式的基本前提是否科学。

二 核心课程

在合作中学的课程改革中，编制课程的方式非常之多，但最为普遍和影响最大的还是"核心课程"，其主要特征是按照生活原则将有关学科组合成一种范围更大的课程。

（一）以成人和社会需要为基础的核心课程

在30年代的美国中学，"核心课程"经常出现在学校的教育改革中，或教学单元和实践中。通常教师和学校管理者所理解的"核心课程"是指要求所有学生都学习的学科。例如，需要共同学习3年的英语、2年的社会学科、1年的数学以及连续4年的物理，这些是学校课程的"核心"。合作学校所指的核心课程是一种课程编制的组织类型或方法，所坚持的原则是：课程编制的基础就是生活中的问题。

由于合作学校编制核心课程所依据的原理并不完全相同，在实验中设计面向生活问题的课程编制就产生了名目繁多的用词，如"统一学科"

(unified studies)、"整合课程"（integrated courses）、"主干课程"（stem courses）、"核心课程"（core courses）、"混合课程"（fused courses）、"社会生活课程"（social – living courses）和"基础课程"（basic courses）等等，都用来表示教学内容的这种组织方式。但归纳起来，这些各种各样的核心课程有一些共同的特点：第一，打破了学科之间的界限；第二，需要进行合作性教学和计划；第三，要求探索广泛的相互关系；第四，为大多数学生提供有效的经验；第五，学科内容不需要进一步拓展训练专门技能（如数学中的演算，化学方程式的书写）；第六，贯穿于整个教学过程，而不是单一阶段；第七，运用广泛的素材（原始资料）、收集信息的技能和班级活动。

以成人和社会需要为基础编排核心课程的方式主要有两种：

1. 统一学科法（the unified – studies approach）

"核心课程"最早就是以"统一学科"一词表述和命名的。在这类课程中，两个或更多的被认为具有相同点或相似之处的学科融合或统一在一起。

合作中学最经常使用的方式就是把社会学科和英语融合在一起，几乎没有例外。但这种编排方法带来了许多问题，其中最明显的就是学科之间难于真正融合，容易产生脱节现象，学科之间的教学进度难以把握。例如，某个单元中的历史可能需要 5 周或 6 周的时间学习掌握，但同时期的文学作品则可能需要其中一段时间就可以完成，这种情况下，学生在英语领域的学习就停顿不前，而将时间用在学习语法或者进行与社会学科内容相脱节的其他活动。

另一种常见的统一方式是把数学和自然学科联系起来。大多数情况下，这种课程是以科学发展的顺序作为其组织依据的。但数学能力的培养需要大量的整块课堂时间进行练习，而自然学科并不需要太多的抽象思维和实践，结果是学生在某一门学科上所花的时间大大超出了另一门学科。在合作中学的实践中，通常数学是组织较好的领域，排列顺序较为明确，但相应的自然学科的教学内容或者是以缺乏逻辑性的形式呈现给学生，或者在排列顺序上杂乱无章。

经过两三年的实验，大多数合作中学感到这种方式并不令人满意。当这种混合课程的顺序和范围由混合学科领域中的其中一门决定时，所选择的教学内容常常同混合课程的目的不一致或者直接冲突。许多合作中学和教师发现，没有任何一门学科能有效地作为编制混合课程排列顺序的范例，于是就开始寻找其他的编排方式，其目的并不是为了证明课程混合的可行性，而是尽量克服无法兼顾在组织教学内容中偏向一种学科的现象。

2. 文化历史法（the cultural – epoch approach）

为了克服统一学科法存在的不足，纽约市的贺拉斯·曼学校对核心课程进行了更广泛的融合。其做法是：课程编制顺序采取编年体的顺序，范围的基本框架选自历史领域，每个单元的设置都是为了学习不同文化而组织的。例如，对古希腊的学习并不是按照分门别类的学科进行的，而是把相关内容组合成一个整体，可能包括艺术、科学、音乐、文艺作品、社会状况、政治、生活和经济结构等。这种方式被称之为"文化历史方法"。这类课程不但需要合作设计，而且需要合作教学。

贺拉斯·曼学校按照文化历史法编制的核心课程有两个一般主题：[①]

（1）人类发展的历史　　　　（2）现代文明与文化

7 年级：远古时代的开始　　　10 年级：美国的文明和文化

8 年级：美洲的发现　　　　　11 年级：其他现代文明和文化

9 年级：从美洲发现到现代社会　12 年级：现代美国的问题及争论

学校全体教师则通过以下措施进一步扩充这两个主题的范围：

（1）通过扩充教学单元的学习范围，形成从小学到初中的连续经验；

（2）在各种学科之间建立关系，有助于形成对社会的全面认识；

（3）把学校生活组织成相互联系的有机整体；

（4）学习范围的确定应适合青春期女生的兴趣和需要；

（5）选择一项作为高中学习基础的课程计划。

这两个主题并不仅仅是让学生掌握人类文化的历史，而是为了实现下列目标：

（1）说明人类发展过程中进步或倒退的阶段怎样影响学生的当代生活的问题；

（2）进一步发展儿童参与社会活动的自我意识；

（3）发展学生正确归纳和推理的能力以及通过对过去的了解认知重要关系的能力；

（4）发展那些与儿童能力和环境相符合的行为的社会、思想和政治

---

① Exploring the Curriculum，pp. 36—37.

理念；

（5）强调社会的永恒基础和变化要素。

这类课程的主要缺陷是过多关注历史，尽管教师们已意识到增加当代社会问题，但还是存在着过于强调历史的倾向，初中阶段比高中阶段更为严重，初中的学习内容常常是为了高中阶段学习作准备。有一个中学生曾幽默地说："我们把时间都花在向后看上了，没有时间向前看。"①

（二）以青少年需要为基础的核心课程

中等学校课程委员会的《普通教育的科学》报告和人际关系委员会的《青少年所关注的问题》（*the Concern of Adolescents*）对合作中学编制核心课程有很大影响。两者都强调了课程设置应以青少年的兴趣为基础。很多合作中学接受了这种观点，尝试着围绕学生的需要编制课程。其目的是有助于学生更好地了解和处理个体生活中遇到的各种人与人之间的关系以及人与社会之间的相互作用。为此，合作学校试图确定青少年的需要并进行分类，以便能够设计出满足需要的学习单元，从而培养有效参与民主社会的个性特征。这种核心课程编制类型被称之为"青少年需要法"（adolescent–need approach）。

1. 编制过程

中等学校课程委员会和合作中学笃信美国民主的理念，认为只有通过民主的实践才能培养出有效参与民主社会所需要的个性特征，因此，编制核心课程的最大特点就在于无论是课程的排列顺序还是课程的学习范围都要求学生的广泛参与。教学活动安排并不像课本和通常课程所排列的那样采用固定的或具有内在逻辑性的顺序。但是，这并不是说教学活动本身的安排没有逻辑性，而是解决问题的步骤和学生智力运用的规律决定了课程编制的逻辑性。

以俄亥俄州立大学附属中学的核心课程为例，该校教师和学生共同编制课程的过程是：

（1）对学生背景和需要进行初步调查；

（2）设立选择有意义团体经验的标准；

（3）根据所确立的标准，检查有意义团体经验的范围；

（4）共同挑选最有可能的经验，教师负责指导活动，以确定所作出的选择是否适合学生的需要和文化；

---

① Exploring the Curriculum, p. 40.

（5）照顾少数人的权利；

（6）明确区分劳动与无经验工作；

（7）根据需要修订团体工作计划；

（8）评估团体完成经验和单元的工作；

（9）应用与上述相似的技巧转入其他单元。

在实验研究过程中，一些合作学校首先通过确定各年级学生较为重要的专门兴趣和需要，然后为各个年级提供广泛的问题域，选择和确定教学内容的问题。问题和问题域必须做出清晰的界定：问题是针对一个班级或一位学生的特殊需要或兴趣；而问题域则更具有概括性，包括很多特殊需要。例如，"家庭生活"是一个问题域，在此问题域下，一个班级需要讨论以下问题：如何使我的家庭更美好？贫民区和犯罪之间有什么关系？拥有居住权和租房的各自优缺点是什么？居住消费应该占收入的多少？为了家庭安全、卫生和健康，应准备哪些设施？家庭医用药箱应备哪些东西？

课程委员会逐渐发现，实际上教师和学生共同编制课程的问题并没有看上去那么重要。而真正重要的问题是，在编制课程中使用青少年需要法究竟能在多大程度上满足青少年的需要。

2. 选择核心单元的标准

尽管学校教育目标是学校课程设置的依据，但在编制核心课程时，其他标准也是需要的。合作中学在编制核心课程时大都是由选修课程补充的，这就存在着如何选择核心单元的问题。丹佛的落基山研讨班的教师在课程委员会专家顾问艾伯蒂（Harold B. Alberty）的指导下，研究如何选择核心活动的问题。他们建议核心课程应仅包括以下单元、活动或问题域：

（1）即便不是全部，至少对大部分学生来说是共同的；

（2）在人类的发展中，是持续的或反复发生的，或与这些问题相关，或说明这些问题；

（3）任何传统学科都不可能很好解决的，如家庭关系；

（4）需要或利用合作计划、教学和学习的；

（5）要求在几个经验领域探索的；

（6）需要在纵横交错的关系中明确定位的；

（7）除了客观资料外，还需要考虑其他不同的观点，如种族关系；

（8）同传统课时相比，需要大块时间的，如社区学习和参与；

（9）要求相对连续的经验，而不是一个单元形式的课程；

（10）能够扩展诸如思维的技巧、工作习惯、学习技能、社会敏感性、创造性等目标的应用，而且比传统学科更广泛的；

（11）需要最少的专业实验设备；

（12）不需要专业技能方面的拓展训练；

（13）不需要对目前的水准、工作习惯和技能进行剧烈调整的。

3. 核心单元的管理

合作中学在编制核心课程时取得了一些实践经验。塞耶委员会和指导委员会总结了若干所中学的做法，提出管理核心课程和设置课程单元的要求。

（1）每天应有两个或三个课时用于核心教学工作。在大多数核心课程中，学习一个单元或问题一般采用班级间的共同学习，包括的内容涉及广泛收集的资料、各个时期的报告、讨论和总结。每天两个课时、每周不少于10个课时是完成核心课程的保证。

（2）承担核心工作的教师应该是那些已经被证明能有效指导和咨询的人。核心课程单元的目的就是为了满足学生的需要和问题，因此教师的正确指导十分重要。富有同情心，对青年人的问题、人际关系问题、文化发展问题具有社会敏感性的人被证明是最成功的核心课程教师。

（3）在一个固定班级中，核心课程的教学人员应保持超过一年的相对稳定性。

（4）核心课程教师应是一个具备综合能力的合作者。那种认为某些知识是课程中不可或缺的教师无法胜任核心课程教师。核心课程教师应该能够给予学生多学科知识的指导，这并不是说他们必须精通所有学科，而是要具备掌握和研究各门学科的能力。核心课程教师与学校里其他教师的不同之处就在于当他面对一个新问题时，能够通过多角度的审视和研究解决问题。

（5）提供一定的机会，召集其他教师对班级的工作提出建议和给予帮助。每一位教师都不可能精通核心课程所包括的多门学科的知识。在合作学校里，许多教师都是某一方面的专家。

（6）必须开展丰富多彩的班级活动。原因是核心课程占用大量的课时，学生长时间专注于一门课程容易产生疲倦和乏味，需要经常变换活动的形式。

需要指出的是，在合作中学所开展的课程改革实践中，核心课程不同类型之间的显著区别并不存在，一些核心课程类型理论上是非常纯粹的，但实践中大都是几种类型的混合物。

三 学科重组

在"八年研究"中，合作中学的课程改革不仅仅限于不同学科的融合以及各种类型的核心课程，也包括单一课程内容的扩展修订。一些中学分别对美国历史、化学、几何学、英语、世界历史和其他课程进行了重新修订。从一定意义上讲，合作中学对单一课程内容的修订更加广泛，甚至可以说涉及每一所学校。

在修订单一课程内容中，除了统一学科法之外，其他各种综合课程和核心课程的编制方法都可以应用，单一课程修订的方法与其他编制课程类型的技术基本相同；唯一不同的就是，单一课程把所选择的教学内容限制在一门学科内。许多合作中学对修订单一课程感兴趣的教师的灵感就是来自于编制核心课程的过程。

塔尔萨的中心中学（Central High School）的一门美国历史课程体现了单一课程的修订。这门课程很受学生的欢迎，俄克拉何马州规定"美国历史"属于为期一年的课程，这对选择教学活动和教学内容的学科领域提出了限制性要求。学校教授历史的教师根据"美国历史上所有重大问题都是反复发生的"的假设，列出主要问题，且进行了归类：[①]

美国的今天和昨天（1830—1937）

单元 I 致力于社会改革的民主

单元 II 致力于解决社会冲突的民主

单元 III 经济变革对民主的冲击

单元 IV 民主造就了世界强国

单元 V 改革民主：进步的时代

单元 VI 为世界安全的和平动员

单元 VII 重新致力于社会改革的民主

这门课程的主要目的是，帮助学生形成美国民主是逐渐进步的观点、民主的意义和实质，同时使学生明了改革是民主化的本色，并非美国的实践。在编制这种课程时，需要应用多种技能，包括对教学内容的分析、对当代问题的思考、对学生需要的分析。学科内容分析的作用是详细列举出美国历史上反复出现的相关问题；对当代问题的思考可以形成挑选和剔除

---

① Exploring the Curriculum, p. 62.

内容的标准；对学生需要的分析则决定了课程修订的方法，也确立了课程中的讲授重点。这种课程是以主题的形式讲授的，而非问题形式。主题形式侧重以叙事或解释的方式处理教学内容，而且主题的范围和顺序都是事先确定的。

可以看出，合作中学的课程改革不仅是贯彻进步教育思想和理念的过程，而且也是形成课程开发理论的过程。在这个过程中，美国现代课程的基本理念逐渐清晰，那就是课程开发是实现教育目的的手段，课程改革本身并不是结果，手段永远不能同目的相混淆。无论是重建的新课程还是重组修订的课程都是达到目的的手段。

第三节　学校的民主管理

指导委员会分析了美国二三十年代的学校教育状况，认为学校教育管理基本上还是较为专制的，即便是具有进步教育倾向的进步学校也缺乏应有的民主气氛。例如，在早期的课程改革中，有的学校完全由校长或教育专家制定，教师表现出消极和无奈地接受，只有大约1/3的教师和学生参与了新方案，结果是教育改革计划无疾而终。原因很简单，教师把实验研究看成是校长的事情。有的学校只允许少数教师参与实验、编制课程，缺乏让全体教师共同行动的意识，结果也只有少部分教师和学生了解实验的目的，实验研究受到其他教师和家长的误解。因此，指导委员会要求按照进步教育的理念开展实验研究，合作学校开始实施真正的民主管理，树立"管理就是民主领导"的理念。

一　树立民主管理的理念

在合作中学，负责组织实验的校长或负责人深刻地感悟到："民主领导的角色比仁慈的独裁者更难胜任。"[①] 校长们发现，实施民主领导需要耐心和智慧，特别是要相信教师、学生和家长。塔山中学的教师们认为，校长需要与全体教职工共同合作，其责任就是放手让教师发挥他们最大的潜能。这正是合作中学大多数管理者的思想观念和具体做法。

合作中学的校长们还认识到，仅仅把教师视为一个普通的社会成员是不够的，他们并不是单纯需要拥有生活和安全感，管理者必须创造条件让

---

　　① The Story of the Eight‑Year Study, p. 34.

教师敢于在教育过程和改革中诚实地表达自己的信念，鼓励教师的创造性甚至是冒险精神。这样，教师就会意识到，如果他们尝试使用新的教学方法，即便不成功，也没有遭受指责的危险；相反，在大多数情况下，他们抛弃传统的教学方法，采用新颖的教学计划，会得到校长的支持，即便是结果并不像所期望的那样完美。

从学校工作的各方面来看，管理既可以促进学校的进步，也可能阻碍学校的进步。学校管理的惯性、传统方式与解决问题的方法曾维持着教学和指导工作的发展。但是，课程的重要变革需要管理的变革。

指导委员会从一开始就提醒合作中学，要充分发挥管理者的想象力和创新精神。合作中学在管理上一个迫切问题就是给教师提供共同研究和制定计划的必要时间。大多数中学校长和教师整天忙于学校的各项工作，没有一起商讨和研究的时间。有一个合作中学专门提供傍晚的一个小时开会讨论学校的改革事项，但效果不佳。另一所学校的管理者把会议安排在周一的晚上（两个小时），会议之前先进行一小时身体锻炼，然后一起晚餐，接着召开的会议气氛就十分活跃。还有一个学校把早上上课时间定为 9 点开始，而不是通常的 8 点 15 分开始，教师则 8 点钟到校，全体教师或委员会成员开一个小时的会，学生 9 点之前负责维护教学楼和操场，效果非常令人满意。

二　学校教育政策的制定

合作中学普遍实行全体教师共同合作制定教育政策的做法，在规模不大的学校主要采用较为简便的全体教职工会议的方式，在城市学校系统里则采用政策委员会的方式。

（一）全体教职工会议

在合作中学开展的学校教育政策民主管理上，塔山中学和伊格尔·洛克中学的做法具有代表性，大多数合作中学都沿用了这两个学校的做法。其中尤以塔山中学最为突出。

塔山中学的做法是，通过全体教职工会议制定学校政策，然后由负责明确分工的专门委员会加以补充。全体教职工会议讨论的主要内容有：民主社会的性质；民主社会青少年的需要；学校教育的目标；不同年级之间的衔接；普通教育与专门教育的意义和地位；学校与社区的关系；有效利用时间、空间和设备仪器；委员会关于教育目标的报告。一旦会议达成一致意见，教职工就被分成若干个委员会，每一个委员会针对一个目标进一步研讨，教师可以自愿参与任何一个工作委员会，任务以及分配完全基于教师个人的意愿。专门委员会的作用和责任是：（1）以可操作的方式界定目标；（2）设计或建议评价学生取得进步的方法与措施。

每个专门委员会的工作结果就是教职工会议讨论的基础，其中所提出的批评或建议是委员会讨论的重点。委员会的工作均是长期的职责，新观念和思想就是在这样的目标讨论中产生的。通过讨论，教育目标越来越丰富和清晰，同时，对目标进行集中研究可以拓宽学校的改革视野。这种相互作用在教师的成长中具有关键作用，并能提高学校工作的效率。

学校的课程计划是由年级委员会制定而不是由各部门制定的，然后分发给全体教职工，以便每一位教师都能了解学校的计划，并向年级委员会提出建议。负责制定不同目标的专门委员会主席和学校负责人共同组成一个指导或协调委员会，提出修改和完善的建议，最终由全体教职工会议决定。

（二）城市学校系统的政策委员会

在合作学校中，还有3个独立的城市学校系统。尽管学校之间在诸多方面均有不同，但整个城市的主要教育目标应该是一样的。为了确保合作计划共同进行，需要有一个核心管理机构实行一些调控职能，其中最有效的方案之一是设立学校政策委员会（the School Policies Council）。丹佛、塔尔萨和德斯·默尼斯均成立了整个城市范围内的政策委员会。这些委员会的影响在3个城市并不完全相同，但其作用有很多相同的地方。在3个城市中，学校政策委员会全体成员具有广泛的教师代表性，每二、三年选举一次。校长、部门负责人和教职工负责人均为成员，每一届期满的时间错开以便有更多的人熟悉委员会的程序和工作。

丹佛政策委员会总共有165位成员，每月召开一次会议，有两个主要工作部门：一个部门处理有关课程和教育政策的事务；另一个主要处理有关管理方面的事务。城市的政策委员会通常利用各个学校的委员会来完成目标，每一个学校委员会将计划或方案提交给城市政策委员会，由一个专门委员会研究，如果该委员会认为这个计划值得考虑，就提交给城市政策委员会，该委员会研究后认为具有推广的价值，就将计划或方案交给另一个专门委员会进一步调查和提出建设性意见。这些建议最后转交给政策委员会进行下一步行动。丹佛政策委员会的主要活动是研究、调查和咨询，遵循保护和维持每个学校自治的原则。该委员会的任何建议和决定都不是最后结论，任何疑问和问题都可以越过委员会进行反复的讨论和思考。对于合作学校而言，政策委员会均起咨询角色的作用。

塔尔萨政策委员会的工作主要是指导课程改革。委员会的作用表现为：（1）作为课程理论和改革的交流场所；（2）研究和编制普通教育课程的方式和途径；（3）向校长和负责人建议进一步促进中等教育课程发展的政策和方式。委员会的工作范围主要包括：[1]

（1）确定在核心课程中选择活动的标准是什么；

（2）明确核心课程的范围和排列顺序是怎样确定的；

（3）澄清专门术语和学期定义；

（4）如何充分利用学校的会议时间或学校计划时段；

（5）设计课程表和评估咨询；

（6）对每一所学校的实验课程给予必要的评估；

（7）研究如何充分利用研讨班成员的工作成果；

（8）为城市专题学术讨论会设计方案；

（9）研究初中与高中课程的衔接。

德斯·默尼斯政策委员会除了负责课程和学校管理方面的咨询外，还开展了两项有意义的工作，其中一项就是负责在职教师教育的培训。委员会与德雷克大学（Drake University）和教育行政部门合作，为德斯·默尼斯的教师组织了一个专题研讨班（workshop）。大学负责提供图书设施和专职工作人员，并为参加研讨班的教师颁发毕业证书；城市教育行政部门委派专职工作人员，安置校舍。讨论会一般安排在暑期，收取一定的学费。委员会专门分析和研究教师迫切需要提高的专业技能，然后请其他地区的专门教师和地方教育领导负责授课。

三　任课教师的指导作用

美国中学一般设有专门的指导教师，通常指定 2 位指导教师，一位负责男生，一位负责女生，任课教师在指导计划中主要发挥班级指导的作用，在很多规模较大的中学，还聘请一位心理学家，负责心理测试和指导工作。

合作中学认为，如果由班级任课教师承担指导任务的话，效果将更好。有的合作中学进行了这方面的尝试。例如，有一个合作中学为班级中

---

[1]　Exploring the Curriculum, p. 189.

每一个小组配备一名任课教师，保证每天第一节课由这位任课教师上课。还有一个合作学校为班级小组配备的指导教师，由主要承担该年级教学任务的教师充当。通过这些方法虽然提供了任课教师和学生的接触机会，但随着学生年级的升高，这种接触越来越少。为此，一些合作学校尝试采用了其他更有效的师生交往方式。

（一）教学责任的集中

塔尔萨市的洛耶尔初中（the Lowell Junior High School）通过增加师生相处的时间来加强教师的指导作用。此前，每位教师每天至少接触到230个学生，而且每年都不断变化，教师根本无法了解每一个学生的具体情况，更谈不上履行指导学生的责任。新计划规定一名教师通过负责"普通教育"课程的教学和管理，在7、8年级每天安排3个连续的课时，具体如下：[1]

年级	普通教育	专门课程
7	英语、社会、数学 （3节）	阅读、艺术、音乐、 商务、心理教育
8	英语、社会学习、数学 （3节）	数学，打字，艺术，手工、 商务、音乐、心理教育
9	英语、社会学习、数学 （2节）	科学、家庭生活教育、 打字、音乐、艺术手工、商务

1/3 的任课教师被分配到"普通教育"课程授课，每个教师带两个小组，大约负责80名学生，并承担对该组学生指导的工作和日常事务。有的任课教师还同时教授两节专门课。教师每天上5节课，学生上6节，第6节课教师用来安排准备课程、研究学生、统一年级活动以及讨论年级之间计划的衔接问题。由于有了时间上的保证，师生之间建立了良好的个人关系，学生感到更具安全感，教师的职责更加集中和明确。

这种形式的优点是教师可以充分了解学生，为更有效地指导和更大程度上使课程个性化成为可能。缺点是很难找到完全胜任教授多门学科内容的教师，教师所承担的工作量太大。

（二）"校中校"

塔尔萨的威尔逊初中（the Wilson Junior High School）试图通过确保师

---

[1]　Exploring the Curriculum, p. 195.

生之间常年（3 年）连续性接触来实现同样的目标。具体做法是将每年入学的大约 500 名 7 年级学生分为两组，总共 6 个组（3 个年级），相对独立，成为"小学校"（little school）。

每个"小学校"指定专门教职工团队负责，每个团队要选出一名主席，负责向学校报告和组织"小学校"活动。"小学校"的教师团队每周会面一次，商讨本年级的事宜，每个年级在学校咨询委员会中有一个代表。咨询委员会包括校长、副校长，负责阐释指导、教育和管理上的政策。每位教师只教授一门学科，教学时间安排富有弹性，教师也可以在班级或课堂之间交换。威尔逊初中认为这种指导计划的作用是：（1）学生与教师可以保持 3 年的连续接触；（2）班级学生 3 年基本不变；（3）每一个教师都有专门的日常计划和讨论时间；（4）师生有共同讨论会的课时。

（三）核心课程中的指导计划

核心课程在丹佛的学校最为盛行。丹佛实施核心课程的主要原因之一就是为了创造有益于教师指导的条件。丹佛高中的指导工作主要依靠任课教师，因为他们通过活动与学生联系更紧密，被称作"教师兼辅导员"（teacher－counselor），实际成为诸如副校长、女生部主任、学校校医、心理医师和指导教师等专门人员的助手。在丹佛的中学里，有关任课教师参与指导学生的计划有详细规定：

（1）1－3 名教师组成一个核心小组，负责一组学生整个 3 年的高中生活。

（2）专门安排有教师参加的会议和制定课时计划的课时，以便教师之间、教师与家长、学生、行政人员共同活动、研讨问题。主题均为彼此需要或者感兴趣的议题。

（3）教师兼辅导员有责任保存和使用收集的学生记录。

（4）核心课程的教师，既有机会又有责任了解学生的家庭背景和社区环境。

（5）课程的范围和顺序不事先严格规定；课程教材具有丰富的弹性和较大的选择性。

（6）学生与教师之间的个人讨论或咨询有单独时间。

由于核心课程的基础就是学生的需要、兴趣和关注的事情，所以教师核心小组的很多课堂教学就是直接指导。丹佛学校的所有核心小组活动都是由学生与教师共同计划的，因为学校认为，参与计划的过程与指导具有同样的教育价值。

在丹佛的中学里，绝大多数教师对指导非常认真，这种态度加强了教师对学生的了解，从而提升了工作效率。教育的目的之一就是个体发展，辅导员与教师之间的界限已难以区分，教师即为辅导员。这项改革措施为"八年研究"中合作中学实施民主管理开辟了新领域。

四 学校与社区的联系

合作中学对于学校与社区关系的理解充分反映了 30 年代进步教育的价值观。许多合作中学认为，进步学校比任何机构都关注学生的全面发展，具体反映在教育目标的阐述、学校的课程、评估技术的运用、指导计划、记录学生和向家长报告等方面。中学已经不再仅仅完成向学生传递知识的单一目标，而更注重训练学生心理与精神上的健康、态度与能力、交往技巧、欣赏与理解和人生观。但是，中学也清楚地认识到自身并不能完成所有目标，因为学生在校时间毕竟是相对短暂的，丰富的社区生活和其他设施影响和限制着学生的发展，甚至可以说学校只是充当影响学生发展的协调员角色。

许多合作中学都欢迎来自社区的监督和批评，这不仅是社区的权利也是社区的义务，学校全体教师就是专业的社区服务人员。学校特别欢迎社区对学校的政策和课程进行批评和检查，同时又提出建设性的意见。如果学校的教育政策没有得到社会的认可，就需要重新考虑是否合适。但是，学校希望社区建设性的参与学校政策改革，要求社区在教育目标的框架内对其政策和课程进行监督。批评性的检查蕴含着一定的标准，判断是建立在一定价值基础上的。学校的教育目标蕴含着价值和标准，社区如果履行其批评的职责，就必须理解学校的教育目标。

在"八年研究"期间，许多合作学校采取了一系列方式加强与社区的联系，主要包括：

（1）年级小组家长会。约翰·伯勒斯学校、俄亥俄州立大学附属中学和其他学校不定期地举行年级小组家长会，这些小组由同一个年级的家长组成，主要开展讨论，研究学校的活动。教师从家长会的研究与讨论中有所收益。

（2）传播媒体。德斯·默尼斯通过当地广播台开展一系列专门小组讨论，讨论组成员包括学校管理人员、教职工、家长和市民，讨论组的内容涉及从教育哲学到拼写教学的各个方面。丹佛的东部中学学习核心课程的学生，计划和创作了一个广播剧来阐述通过核心课程实现的教育目标、实施的方法、成功与失败。塔尔萨的高中也使用广播媒体向社区通报学校的情况。

可视媒体被很多学校广泛用于向社区介绍学校。这些媒体经常介绍学校的简短新闻，使用生动的图片展现出学校的活动。德斯·默尼斯的一所学校10年级学生制作了一个小影片来展示他们的课堂作业。另一所德斯·默尼斯的学校使用幻灯片图片显示学校活动。

（3）学生作品展览。学生作品展览有助于向社会介绍学校情况，对于参观者来讲，任何学生作品的展览会都是关于学校的介绍，而展览会的组织安排、标题的想象力和技巧很大程度上决定了对学校介绍的程度。

（4）出版物。校刊杂志和报纸也是传递学校教学目的和计划的一种媒介，大多数学校印刷品都能很好地描述教学计划的特点。

五　学生参与学校事务

由于合作中学赋予教师很多的民主权利，也间接给予学生更多参与学校事务的机会。学生自由地负责自己的教育过程也是培养责任感和能力的过程，所以合作中学为学生提供了很多机会来承担学校的管理和课程计划的工作，这种工作是建立在与教师共同完成的基础之上的。

学生参与学校事务表现在学校的日常生活和课堂上。在学校的日常生活中，学生参与了各种各样的活动，像关心学校财产，接待访问者，管理餐厅、走廊和教室，举办学校展览，向家长解释学校工作，共同编制学校课程，与其他学校建立校际关系等等。有的学生社团和全体教职工委员会共同讨论学校发展问题。在课堂上，学生和教师共同确定教育与教学的目标，选择达到目标所采取的步骤以及设计评估的方法。

学生在日常生活和课堂上地位的变化增强了他们的价值感，形成了负责任的习惯，锻炼了他们的思维能力。有一所合作中学的学生社团获悉教师们正在研究关于学校民主生活方式的问题，立即发起了一项同样主题的研究，并发表了相关报告，提出了自己对民主概念的理解和行动步骤，指出："民主包括两个基本方面，首先，民主基于对个人价值的尊重……其次，民主是合作生活的理论与基础。"[1]学生社团还公布相应措施：为学生提供更多社会交往的机会；减轻因经济困难而不能参与学校事务的人的经济负担；加强遵守学校规范的自觉性；鼓励参与公共事务；在全体学生中提高对权利及思想的尊重。

---

[1]　The Story of the Eight - Year Study, p. 44.

指导委员会也认识到，还没有哪所合作中学已经完全实现了民主，但这些合作中学正努力寻求更清晰地理解民主的含义，探索学校整体实现民主生活方式的途径。

第四节　教师的专业发展

在"八年研究"中，教师一直起着十分重要的作用。合作中学的教师始终都是实验研究的主力军，学校所有的实验计划都和他们息息相关。教师不再是远离学校事务的聘用人员，而是共同承担着学校各项任务和工作的合作者。传统学校的教师只教授固定的教材和内容，很少涉足教学之外的事情，更不会主动提出建设性的意见。30 所学校（或学校系统）的教师充分地参与了学校日常生活。通过合作研究和制定计划，他们开阔了眼界，丰富了生活，越来越充满自信。

指导委员会和合作中学都坚信，这种精神状况和朝气蓬勃的态度是教师专业发展的必要条件。指导委员会指出，民主的生活方式不仅体现在学生的发展上，而且还体现在教师的发展上，合作学校不仅要培养学生掌握民主生活所必需的技能，还要通过学校模式的变革促进教师的成长。

"八年研究"中教师的专业发展是基于两个假设：

第一个假设是：所有有价值的发展都始于挑战，无论这种挑战是否被意识到。

对于合作中学的教师而言，这种挑战可能来自教师自身、其他教师、学生、家长、学校校长或社区。这样的挑战可能是一种试图综合学科内容的观念；解决教学和社会问题的设想；区别学校对学生的评估和学生自己认识之间差别的探索；一次深受触动的家访；一名教育专家的提问和质疑；甚至是一些访问者的评论和建议。所以，如果说挑战对于发展来说是必不可少的话，那么就一定有人愿意提出，而且有人渴望迎接和接受它。

第二个假设是：教师所有的发展都源于探索和新发现。

这种探索和新发现无时无刻不呈现在教师面前：当学生需要发挥聪明才智解决问题时；当学生的理解力和能力得到提高时；当学生的能量和热情得到迸发时，如此等等。只有在这些情形下，教师的潜力和能力才能得以显现和提高，才能激发教师解决问题的欲望和积极性。

一　教师专业发展的前提

指导委员会认为："（合作）学校和许多教师所考虑的似乎是寻求标志

教师在某些方面获得发展的共同要素。到目前为止，这些要素中最重要的是个体某些内在的特征和经验。这些特征可能是教师专业发展（professional development）的先决条件。"①

（一）自信

自信是教师专业发展最重要的因素。没有自信心的教师，就像赛跑中的落后者一样，已失去了前进的动力。教师的信心与其工作的积极性和智慧紧密相连。如果教师整日害怕失败，担心成为一名落伍者，担心受到管理人员的责备，担心不能适应社会、失去工作，担心无法接受指导或没有接受过大学教育，那么就会极大地影响工作效率，把大量的时间耗费在如何取得安全感上，根本谈不上主动思考如何提高工作效率。自信可以使教师加强与同事和管理者的合作与理解，可以使个人自由地畅想，尽情施展才华，充分释放无限的能量和热情。

（二）自由感

中等学校课程委员会的专家发现，赋予教师的自由越大，教师的能量释放得越充分，编制的课程就越具有吸引力。指导委员会也指出，在合作中学里，建校时间越晚的学校活力越大，其原因就是这些学校为了追赶那些有较好社会地位和影响力的学校，放手教师进行改革实验，为他们提供自由施展才华的机遇和空间。只有那些心情舒畅、轻松自如的教师才能更好地进行合作。自信是建立在团体宽松的气氛和精神基础上的。

（三）信心

指导委员会一直在鼓励教师独立开展教学实验，树立"我一定能做好"的信念。这种信心是建立在对合作中学和进步教育实验价值的深刻理解和信赖的基础之上的。可以说，信心是一种清晰的构想，它使教师完全明了工作对象的价值和意义，从而投身于无限的工作之中。指导委员会表示："我们的信念仍然是，个人生活决定职业生活。教师的全部生活，以及对生活意义的理解，决定了对待工作的态度。"② 如果教师认为自己的工作仅仅是一个职业，而不是促进学生全面发展或者社会进步的有生力量和基础，他就不会全心全意投入到工作之中；如果教师认为教育是一个民主的事业或实现民主的根本途径，他就会怀着更大的热情投入到这项工作中去。

---

① Exploring the Curriculum, pp. 214—215.

② Ibid, p. 217.

（四）丰富的经验

课程委员会的贾尔斯等人提出，丰富的经验可以促进教师的专业发展，专业发展的水平决定着教育经验的性质。合作中学的实践表明，丰富的经验能够提高教师自身的修养和专业水平。合作中学的许多校长和教师都曾经从事过各项工作，他们在中学的优异工作和成绩无不与丰富的阅历有直接关系。但是，经验仅仅是促进发展的因素之一，只有最终化作对教育的理解和悟性才最为重要。教师在学校的适应性和工作范围很可能随着阅历的增长而增强、扩大，丰富的阅历对于环境的适应能力、富于冒险和发现新事物的感觉、形成追踪探索的愿望以及完善的自我观念都有帮助。

（五）分析和综合的习惯

影响教师内在发展的另一项重要因素是研究能力和实践能力的协调。具体包括两个方面，一方面是分析研究，属于科学思维的范畴，表现为分析实践过程中的要素；另一方面是将思想付诸实践，属于教育艺术的范畴，表现为选择和综合实践的要素。这两种习惯是教师取得成就的基本技能，决定个人的发展程度。

二　教师专业发展的途径和方式

贾尔斯等人总结了"八年研究"有助于教师发展的主要途径和方式，认为大致有 15 种形式对教师的生活实践有重要影响，而且对于学校来说也是切实可行的。合作中学通过这些途径和方式，可以增强教师的自信，使他们坚信所做工作的重要性，不断丰富自己的教学实践经验，通过愉快地工作和自我评估进一步将理论与实践有机相结合。

具体来说，对教师专业发展具有重要作用的方式大致可以分为两种类型：第一种可以称之为"日常生活"（Daily Living）方式，主要是在教师的日常工作和生活中进行的；第二种称之为"专门或制度化组织"（Special or Institutional Organization）方式，主要是通过专门机构或指定的周密培训计划来实施。

（一）日常生活方式

"日常生活"方式被认为是"八年研究"中促进教师专业发展的最重要途径，主要通过 8 种方式来实现：

1. 课堂实践（Classroom Practices）

"课堂实践"包括 6 种形式，分别是：

（1）所教授学科领域内的实验

这种方式是最为普遍的，为所有教师提供了机会。合作中学的教师都具有开展实验的要求，通过实验，他们探索和使用新教材、教学方法和组织形式，从而提高和增强研究新教育模式的能力和兴趣，这比以往的那种带有强迫性的学术提高更有效果。"林肯学校的一位教授世界文学的教师改革以往的教学方式，让学生选择他们感兴趣的经典著作，无论是哪个国家和时代的，教师旁征博引地讲解，学生踊跃地讨论。在这个过程中，教师必须保持思维活跃、头脑清醒、知识运用自如。"[1]

（2）合作教学和制定计划

当教师在一起共同探讨如何开展教学和制定实验计划时，会出现许多新的思想和火花，因为他们彼此之间拥有不同的知识背景，各自看待问题的角度不同，各自的优势也不同，这样的合作有利于学生的进步。"分享所有教师所关注的一切，是合作工作者的座右铭。"[2]

（3）年级教师讨论会

这种方式主要是在那些教师对课程单元有共同兴趣的学校里实行，要求负责同一个小组学生的教师每周或更长时间召开一次会议。这种形式是基于这样的认识：教师应该更加关注他正在从事的事情，而不是组织以前的学科内容。其作用是：通过与其他教师的讨论，可以获得其他领域的相关知识和对学生的更多了解，从而更加透彻地了解学生；通过团队的共同创造和计划，可以使教师产生安全感，增添开创工作新局面的勇气，使教师有效地支撑起工作的某一方面，而不是疲于奔命的面面俱到。

（4）制定学期计划

教师集体讨论和制定计划有利于教师的发展。许多合作学校将制定学期计划的工作交由全体教师来完成，从而提高了教师参与学校整个教学工作的目的性和自觉意识。

（5）运用新教材

对一些新任教师而言，使用新教材是拓展视野的一种方式。通过在课堂上熟练运用教材掌握教学技能、方法，可以促进教师的发展。例如，在一些合作中学，教师运用收音机、动画、录制等视听设备，掌握了许多教学和呈现内容的方式，主动探索有效的课堂教学模式，最终形成轻松驾驭课堂的熟练技能。运用新教材还可以激发教师的创造性，扩展教师的经验。

---

[1]　Thirty Schools Tell Their Story, p. 529.

[2]　Exploring the Curriculum, p. 230.

　　(6) 与学生共同制定计划

　　通过不断地鼓励教师进行创造性的和持续的努力，去探索、记录、发展学生的思维，以及和学生一道制定计划，课堂实践就会促进教师的发展。

　　2. 学科讨论 (Departmental Discussion)

　　在所有合作学校中，教授同一学科的教师经常共同讨论问题，而且注意保存讨论的记录，以便为以后教师开展讨论、提高专业水平提供有效的借鉴。大多数合作学校的学科讨论会都是开放式的，吸收所有愿意参加者，学生也可以加入进来。通过讨论，教师更加明确学校教育是一个整体，更加熟练地陈述教育的价值，掌握了许多特殊的教育技能。

　　3. 制定学校政策 (School Policy – Making)

　　学校每年工作的回顾和制定新一年的计划均需要教师参与。教师对学科领域和教学实践活动的总结就是制定学校新政策的必要前提。在学校内部，教师通常参与制定学校政策表现在两个方面：(1) 全体教职工制定计划并讨论；(2) 学期课程设置。

　　4. 学校协调与课程协调 (Coordination of Schools and of Curriculum)

　　这种协调主要表现在四个方面：(1) 校际联系和会议。指导委员会认为，校际之间的关系十分重要。在德斯·默尼斯和道尔顿市，地方教育官员鼓励学校教师彼此之间参观、互相听课、评议和巡视，希望教师通过相互交流发现各自存在的问题和经验，形成评价的技能。(2) 学校课程协调。为了鼓励教师努力工作和相互帮助与协调，指导委员会在合作中学专门设立了课程委员会和协调员，由教师组成的专门课程委员会或委派教师担任的协调员，负责向学校里的每一位教师征询建议、收集资料、召开讨论会解决问题，为在实践中运用新理念铺平道路，从而起到促进教师发展的作用。(3) 区域课程委员会。指导委员会认为，学校课程委员会的积极影响同样反映在区域课程委员会上，区域课程委员会最重要的作用就是促进不同区域之间的协调发展。(4) 州课程计划。许多州的教学计划是由教师委员会或州行政官员制定的。制定这样的计划对教师个人的发展具有巨大的促进作用，体现了民主社会教师分享解决问题和获得发展的权利的理念。

　　5. 学校和社区的联系 (School – community Relations)

　　在日常工作生活中，教师经常开展一些与社区、社会团体有关的活动，其中最多的是：(1) 家访。家访需要机智和详细的计划，通过家访可以用生动的事实来促进教师的发展。有一位在贫穷地区任教20余年的教师曾自以为了解当地情况，可当她访问了6个家庭以后，深有感触地说："我错了。当看到他们没有地方睡觉，只有睡在地板上，没有任何家具，只有一个炉子，更没有花园，没有玩耍的地方，没有衣服，只好依靠别人的施舍，此时，我才意识到那些宠物对我们来说是那样无关紧要。"[1]　（2）与家长共同制定计划。这种形式可以为教师提供许多帮助，使教师更易于有的放矢。（3）展览。展览可以表现教师的组织能力，直观展示教师的成就，提高自信心。但是，展览也有负面影响，例如，过于强调竞争性，教师取代学生，还可能会使学生因虚荣心的满足而骄傲。

6. 教育调查（Educational Surveys）

合作中学积极倡导教师对上述各种问题进行调查，这些调查涉及学校自身的发展，影响到教师的工作态度和积极性。例如，通过合作中学教师的调查，中学与大学关系委员会和中等学校课程委员会了解到：很多中学里85%的学生不能升入大学，而85%的课程是为升入大学而设置的。这就要求教师去解释其中的原委和探索解决问题的办法。教育调查的形式主要有两种：（1）调查教育专门问题的委员会；（2）与推广研究机构的联系。

7. 丰富的经验而不是初步的专业化（Broadened Experience Not Primarily Professional）

在"八年研究"中，指导委员会意识到，教师发展的根本并不在于形成一些基本的教学技能，而在于使教师积累丰富的教学经验。这种经验可以使教师焕发无穷的精神和行动力量。所以，那些明智的校长和教育理论家希望教师从极度疲劳中得到尽可能的自由，让他们过上舒适的生活，富裕健康，满怀激情。这样，教师才能与他人和睦相处，才能做出更大的贡献，才能真正成为学生生活的榜样和追求的目标。

8. 参与社区生活（Participation in Life of Community）

"八年研究"的各种委员会和合作中学都坚持让教师参与社区活动，因为只有亲自投身于民主的社会生活才能知道怎样运用民主，才能形成享受、培育和传播民主的能力。从一定意义上讲，教师参与社区生活是教师发展的基本前提。

（二）专门和制度化组织

除了在工作中获得发展之外，"八年研究"的各种委员会和合作中学

---

[1]　Exploring the Curriculum，p. 254.

还为教师提供了专门的在职教育和进修机会。

1. 专门学习（Special Study）

合作中学主张，教师胜任自己的工作不能仅仅依靠以往的积累。个别的技能或许是有用的，但带有运气的成分，教师应该不断地充实自己，以便能够将获得的最新知识教授给学生。在"八年研究"期间，指导委员会和中等学校课程委员会分别为合作学校教师提供了固定时间研修的学习形式，主要有暑期学校和休假学习。

2. 普通研讨班（General Workshop）

研讨班在"八年研究"中并不稀奇，有的合作学校或城市曾举办过类似的研讨班，大致分为普通研讨班、地方研讨班和小型研讨班。但最有效果的是由进步教育协会开办的普通研讨班。1936 年，这种研讨班首先在俄亥俄州立大学开办，目的就是为了提高教师合作开展实验的能力以及编制课程、掌握教学工作所需要的新知识、新技能，提供帮助和指导。实质上是一种教师在职培训。

贾尔斯等人认为，研讨班促进教师发展的最主要因素是：[1]（1）由申请者解释问题。这可以促进学校教育目标和实践的评估，并开始努力改进。（2）在开学的头几天或几周里重新阐释问题。通过全体教师和其他成员的质疑，突出主题，回到最初的基本假设，这样可以发现问题之间更广阔的新联系。（3）委员会成员与来自各个年级、学校和学科领域的教师建立非正式的关系。彼此在日常活动中交流经验、阐述观点，获得灵感。（4）在小组研修中解决重大问题的机会。不同领域的教师为共同的目标而相互协作。（5）没有空虚成果、分数、论文等等的外部压力。学员可以充分运用和自由支配个人的思想，不再因与大多数人意见不一致而惧怕"失败"。（6）所有讨论的问题均没有固定答案，只有在寻找到每一个不同问题的最好解决方式时，才算完成了任务。

3. 大学和专门课程（Institutes and Special Courses）

这种形式属于专门组织的教师教育类型。通常是依托大学开设的专门课程为合作中学教师提供短期培训，颁发结业证书。

4. 学校的"习明纳"（Seminars Within Schools）

这种形式是在学校内部为开展教师教育而组织的讨论会，由于最初起源于新教师渴望了解实验课程基本原理的倾向，所以，通常专门为新教师组

---

[1]　Exploring the Curriculum, pp. 268—269.

织，对所有教师开放。在俄亥俄州立大学附属中学，学校每周组织 2 次以上的"习明纳"，由负责人或最有经验的教师主持讨论，主要针对新教师迫切需要解决的问题展开讨论和指导。

5. 角色转换（Exchange Positions）

这种形式在合作中学很少应用，但却是一种能为学校教师带来新颖和重要观点的形式，通常将教师派往一所大学或研究机构学习一到两年，以便开阔视野、提高水平。

6. 专业协会（Professional Associations）

这种有组织的特殊教师教育形式分为两个方面：（1）学术会议。由各个专业协会或组织召开的学术讨论会、年会、演讲会。（2）出版物。主要是教师教育的用书以及学科用书。

7. 特别顾问（Special Consultants）

这种特殊的组织形式可以提供教师教育的服务，起到专门咨询和顾问的作用。"八年研究"中的课程委员会、评估委员会和大学跟踪委员会都起着十分独特的作用。合作中学的教师和学校管理者都从中受益匪浅，特别感激委员会在课程编制方面给予的帮助，这大大提高了合作中学教师的专业和理论水平。

指导委员会指出："人类和教育的发展都是充满着智慧、情感和身体的冒险与刺激，但同时又是一个矛盾，发展是一个高度个性化和社会化的统一，当人们产生属于某种社会组织的归属感后，他才能认识到其中最珍贵的价值，正是这种具有共同理想和观念的感觉，使每一个人产生最强烈的内心感受和特殊的公平和安全感。"[1] 教师正是在社会、学校和社区的氛围之中，接受有组织工作的挑战和对不断提高的渴望，获得最终发展。

合作中学实验研究实际上所涉及的教育改革内容还有很多，如学校与家长之间的新型关系，学生参与学校改革活动的形式，学生参与社区生活，学校帮助学生做好就业准备以及教学方法的改变。但对整个实验有重要影响的改革活动还是教育目标的确立（它决定着实验的方向）、课程改革（它直接决定着整个实验的成败）、学校的民主管理（它实质上反映了整个实验的指导思想和理念）和教师专业发展（它是实验原则的基本体现和保证）。这些方面也正是"八年研究"最有价值的内容。

---

① Exploring the Curriculum, p. 290.

第四章　大学跟踪研究与结果

从 1936 年 9 月开始，合作中学的毕业生陆续进入了合作大学，"八年研究"开始了第二个最关键的阶段。

中学与大学关系委员会最初成立的目的，就是希望解决困扰美国中学"进步"的重要因素——大学入学要求。该委员会试图通过实施新的课程改革实现教育目标，但是，如果哪一所中学无视大学的入学规定，放弃指定的内容和科目，就要冒毕业生不能进入大学的风险。为此，该委员会开展了大量研究，提出了改进的建议。然而，大学仍然置之不理，依然我行我素。事实上，早期进步教育的一些做法也有标新立异之嫌，似乎运用一些专门术语来表达简单的理论，结果是"开启了一扇'糊涂'之窗"①。对此，以评估委员会为代表的各个分委员会认识到必须进行有说服力的论证，当然也应该包括论证如果不专门学习指定的外语、代数等科目，就有可能不胜任大学的学习生活。

根据《关于中学与大学工作良好合作的建议》的合作计划，中学与大学关系委员会开始了一项为期 5 年（1936—1941）的实验研究。合作中学、指导委员会、评估委员会以及中学与大学关系委员会早已为此做好了准备，为最后的跟踪研究开展了大量调查、设计和评估实验工作。最后，必须就以下主要问题做出令人满意的回答：传统的大学入学要求是最有效的学习准备吗？通过合作中学各项新的改革措施，其毕业生能和传统中学的毕业生一样成功（或者更好）吗？他们能够适应大学的不同环境吗？如果他们在大学失败了呢？进步教育的思想到底是真知灼见还是无稽之谈？结果正如进步教育所期望的那样，实验学校的毕业生表现出色。

---

① D. Chamberlin, E. Chamberlin, N. E. Drought and W. E. Scott, Did They Succeed in College? New York and London, Harper and Brothers, 1942, Preface.

第一节 大学跟踪委员会及其工作

早在1932年5月，中学与大学关系委员会就与全美300多所大学（或学院）签订了一份协议，规定对参加实验的合作中学的毕业生不设入学考试，以中学校长的推荐信和证明材料为准。合作中学有高度的自主权，可以根据本校的具体情况制定符合自己需要的教育计划。在1936年第一个实验阶段结束后的秋季，2000余名合作学校的毕业生进入大学学习。中学向大学保证，学生不会因参加实验而负担过重，完全做好了学习大学所开设课程的准备。为了最终检验是否达到了预期的目标，中学与大学关系委员会希望获得一项客观的实验结果，以便于大学和其他中学做出既符合大学入学要求又不制约中学课程的选择和决定。

一 大学成功标准的设定

1936年，在获得普通教育委员会（GEB）认可和资助下，评估委员会筹建专门委员会，负责对合作中学的毕业生在大学的情况进行评估，成员必须熟悉大学的教学和理念，具有指导大学生的丰富经验和评估客观公正的记录。同年7月，评估委员会主席泰勒亲自挑选下列人员组成了"大学跟踪委员会"（the College Follow – up Staff），负责各个方面的领导工作：

威斯康星大学副校长约翰·伯格斯特拉瑟（John Bergstresser），一年后由该校另一位副校长尼尔·E. 德劳特（Neal E. Drought）接替；

达特茅斯学院一年级副学监迪安·钱伯林（Dean Chamkerlin），代表委员会在男子学院开展跟踪研究；

芝加哥大学副训导主任威廉·E. 斯科特（William E. Scott），代表委员会在私立男女同校学院开展跟踪研究；

韦尔斯利大学矫正阅读辅导员和英语讲师伊妮德·斯特劳（Enid Straw），负责在女子学院开展跟踪研究；

丹佛大学的就业指导员哈罗德·思雷尔克德（Harold Threlkeld），1937年加入大学跟踪委员会并作为在丹佛的专门代表。

大学跟踪委员会成员的首要任务是了解合作中学的教学目标、改革内容和"八年研究"的宗旨。经过数周集中培训，他们认识到跟踪研究的目的、任务和意义，并为评估合作中学毕业生制定一个综合的详细计划。

该委员会需要做的第一项工作就是确定大学成功的标准。在大学里怎样才算取得成功？衡量的标准是什么？传统以学分评判学生学习成败的做法显然有失偏颇。在此之前，没有任何大学或教育组织研究过大学成功的标准，对大学而言这似乎是中学的责任，中学理所当然应该养成大学所需要的一切。

　　大学跟踪委员会通过咨询大学和中学教师，采用问卷形式调查了许多大学毕业生，提出了一个有关大学成功标准的建设性报告，以便用来收集数据研判合作中学毕业生是否在大学取得成功。最后，总结出9个方面的标准：（1）智能；（2）文化发展，利用闲暇时间，欣赏力和创造力；（3）实践能力，辨别力和判断力，动手能力，环境适应性；（4）人生观；（5）性格特征（行为模式）；（6）情感平衡（包括心理健康）；（7）社会适应性；（8）对社会问题的敏感性；（9）身体健康（健康习惯的知识和练习）。

　　在此基础上，该委员会又将每一项标准分成更详细和精确的指标，每一个指标均有相对应的证明材料和说明。如表4-1所示。

表4-1　　　　　　　　　　　大学成功的标准

标　　准	证明材料和说明
一、学生的智力	
A. 奖学金：学术成绩的正式测验	1. 正式的大学记录；2. 荣誉、奖品
B. 求知欲和动力：课外智力方面的兴趣和行为的表现	1. 问卷，书面记录；2. 面谈，兴趣的数量、质量和多样性；3. 书面作业取样
C. 科学方法：学习和思维具有通常所认可的科学态度的特征	1. 测试；2. 面谈；3. 辅导员的报告
D. 研究技能和习惯：使用学习工具的意愿和习惯	1. 学科内容，就业测试。2. 口头阅读测试。3. 默读测试。4. 其他测试（使用图书馆，学习技能）。5. 书面作业取样。6. 辅导员的报告：（1）研究能力；（2）准确性、详尽、组织；（3）考试能力；（4）需要专门帮助。7. 面谈和问卷：（1）分配时间；（2）学习环境；（3）自我评价。8. 正式记录：（1）请假和缺课；（2）最新试卷；（3）矫正记录
二、文化发展；利用闲暇时间；欣赏力和创造力	1. 面谈；2. 问卷；3. 年鉴和其他出版物；4. 活动辅导教师、辅导员和宿舍管理员的汇报；5. 荣誉和升级

续表

标　准	证明材料和说明
A. 艺术方面：音乐、音乐会、绘画、写作、戏剧、电影、雕塑、摄影等。	
B. 体育和运动	
C. 其他学生活动，诸如经营、审判、出版、社交活动等	
D. 社会服务和宗教工作	
E. 个人爱好	
三、实践能力；辨别力和判断力；动手能力；环境适应性	1. 面谈；2. 问卷；3. 宿舍管理员汇报；4. 就业办公室报告；5. 雇主的报告；6. 家长的陈述；7. 活动辅导员的报告；8. 入学和奖学金申请——理财能力
A. 理财能力	1. 了解大学的费用；2. 财政管理（预算）；3. 与他人的经济关系
B. 谋职和就职的能力	
C. 适应和熟悉周围环境（大学和社区）	1. 建筑物及代理商等；2. 教育资源；3. 娱乐设施
D. 分配时间的能力	
四、人生观	1. 正式的大学记录：（1）入学；（2）人事；2. 面谈；3. 问卷；4. 活动类型；5. 朋友的数量与品性；6. 测试：信仰的尺度
A. 职业目标	1. 影响的因素；2. 目标的明确度；3. 潜在的知识；4. 必要的知识
B. 哲学目标	1. 上大学的原因；2. 道德标准和理想；3. 宗教态度；4. 容忍
五、性格特征（行为模式）：对诸如诚实、责任感和主动性等特征的一般评价	
六、情感平衡（包括心理健康）	1. 健康人员的报告；2. 面谈；3. 测试（由大学任选）；4. 辅导员的报告，检查性格特征的系统结果；5. 家长的叙述；6. 入学记录，宗教、种族和社会背景

续表

标　　准	证明材料和说明
A. 一般因素：担心、自我控制、自信、幽默感、安全感、敏感性、独立性等	
B. 家庭关系	1. 正常或破裂家庭；2. 对待父母的态度；3. 独立性的程度
C. 调整与其他同学的关系	
D. 宗教观	
七、社会适应性	1. 面谈；2. 宿舍管理员的报告；3. 对社会习惯和能力的测试；4. 辅导员的报告；5. 同学的评价；6. 大学使用的任何标准
A. 交朋友和保持友谊的能力	1. 朋友的数量和类型；2. 对社会情境的敏感度；3. 社会成就感
B. 姿态和举止	1. 声音和谈话；2. 礼貌和周到；3. 自我中心的程度；4. 自信
C. 社交技能	
D. 外表	1. 衣着的品位；2. 修饰
八、对社会问题的敏感性	1. 测试：时事、信仰的尺度；2. 阅读记录，阅读种类；3. 参加活动；4. 选修课程的类型（可选择）；5. 辅导员的报告；6. 面谈
A. 关注校园问题	
B. 关注当前的社会、经济和政治问题	
C. 理性批评的能力	
D. 承担公民职责的意愿和自我牺牲	
九、身体健康	1. 健康人员的报告；2. 体育辅导员的报告；3. 宿舍管理员的报告；4. 问卷
A. 健康习惯	
B. 从事的运动	

资料来源：根据 *Did They Succeed in College*？"附录"中"大学成功标准和证明材料"绘制。

大学跟踪委员会指出，这些标准是大学成功的主要因素，但并不是所有的标准。同时，并不是所有证明材料和说明都适合于每一个学生，针对学生个体的证明材料还有待进一步发掘和获取。

二 选择合作大学和对照组

大学跟踪委员会的第二项主要工作就是筛选参与实验的大学和对照组。选择愿意配合开展跟踪研究的大学的主要依据有 3 个方面：（1）合作中学毕业生的入学人数；（2）大学类型，即州立大学、男女同校学院、男子学院和女子学院；（3）大学与大学跟踪委员会的合作程度。最后选定参加跟踪研究的大学有：

州立大学：俄亥俄州立大学、俄克拉何马农业与机械学院、俄克拉荷马大学、密歇根大学、威斯康星大学。

男女同校大学或学院：康乃尔大学、斯沃思莫尔学院、芝加哥大学、丹佛大学、宾西法尼亚大学、塔尔萨大学。

男子学院：阿默斯特学院、布朗大学、哥伦比亚大学、达特茅斯学院、哈佛大学、麻省理工学院、普林斯顿大学、威廉姆斯学院、耶鲁大学。

女子学院：本宁顿学院、布琳·莫学院、芒特霍利奥克学院、史密斯大学、韦尔斯利大学。

其他许多大学通过发放问卷，为大学跟踪研究人员提供成绩记录、辅导员报告和其他材料，也协助参与了"八年研究"。主要有：

州立大学：衣阿华州立大学、衣阿华大学。

男女同校大学或学院：安蒂奥克大学、德雷克大学。

男子学院：科尔盖特大学、约翰·霍普金斯大学、利哈伊大学、韦斯利大学（康涅狄格）。

女子学院：巴纳德学院、康涅狄格女子学院、密尔斯大学、布朗大学彭布罗克学院、拉德科列夫学院、萨拉·劳伦斯学院、西蒙斯学院。

此外，其他 120 所大学或学院愿意为大学跟踪委员会提供所需的学业成绩和其他信息。

评估委员会认为，参与研究的学生当然来自合作中学的毕业生，但仅仅证明他们在大学取得成功还只是问题的一方面，并不全面，因为没有可比性。合作中学也迫切希望了解他们的毕业生在大学里是否比没有参加实

验的学生略胜一筹。当然，合作中学毕业生作为一个整体的学术记录可能
与班级平均水平大致相同，但是作为一个小组学术性向测验分数却低于班
级平均水平，[①] 但综合表现要高于平均水平。大学跟踪委员会认识到必须
有一个稳定、具体的比较对象，因此，决定采用"对照组"（comparison
group）来进行评估，合作中学的毕业生将与同一个大学来自非实验学校的
学生进行配对比较。为了使两者的比较具有更高的可信度，该委员会尽量
挑选各种条件基本相同的学生。具体依据是：学术性向测验分数、性别、
种族、年龄、宗教信仰、中学的类型和规模、公立学校还是私立学校、家
庭背景、社会经济状况、中学时的课外活动、职业目标等。为了建立对照
组，大学招生办公室允许使用学生档案中的材料。

当然，这并不意味着合作中学的毕业生和对照组是完全一致的。由于
家庭背景、个性和动机的不同，个体之间会存在着很大的差别。跟踪研究
人员尽可能采用相同的方式来进行比较：同样对待对照组和实验组，搜集
的材料和数据的性质也一样，接受相同次数的面谈，提供同样的问卷。

三　收集信息资料

跟踪研究人员获取资料的主要途径是：面谈、咨询、问卷调查、大学辅导
员的报告、咨询处、家政辅导站、大学出版物和公众媒体等。通常取样采用设
计的取样表格、问卷、测验以及采访记录。主要包括：大学成功的标准和证明
材料（见表4-1）、取样表格（入学情况总汇、入学前测试记录、中学课程记
录、辅导员个人报告、辅导员面谈分析表、新闻和观点来源、学期记录、个人
记录、秘密个人记录、面谈记录、兴趣和活动记录、计划和观点记录、辍学大
学生问卷调查）、描述性评估、成绩总汇和协调方法、学科领域课程单元分组、
配对课程分数平均值的基本数据、评估相关成绩的技术等。

为了得到新生从高中向大学过渡的心理适应的第一手资料，往往在9
月或10月开学之际，就进行第一次问卷调查。接着大学跟踪研究人员要

---

① 学术性向测验（scholastic aptitude test，简称SAT）：美国大学入学考试委员会于1926年设立
的一种用以检查学生学习学术性学科的能力和素质，检验中学生进入大学学习的能力倾向的测验。测
验部分学科，分为英语和数学两部分，均为客观性多项选择题。测试时间为3个小时，英语部分共85
道题目，主要测验学生掌握词汇的情况和理解能力，数学部分共60道题目，主要测验学生运用算术、
代数、几何原理解题的能力。全部试题以考查学生的抽象思维、推理能力、数据处理能力，以及为在
大学学习获得成功所必需的各种基本技能为目的，而不是检查学生所掌握的知识。测验成绩直接送交
中学生准备报考的大学作为选拔的重要依据。

与新生面谈，时间从 15 分钟到 2 个小时不等。最初的谈话基于问卷，内容涉及广泛的领域，例如时事、教育理论、个人问题、航海、最新书籍和展览、滑雪、植树造林、愿望和恐惧、摄影以及饲养小动物等等。

在第一年的研究中，大学里仅有一个年级来自实验中学，面谈是常用的方式。在第一年中，通常对新生进行 4 次左右的面谈和 3 次问卷调查。当 3 个年级都进入大学后，与学生面谈的次数适当减少，新生每年 2 次面谈，其他年级一年至少面谈一次，问卷一年 2 次。与此同时，跟踪研究人员在整个实验过程中收集和保存了所有学生的成绩和辅导员的报告。1940 年春季，在跟踪研究接近尾声时，大学跟踪委员会向所有的年级分发了同样的问卷（见表 4–2），向自 1936 以来入校的大学毕业生发放了一份专门问卷。跟踪研究人员总共收集了 1936 年入校学生的 4 年数据；1937 年入校学生的 3 年数据；1938 年入校学生的 2 年数据；1939 年入校学生的 1 年数据。

表 4–2　　　　　　　　　对所有学生的计划和观点记录的问卷[①]
（保密）

A. 你将来的计划是什么？（希望你如实回答）

1. 职业选择（如果已做出决定）

请在适合你职业选择的这些术语后面画"√"（如果没有做出决定甚至是一个尝试性的选择，跳过这个问题到问题 2）

选择第一次实现：

中学之前　　　　　　中学期间　　　　　大学期间——1、2、3、4（√）

你的选择是：

尝试性的　　　　　　　　　　　　　　与家长的希望或愿望相反

坚决但可以变通　　　　　　　　　　　不受家长的影响

这么确定以至于变化了就会很失望　　　符合家长的愿望

做出这样选择的原因：

特殊的天资或才能　　　　　　　　　　可能有稳定的收入

永久的兴趣　　　　　　　　　　　　　就业和升迁的好机会

通过亲戚或朋友的关系找工作的机会　　获取权威地位的机会

希望符合家长的愿望　　　　　　　　　摆脱惯例的自由——做一

---

① Did They Succeed in College? pp. 258—261.

家庭的坚持 个自由骑士的机会

从前的工作经验 帮助他人的机会

职业课程中需要的知识 继续学习和研究的机会

与他人相处和工作的机会

其他原因（详细说明）：

你认为拥有这份预期的工作需要什么条件、性格或技术？

你认为需要怎样作进一步准备？

上面的选择你最愿意做的是什么？如果没有，你的选择是什么？

2. 如果没有选择任何职业

　　a. 你认为在选择职业时什么因素最重要？

　　b. 你是怎样作出决定的？

3. 你对婚姻有什么看法？

（例如丈夫或妻子最珍贵的品质是什么？你认为微薄的收入能维持婚姻吗？对于男人和女人来说，你认为什么年龄最合适结婚？）

4. 你喜欢在什么地方居住？

城市（超过 50 万人口） 城市（10 万至 50 万人口之间） 城市（10 万人口以下）

郊区 小城镇 农村

任何独特的地方

5. 你认为下列社区的哪一项活动你最感兴趣？（请在每一种你可能参加的活动栏目中画"√"。标识为：A：积极 — I：有兴趣但不积极 — N：几乎或不感兴趣）

	A I N			A I N	
艺术			当代事件俱乐部		
业余演出			形成忍耐力和理解力的团体		
音乐			促进和平的组织		
文学活动			维护公民权的组织		
桥牌或其他牌类			爱国团体		
午餐俱乐部			教会工作		
乡村俱乐部			慈善事业		
运动队			其他活动		

兄弟会社团

专业小组

政治

公共事务

教育

社会服务小组

6. 大学毕业后你希望从事什么活动，特别是休闲时间的兴趣和娱乐活动是什么?

7. 你期望大学给你的生活带来的最有价值的、永恒的贡献是什么?

B. 为了你憧憬的未来，你认为怎样接受更好的教育?

回答下面问题说明你的判断。

8. 如果让你再次重复大学经历，重复学习你现在已经了解的东西，如果可能，你愿意做下面哪一种事情?（这些可能不同于你实际的行为）

上一所男女同校学院

上一所男子或女子学院

上一所职业技术或其他专门学院或学校

上一所离家远的学院

上一所离家近的学院

上一所规模较大的学院（超过 1000 名学生）

上一所规模较小的学院（不超过 1000 名学生）

上一所朋友多的学校

住在宿舍里

住在一所男生或女生社团的公寓里

住在家里

尽早开始专业化

尽可能推迟专业化

选择更多的课程

选择更少的课程（专业）

选择较多讨论的班级和较少讨论的大班或演讲班级

选择较多演讲的学校和减少或取消讨论的班级

充分利用较多的大学建议和咨询服务

熟悉其他辅导员

花费较少的时间与其他学生交往

花费较多的时间与其他学生交往

花费较多的时间组织活动

有节制地从事这样的组织活动

花费较少时间从事这样的组织活动

为了继续接受教育而借钱

辍学以便赚取足够的钱重新回到大学

其他选择

9. 怎样通过更好的计划改变你所在学校的课程或管理，使你的全部教育经验（小学、中学和大学）更有价值，对此你有什么专门的建议或意见？

10. 在学校教育方面，如果你没有像自己认为的那样能够取得好成绩的话，你怎样解释这种矛盾？

11. 自从进入大学以来，你在见解、自信水平和理念上发生了哪些重要的改变？

C. 你现在的观点是什么？

12. 你对下面一个或两个问题的意见将对理解当代观点具有重要价值。

你最羡慕今日公共生活中什么样的男性或女性？为什么？

如果你有绝对的权威，在现有条件和当代生活中，你将做出怎样的彻底改革？

四　资料的概括

在为期 5 年的跟踪研究中，大学跟踪委员会对收集大量的数据进行了概括、制表和解释，解决了一些极其复杂和富有挑战性的难题。他们需要对所有合作中学的毕业生以及配对的实验组和对照组进行分析、比较，主要是问卷、面谈、辅导员报告以及学生的各项成绩，然后据此绘制表格。观察记录表（summary sheet）用来记录学生所有的信息，一般使用霍尔瑞斯卡（Hollerith cards）① 编码和记录这些信息，以便比较时方便使用，最后由采集信息的跟踪研究人员分析和解释。

跟踪研究人员对学生的研究结果采用逐年编码描述性评价，记录在观察记

---

① 一种利用凿孔把字母信息在卡片上编码的方式，以发明人美国的赫尔曼·霍尔瑞斯（Herman Hollerith, 1860—1929）的名字命名。

录表中。他们认为，如果这种评估用描述性的语言表达而且覆盖诸多项目，对学生行为、态度和信仰的可靠性评估应该建立在可比性的基础之上。为此，他们将每一个获取指标的项目领域简要描述为5—6个行为层次或类型。例如，跟踪研究人员将学生参与艺术文化活动的兴趣程度分为6个层次或水平：（1）把这种活动作为主要兴趣或生活中的主要事情；（2）经常参加活动，但也不拒绝其他所有兴趣；（3）对活动感兴趣，但不经常参与实践；（4）感兴趣，但不参与；（5）漠不关心，不参与；（6）不喜欢或厌恶这些活动。

对行为描述层次的评估和分类要求有5位评估人员参与，要求5位评估人员评估同样的取样，然后比较每位学生的5种描述，加以解释说明进行恰当分类。跟踪委员会得出的结果除了"不确定性"选项之外，评估人员对个案的评估一致性高达90%。分歧主要缘自一些评估人员了解学生的其他资料或信息，这些资料或信息不适当地记录在学生的档案中，影响到正确的测试描述。评估人员还认为，在收集大学成功的信息时，跟踪研究不能试图描述学生的"类型"，没有理由认为有"典型的"大学生，而没有"典型的"科学家、作家和技工，学生不能被贴上整齐划一的标签。因此，每一位学生每年都是在60个领域被"描述"。诚然，这种描述性的评价大多数都是主观的，但评估人员通过对问卷、教师或辅导员的报告以及其他可能的资料来源进行仔细的评论，得出的是缜密的结论。凡是证明资料缺乏和不足的领域根本不进行评估。评估人员也采用了许多客观的评估标准，比如学术成绩，可以用数学计算；计算学生参加非学术性活动的次数；统计出获得的学术和非学术性荣誉。

大学跟踪委员会所采用的评估方法和手段具有实用性和便利性。大学的跟踪研究人员可以得到所有面谈大学生积极的配合，绝大部分学生都愿意填写问卷，主动、自愿地与研究人员交谈。尽管因填写问卷的失误而导致有的学生的资料并不完整，但由于参加研究的学生人数取样非常广泛且非常配合，避免了研究的一些偶然性变化。如果不是全部，起码绝大多数差动因素（differential factors）对实验组和对照组的学生的影响是相同的。

在跟踪研究过程中，大多数大学能为跟踪研究人员和委员会成员提供全面有效的帮助。他们无私地提供自由存取档案、成绩的便利，安排与学生面谈的时间，负责召集学生，帮助建立实验的对照组，为跟踪研究提供方便。有些大学还为研究者专门安排了临时工作计划，允许他们列席校务会议。

但是，这种评估方式也带有很大局限性。首先，跟踪研究和评估具有不可预测性，很大程度上取决于合作者的态度和诚意。有的大学不愿意与评估人员合作或配合工作；有的独立评估合作中学的毕业生；有的拒绝组成实验对照组，或不允许观察和面谈；有的虽然愿意合作，但缺乏面谈、组织学生、发放问卷、获取正式记录和督促学生合作等方面的条件和设施。大学辅导员报告的差异性也很大，有的辅导员没有太多时间全面了解学生，有的持传统观念，认为学分代表一切。

其次，美国大学的多样性客观上影响了评估研究。大学生来自各种各样的家庭，具有不同的教育背景，所在大学的水平参差不齐，大学的培养目标和理念并不一致，各自具有不同的传统模式、校风、学校偶像、习惯和言行举止。仅通过面谈和问卷很难全面了解学生。

最后，由于参加实验的学校自主权过大，增加了比较研究的难度。有些学校改革十分彻底；有的根本没有编制新课程，而仅开展了教学方法的实验；有的学校甚至仍坚持推行大学入学考试。所以，在"八年研究"课程委员会的帮助下，评估人员依照脱离中等教育课程模式的程度，对合作中学重新排队，进行专门研究。

第二节　跟踪研究的主要内容

从 1936 年开始，大学跟踪委员会运用所设计的评估方法和形式，依据所制定的大学成功标准以及描述说明，进行了 5 个方面内容的逐一详细研究，即学业成绩、智能、团体与个人活动、学生与社会以及如何看待学校教育，并在此基础之上得出了实验的结论。

一　学业成绩

在"八年研究"期间，合作学校的课程实验受到来自各方面的质疑，特别是传统大学。当时许多人都认为合作学校的学生纪律散漫、智力平平。一位合作大学的教授抱怨自己的班里就有 5 位这样的学生，声称"这是进步中学培养的必然结果"，指责他们不会阅读，不会写作，不会拼写，成绩落后，上课精力分散。在学业成绩仍然还是大众评判学生质量的重要指标的情况下，大学跟踪委员会承担起了实验验证合作中学改革课程模式可行性的责任。

（一）分数及其分析方法

大学跟踪委员会认为，在美国高等学校中，分数一直被看作是学业优秀的唯一标准。但是，分数带有较强的主观性，因为不同的学校、院系的标准不同，同一个教师评判同一篇作业也会因时而异。而且，学分所提供的单纯数据并不考虑学生对问题的解析和解决过程。学分只能说是一种大学的正式记录，并不是智能的唯一标志。当然，分数毕竟经过时代的检验，在某种程度上蕴含着一定的意义。所以，在衡量大学生学业成绩时必须对分数进行搜集、归纳和概括。

为了评估实验组和对照组取得的分数，通常的做法是求取实验对象单科成绩的平均数，具体分为4个等级："A"等级为4个积点，"B"等级为3个积点，"C"等级为2个积点，"D"等级（最底及格线）为1个积点，一般不设"E"（无积点）等级。每组的总学分转换为该组的总积点，最后的平均数代表整个小组成绩的水平。由于实行学期制的大学的年平均学分数大约为30个学分，而实施学季制的大学则为45个学分，因此两者要适当平均。此外，许多大学提供近百种课程，而且不同的大学对同一科目使用的名称也不一样，许多学校只在成绩单上列出学科领域或代码。故此，跟踪委员会为了便于研究学生的学业成绩，将大学的课程分成8个领域：英语、人文学科、外语、社会学科、生物学科、自然学科、数学和未分类等。

表4－3说明了实验组和对照组总平均成绩的情况。[①] 在本书的所有图表中，"S"用来表示实验组，意即"学习专门课程的学生"（special curriculum student）；"C"用来表示"对照组"（comparison group）。从总体上看，合作中学毕业生所取得的成绩比对照组的学生稍微高一点，但差别很小。合作中学毕业生所取得的成绩说明他们已具备了进入大学深造的必备知识，同时也说明这些毕业生已适应了一种新的教育形式。

---

① 表中 d 为实验组的平均成绩与对照组平均成绩之差；&d 为平均差之和；cdf 为累积分布函数（cumulative distribution function，缩写为 cdf），能完整描述一个实数随机变量。20 世纪 30 年代美国中学评估学生学业成绩的四个等级 A、B、C、D 的意义，相当于根据学生的单科成绩把学生分为优、良、中、差 4 个等级。在统计计算实验组或对照组的平均成绩时，A 级的权重为 4，B 级为 3，C 级为 2，D 级为 1。例如，实验组有甲、乙、丙、丁 4 个学生，他们的单科成绩的等级为 A（优）、B（良）、C（中）、D（差），则对应的权重为 4、3、2、1，实验组的平均成绩为 $(1 \times 3 + 1 \times 4 + 1 \times 2 + 1 \times 1) / 4 = 2.5$。表中 S 组和 C 组各类学科的数值即为该组的平均成绩。两组差异的可能性相当于教育统计学上的 T 检验，通常该值 $\geqslant 0.05$ 为差异显著。由此可见，表 4－3 中只有外语差异显著，其他各个学科分类差异均不显著，所有学科的差异更是微乎其微。

表 4 - 3　　　　　　　　　　　　所有实验组和对照组逐年平均成绩[①]

		英语	人文学科	外语	社会学科	生物学科	自然学科	数学	未分类	所有学科
大一（4 个班）	S	2.46	2.45	2.41	2.35	2.44	2.39	2.54	2.62	2.44
（1475 人）	C	2.43	2.44	2.43	2.32	2.35	2.34	2.43	2.51	2.40
大二（3 个班）	S	2.53	2.64	2.51	2.47	2.58	2.46	2.50	2.58	2.53
（1045 人）	C	2.49	2.54	2.59	2.44	2.66	2.45	2.46	2.44	2.49
大三（2 个班）	S	2.67	2.71	2.80	2.50	2.76	2.72	2.43	2.51	2.61
（505 人）	C	2.65	2.73	2.62	2.57	2.67	2.57	2.48	2.56	2.61
大四（1 个班）	S	2.80	2.89	2.70	2.84	2.94	2.69	2.83	2.81	2.83
（177 人）	C	2.81	2.92	2.91	2.69	2.86	2.76	3.28	2.82	2.79
所有班级	S	2.52	2.59	2.48	2.46	2.53	2.47	2.53	2.60	2.52
（3211 人）	C	2.49	2.56	2.50	2.44	2.49	2.42	2.46	2.52	2.48
d		0.0307	0.0315	-0.0219	0.0207	0.0408	0.0489	0.0714	0.0780	0.0323
d/&d		2.65	2.44	1.81	2.18	2.31	2.56	3.50	5.91	8.08
两组差异的可能性		0.008	0.0146	0.0702	0.0292	0.0208	0.0104	0.0004	9.8660×10^{-10}	6.2210×10^{-16}

资料来源：Did They Succeed in College? p. 27。

表 4 - 4　　　　　　　　　　班级逐年学科平均成绩与总成绩

入学时间	年级	英语		人文学科		外语		社会学科		生物学科		自然学科		数学		未分类		所有学科总计	
		S	C	S	C	S	C	S	C	S	C	S	C	S	C	S	C	S	C
1936	一	2.52	2.52	2.48	2.56	2.29	2.36	2.29	2.31	2.41	2.38	2.62	2.32	2.58	2.45	2.64	2.53	2.46	2.42
	二	2.62	2.55	2.69	2.70	2.44	2.62	2.45	2.47	2.61	2.72	2.58	2.38	2.67	2.40	2.70	2.53	2.58	2.54
	三	2.58	2.55	2.68	2.72	2.64	2.86	2.56	2.54	2.77	2.52	2.66	2.75	2.37	2.56	2.72	2.45	2.62	2.61
	四	2.80	2.81	2.89	2.82	2.70	2.91	2.84	2.69	2.94	2.86	2.69	2.76	2.83	3.28	2.81	2.82	2.82	2.79

---

① 注释：本章所有图表除注明外，均来源于《Did They Succeed in College?》中设计的各类量表和图例。

续表

入学时间	年级	英语		人文学科		外语		社会学科		生物学科		自然学科		数学		未分类		所有学科总计	
		S	C	S	C	S	C	S	C	S	C	S	C	S	C	S	C	S	C
1937	一	2.55	2.49	2.40	2.50	2.46	2.43	2.42	2.37	2.47	2.44	2.39	2.47	2.67	2.57	2.49	2.54	2.48	2.46
	二	2.57	2.46	2.64	2.54	2.54	2.51	2.52	2.41	2.59	2.73	2.38	2.62	2.60	2.42	2.57	2.50	2.54	2.51
	三	2.69	2.70	2.69	2.68	2.56	2.72	2.55	2.53	2.46	2.85	2.47	2.67	2.71	2.30	2.52	2.54	2.58	2.63
1938	一	2.50	2.38	2.58	2.36	2.45	2.39	2.32	2.23	2.37	2.31	2.28	2.13	2.39	2.34	2.58	2.47	2.44	2.33
	二	2.48	2.45	2.63	2.50	2.55	2.61	2.43	2.49	2.61	2.59	2.37	2.34	2.46	2.52	2.52	2.33	2.50	2.47
1939	一	2.59	…	2.45	…	2.47	…	2.47	…	2.50	…	2.41	…	2.53	…	2.72	…	2.52	…
总年份		2.52	2.49	2.59	2.56	2.48	2.50	2.46	2.44	2.53	2.49	2.47	2.42	2.53	2.46	2.60	2.52	2.52	2.48

表4-3、表4-4显示：（1）1936年入学的实验组学生事实上与对照组基本相同，但是在第四学年即将结束之际，实验组开始占据了优势。第二年（1937）入学的实验组领先对照组两年，到了第三年则稍微落后。（2）尽管实验组在头两年明显领先，但是对照组在三年级就迎头赶上。（3）对照组的四年级在8个学科领域的6个中比实验组的平均值高，但是实验组的总平均值高。这似乎有些矛盾，但事实正好说明实验组在社会学科方面比对照组的平均值高。两组所选1/3的学分集中在社会学科领域。由此可以断定，两组在这个领域任何显著的差异都直接影响着双方总的对比。

在对学业成绩的比较结果进行分析后，大学跟踪委员会认为，从所有班级的总平均成绩来看，除了外语，实验组的总平均值高于对照组。实验组和对照组的学生每学年每门课的平均值都很高，实验组在英语、社会学科、生物学科、数学上平均分较高，而对照组在人文学科、外语、自然学科方面平均分较高。实验组的总平均分要高于对照组（外语除外）。第三年（1938年）入学的实验组头一年在所有学科都稍胜一筹。次年，优势开始减弱。但是，人们也会提出实验组的学生是否有专业优势？对此，大学跟踪委员会认为，早在选择对照组时就考虑到了"专业领域"问题，通常选择那些和合作中学毕业生有相同专业的学生进入对照组。

（二）学术荣誉

大学跟踪委员会调查了实验组和对照组在大学获得荣誉的情况，结果显示实验组获得的荣誉多于对照组。见图4-1：

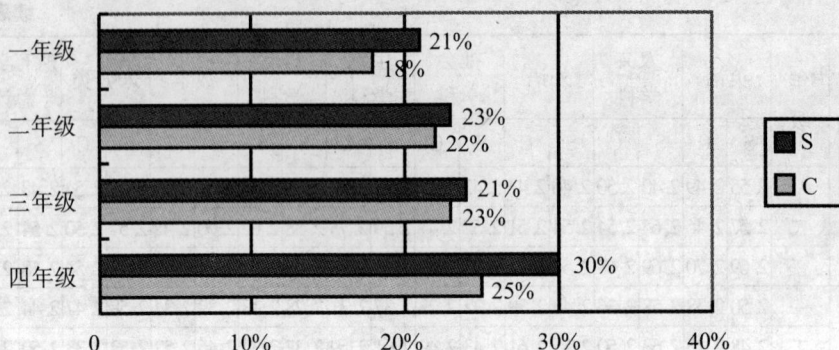

图 4 – 1　获得学术荣誉的百分比

　　该委员会的结论是："根据对每一项内容的测验，显然合作中学的毕业生作为一个整体至少和对照组（matched pairs）配对的学生一样出色，甚至在许多领域还略占优势。这些微小差距的大部分有利于实验组。一系列的微弱差别显然增加了两组之间实际差距的统计概率。然而，对这些细微差距重要性的认识还有赖于读者自己的判断。"[①]

二　智能

　　合作中学师生奉行的理念是：中学学习的内容并不重要，重要的是形成良好的学习与工作习惯、思考问题的积极性和永不满足的求知欲。合作中学坚信自己培养的毕业生具有传统中学所无法比拟的良好生活和学习习惯。但是，在大学的最初阶段，合作中学的毕业生也面临着困惑：面对十分生疏的学习和生活环境，似乎为大学的准备不足，缺乏大学所要求的广泛知识，怀疑中学教育，甚至被指责不懂语法、不知道莎士比亚（Shakespeare）和不遵守纪律。

　　指导委员会和大学跟踪委员会十分重视这种情况，并认真地分析了其中的原因。他们认为，大学新生所遇到的困难是普遍的，传统中学的毕业生也是如此，但两者形成的原因却大不相同。合作中学毕业生的困惑是因为大学生活对他们来说是崭新和陌生的，而传统学校毕业生遭遇的是失落，因为大学生活类似于他们曾经的失败。不过，最终两者都很快地适应了大学的生活。所不同的是，合作中学的毕业生在极短的时间内脱颖而出。然而，跟踪委员会也毫不隐瞒地承认，尽管合作中学的毕

[①]　Did They Succeed in College?　p. 41.

业生在许多方面都略胜于传统学校的毕业生，但到最后毕业时，这种优势已经荡然无存。

（一）理智的好奇心和动机

大学跟踪委员会认为，理智的好奇心和动机是智能发展的重要指标之一。但由于对好奇心和动机的界定存在差异，导致诸多争论。所以首先必须明确好奇心和动机的层次。研究人员根据学生在学校和课堂上的实际表现、兴趣类型、师生的陈述，以及对学生书面作业、考试等方面的观察和研究，将理智好奇心和动机分为下列 5 个层次：

（1）习惯性地追寻新颖事物；认识到还有许多可以探索的领域；力图探寻事物本质；课余时间仍乐此不疲地寻求知识；不满足于课堂学习；追寻事物的原理、他人的思维方式以及产生结果的手段。

（2）更喜欢掌握部分学科的许多内容而不是许多学科的部分内容；孜孜不倦地探寻专业领域的所有知识。

（3）通常满足于按常规形式学习，但偶尔也因个人兴趣和新观念的刺激进一步钻研科目。

（4）对新思想开始关注，思考怎样更多地了解，虽有计划但从未付之行动。

（5）缺乏兴趣、漠不关心、淡然置之。

大学跟踪委员会对实验组和对照组学生理智好奇心和动机的研究结果分类情况如表 4-5、图 4-2：

表 4-5　　　　　　　　　　理智好奇心和动机的逐年百分比

	一年级		二年级		三年级		四年级	
	S	C	S	C	S	C	S	C
	%	%	%	%	%	%	%	%
稳定或专门兴趣	39	34	50	45	59	52	65	57
偶尔兴趣	49	51	43	47	37	39	32	37
仅有良好计划或无兴趣	12	15	7	8	4	9	3	6

跟踪研究人员指出，仅仅这样描述理智的好奇心和动机还远远不够。理智好奇心和动机都是一个动态的发展过程和事物。可以看出学生的求知欲在大学期间不断增强，并和知识能力有直接关系，而合作中学的毕业生从总体上强于对照组。

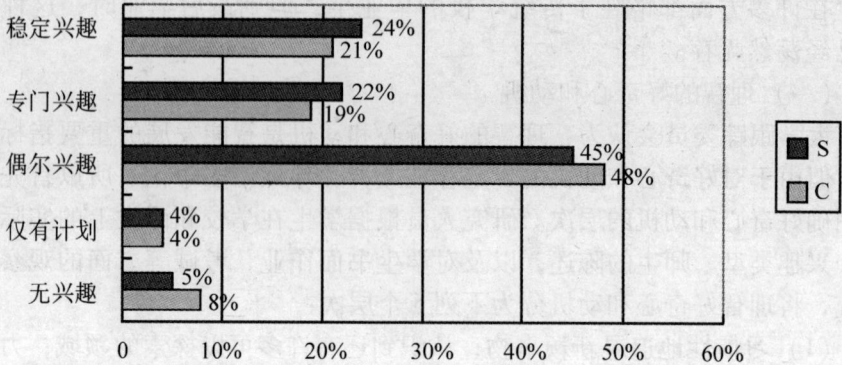

图 4 - 2　两组的理智好奇心和动机的百分比

（二）科学方法的掌握

研究人员一致认为，对科学方法的掌握程度是大学生智能发展的重要指标。一方面，科学方法是教与学的重要手段，训练学生掌握科学方法具有极大价值。另一方面，科学方法训练是培养民主意识的最佳途径。民主的最大障碍就是偏见、歧视和非理性的信仰，自由与民主意味着脱离似是而非的教条、迷信和无知。培育这种自由和民主最直接、最有效的途径就是科学的方法，它能形成宽广的心胸、健康的情感和怀疑精神。事实证明，无论是实验组还是对照组，他们所具有的科学态度和掌握的科学方法都是在大学期间稳健而快速地形成与发展的。

大学跟踪委员会将掌握科学方法的类型分为 4 大类：

（1）、（2）具有精确性和系统性，怀疑"显而易见"的答案，仔细评价资料，通常能够摆脱成见的影响；大多数情况下能够通过客观地辨别和检验数据从而筛选资料；但在某些方面也以个人偏见为依据。

（3）多疑，不愿意接受不符合自己想法的解决方案；吹毛求疵。

（4）似乎只是偶尔独立得出结论；通常满足于接受所在小组的观点；不关心或讨厌争论；宁愿沉迷于自己的观点而不去寻找和斟酌事实。

（5）、（6）只相信耳闻目睹的事情；对验证不感兴趣；排斥与其观念背道而驰的证据。

研究人员总结的结果如下图 4 - 3、表 4 - 6 所示。

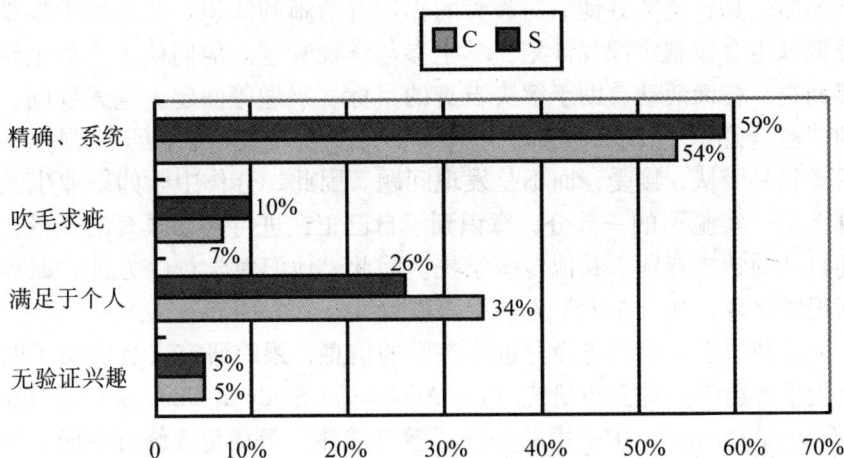

图 4 - 3　两组科学方法类型的比例

表 4 - 6　　　　　　　　不同年级两组科学方法类型的比例

	一年级		二年级		三年级		四年级	
	S	C	S	C	S	C	S	C
	%	%	%	%	%	%	%	%
精确的、系统的、客观的	52	46	63	57	72	65	67	69
吹毛求疵	13	8	9	7	8	5	7	4
满足或漠不关心	29	38	25	32	17	28	23	25
无验证兴趣	6	8	3	4	3	2	3	2

上述这些数据表明：

（1）在实验组和对照组中，合作中学的毕业生在大学学习中注意运用科学的方法。他们中的许多人被称为"敏锐的"思想者，只有极少数学生"不在乎"证明。

（2）合作中学中有许多是十足的怀疑论者，尽管在每一组中只有很少一部分。

（3）这些学生在大学里增强了客观性，减少了主观臆断。

（4）许多合作中学的毕业生在入学之初被认为是"敏锐的"；大学期间，更多的对照组学生很快跨入此列，到四年级时，实际上两组已经基本相同。

（三）教育成熟度

"八年研究"的设计者们一直想了解合作中学毕业生所表现出的这些

学术品质，是否意味着他们对教育的作用有清晰的认识。大多数进步学校都强调师生合作制定课程计划、学生参与学校管理。他们认为，学生经常开展调查、咨询活动有助于解决自身的目标、兴趣等问题。毫无疑问，他们的"教育意识"（education‐conscious）要比传统学校的学生强烈，因为后者只是服从、接受，而不是发现问题。因此，合作中学的毕业生意识到自己是"实验"的一部分，意识到了自己正在进行一场教育的变革，意识到自己的学校有别于其他传统学校。因此，他们对学校的方针、课程和计划很感兴趣，并且在大学生活中得以持续。

为了获取学生对自身教育进步态度的信息，跟踪研究人员借用了明尼苏达大学普通学院青少年研究（the Adolescent Study at University of Minnesota General College）中采用的一种"教育成熟"等级量表修订手册，将教育成熟度的类型分为：[①]

（1）清晰地意识到教育的作用、教育与社会的关系；具有综合运用教育经验的能力以及顺应教育要求的意愿。

（2）具有较为完善的关于教育作用的理念，但是非常有限；可以理解其他教育价值观。

（3）普通教育作用的概念；上学是为了"更好的工作"，因为它是"该做的事情"；很少提问；没有计划；对课程一知半解或不喜欢。

（4）对教育的主要作用不感兴趣；抱怨统一规定；依赖同学的教育价值观；或其他肤浅的理由。

（5）根本没有意识到教育的作用；不去利用合适的资源进行自我教育；讨厌校园生活；痴迷于不明智的教育活动。

上述5种类型并不适合评价每一个学生，需要其他相关材料的佐证，而且没有完全对应5种类型的学生。通常为了进行更准确的评价，需要将两种或更多类型相结合，形成"优、良、中"等次。

根据这种等级量表，大学跟踪委员会挑选了一半参加实验的学生进行教育成熟度的评估，结果显示：教育成熟度是随着年龄的增长而日趋完善的；在大学一、二年级，大多数实验组学生为"优"，到了四年级，对照组的学生稍微超过。这种结果说明：（1）入校之初，合作中学的毕业生认真思考了为什么上大学的问题；大多数传统学校的毕业生没有更多地考虑"为什么"；（2）二年级时，关注教育作用的人数大幅度增加，或许这与选

---

① Did They Succeed in College? p. 52.

择专业课和考虑下一步的学习计划有关；（3）三年级时，普遍关注教育问题，两组已没有明显区别。

（四）实践能力

合作中学实验的目标之一就是使毕业生在大学期间不仅学业成绩优良，而且还要具有处理社会问题的能力，尽快适应大学生活的能力，妥善地计划和组织学习生活的能力，学会有效利用闲暇时间的能力。跟踪研究人员把这些统称为"实践能力"（practical competence），并分为"应变能力的水平"和"把握时间的能力"两个方面。

1. 应变能力的水平

这一标准分为 4 个类型（或等级）：

类型 1：机敏；缜密；逻辑性和客观性；必要时知道如何求助；机警、高效。

类型 2：通常知道怎样做事情；不追根究底；偶尔在某个方面犯错误。

类型 3：处理不当；在许多方面经常犯错误。

类型 4：失误、困惑，不合逻辑，缺乏现实性，反复无常；不能选择相关事实。

实验组和对照组的跟踪研究结果如图 4 - 4 所示。

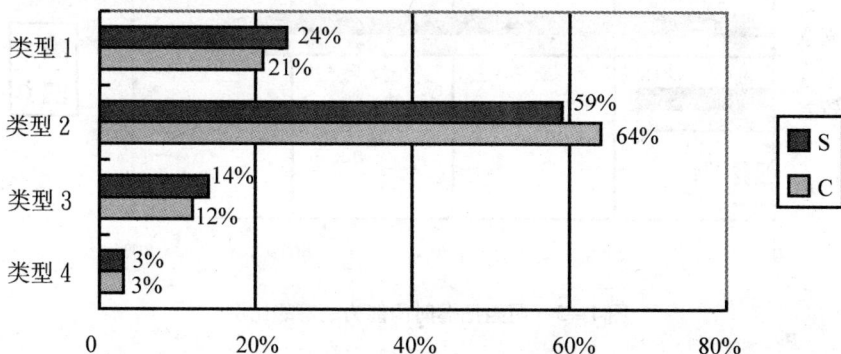

图 4 - 4　两组应变能力类型分配的百分比

结果表明，超过一半的学生都属于第二种类型，实验组和对照组的差别甚小；无论是实验组还是对照组，高年级占"类型 1"和"类型 2"的比例比低年级高。

2. 把握时间的能力

大学跟踪委员会认为，怎样利用时间涉及时间的最优化问题。在这个问题上，大学生和学校与家长的观点有很大差异。大学生希望的是"6 小时工作，8 小时睡眠，其余娱乐"；家长和传统学校则不断灌输古代谚语"忙碌的蜜蜂珍惜每一束阳光"（the busy little bee improves each shining hour）和教育箴言"投身学习不要玩耍"（all work and no play）。进步学校则认为，一个真正有实践能力的学生一定能把握好时间，做他应该做的事情和他想要做的事情，现代学校应该培养学生把握时间的能力。通过问卷、面谈、查阅辅导员与宿舍管理员的报告等，大学跟踪委员会将把握时间的能力分为以下几个类型：

（1）提前了解时间要求和活动价值；制定合理的时间预算；遵守时间；不草率，不失职。

（2）做好自己想做的工作，但不会尽力去制定或遵循时间预算；缺乏计划。

（3）无视时间表，经常不能完成自己想做的事或者认为自己应该做的事。

（4）陷入困境，紊乱；不会安排时间，浪费时间，懒惰，杂乱无章。

依据上述类型对实验组和对照组进行比较得出：两组在这方面基本相同。每个组都有接近四分之一的学生属于"较差"和"极差"。见图4-5。

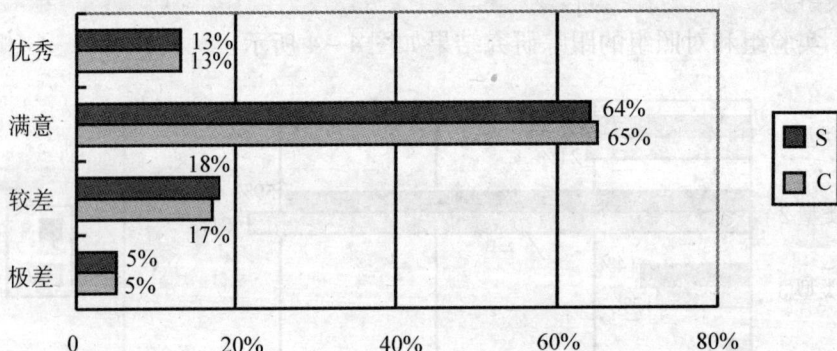

图 4-5　两组把握时间能力的等级比例

（五）学习困难（study difficulties）

研究人员发现，学习困难的问题反映出学生实践能力的优劣，其原因是没有形成良好的学习习惯。那么，学生在大学都有哪些学习困难？通过对各种渠道收集到的大量信息材料进行整理和分析，跟踪研究人员将所发现的最突出困难分为与学习有直接关系的问题和与学习没有直接关系的问题。

1. 与学习有直接关系的问题

表 4-7 显示，通常学生遇到最多的学习困难的比例。

表4-7 两组低年级学习困难分布情况

	一年级		二年级	
	S	C	S	C
	%	%	%	%
统筹时间	47	51	28	27
专心致志	36	36	29	30
书面考试	38	33	24	22
阅读（速度和技巧）	32	32	17	23
完成任务	23	26	17	16
组织材料	22	24	12	18
记忆	21	19	15	12
做笔记和适应讲课方法	17	20	6	10
没有困难	19	18	34	33
不完整数据	19	24	50	51

可见，实验组和对照组之间只有细微差别，一年级最大的区别是书面考试，实验组感到困难的较多，两组普遍在一年级遇到较多的困难。从第二年级开始，学习困难问题就呈下降趋势，此后逐渐稳定地减少，而对照组在一年级以后仍然经常出现阅读、组织材料、做笔记和适应讲课方法上的问题。不过，大学跟踪委员会发现，虽然实验组和对照组被问题困扰的频率相似，但是，实验组的学生经常能很快分析和自己动手解决遇到的问题。这种差异也反映在对科学方法的评估上。由于许多实验学校一开始就强调学习方法的重要性，所以出现这种结果就不足为奇了。

2. 与学习没有直接关系的问题

除了学习上所遇到的困难以外，大学生还有其他一些似乎和学习没有直接关系的困难，而且与教师、家长和社会关注学习困难不一样的是，学生更关注"非学习"的问题。实际上，这些问题都与学习有着潜在的关系。大学跟踪委员会通过问卷列出了这些问题，并进行了比较。详见表4-8所示。

表4-8 其他困难分布情况

	一年级		二年级	
	S	C	S	C
	%	%	%	%
职业的不稳定性	27	27	17	17
经济上的烦恼	22	26	18	18
没有足够的空闲时间	24	23	20	21

续表

	一年级		二年级	
	S	C	S	C
嘈杂的学习环境	22	23	11	11
忧虑（通常意义上的）	21	20	13	13
单调的教学	16	5	7	7
身体素质差或身体残疾	16	4	17	16
活动过多	13	1	13	10
缺乏指导	11	2	9	13
大学的规章制度	8	9	9	9
社交障碍	8	9	4	4
家庭困难	5	5	6	6
不赞成别人的意见和行为	2	2	2	3
缺乏充分准备	2	2	1	1
奔波于家庭与学校之间	1	2	2	2
没有问题	18	17	23	19
不完整数据	18	23	46	51

对照比较显示，实验组和对照组所面临的其他困难一样多，二年级的各种其他困难明显减少。

大学跟踪委员会最后的结论是：从以上跟踪研究的结果分析可以得出："实验组的学生要略强于对照组的学生。他们的学习习惯与接受传统教育的同龄人相比完全一样。此外，他们经常具有理性的动机，掌握精确、客观的分析问题的方法，而且至少从一开始，就充分理解自身教育的意义。"①

三　团体与个人活动

大学跟踪委员会认为，活动是衡量学生在大学是否成功的主要标准之一。现代人类社会的特征就是群居、共生。学校更是提供丰富多彩活动的场所。而大学的活动意味着赋予学生更多的自由。由于有大量的自由活动时间，大学生才有更加丰富多彩的课外生活，这才是大学最具魅力的地方。因为，它是交往的必由之路，而传统的课堂教学明显缺乏这样的特征；它是培养学生实际能力的地方，学生在活动中学会了欣赏，掌握了专门技能；它是学生充分发挥主动性、创造性、履行个人义务的场所。

---

① Did They Succeed in College? p. 63.

学生群体也给予参与活动以很高的评价，那些在活动中表现突出的同学会赢得尊重和声誉。尽管在对待活动的问题上大学之间的态度并不一致，但大学管理人员以及未来的雇主都认为这项标准是评价学生是否成功的最重要标准之一。

为了跟踪研究这项指标，跟踪研究人员必须明确大学都有哪些有意义的活动，最后他们将其分为以下 8 个方面的活动：[①]

（1）艺术活动。包括：a. 艺术俱乐部、素描俱乐部、艺术欣赏小组；b. 乐队、合唱团、唱诗班合唱团、音乐欣赏小组；c. 戏剧协会、音乐喜剧俱乐部；d. 舞蹈演出。

（2）创作活动。包括：a. 诗歌俱乐部、写作俱乐部；b. 出版作品。

（3）辩论活动。包括：a. 辩论协会、有组织的讨论小组、论坛；b. 政治和社会活动组织；c. 学生自治小组。

（4）运动会和体育活动。

（5）社会服务和宗教活动。包括：a. 社会服务俱乐部、家政服务；b. 宗教组织。

（6）院系俱乐部活动（语言、数学、科学）。

（7）专门兴趣小组活动。包括旅游俱乐部、无线电俱乐部、航天俱乐部、国际象棋俱乐部。

（8）社会活动。包括大学生联谊会、女生联谊会和社交俱乐部。

跟踪研究人员获取有关活动信息的主要途径有：（1）面谈。征询学生日常主要参加哪些活动，爱好什么活动，不喜欢什么活动，以及对待活动的态度。（2）问卷。问卷是获取相关信息的主要形式，通常在面谈后随即提交一份问卷，进一步核实面谈的内容。（3）大学的学生记录。（4）学校的年鉴。

根据学生的活动记录判断出学生参与活动的频率以及参与程度，跟踪研究人员将学生参与活动程度的等级分为 7 种：（1）经常性参加活动；（2）有规律地参加感兴趣的活动，但并不排斥其他兴趣活动；（3）仅是成员，很少或没有时间参与活动；（4）感兴趣但不参与；（5）没有兴趣，几乎不参加；（6）不喜欢或反对，有意躲避；（7）无法判断。

在"八年研究"中，大学跟踪委员会对所有活动类型以及具体活动形式均进行了详细追踪研究和评估。但由于本书的篇幅所限，这里只介绍几种主要活动类型的跟踪研究结果。

---

① Did They Succeed in College? p. 66.

（一）艺术活动

对学生参与艺术活动的跟踪研究主要通过分析他们实际参与和欣赏的情况来判断。图 4－6 是对学生参与艺术活动的调查结果。[①]

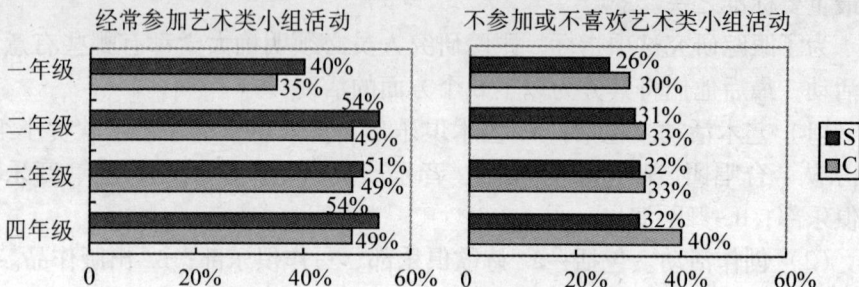

图 4－6　实验组与对照组参与艺术活动情况

据此，跟踪研究人员对学生参与艺术活动的结论是：（1）无论是个人活动还是集体活动，合作中学的毕业生比对照组更喜爱参加艺术类活动。参加音乐活动的学生人数明显多于参与艺术和戏剧活动的人数。（2）一年级以后，实验组经常参加艺术活动的学生的比例在上升，而对照组相应的比例则低 2—5 个百分点；实验组不参加或不喜欢艺术类活动的学生要比对照组少。（3）随着年级的增高，两组不喜欢艺术和音乐的学生逐渐减少，但不喜欢戏曲的人数却有所增加。研究人员认为，这主要是因为相对于艺术和音乐而言，大多数学生对戏剧比较生疏，而且这项活动需要扎实的基本功，技术性较强。一年级以后，每一组大约 1/3 的学生表示不参加艺术类活动，两组之间的差异并不大，但对照组不喜欢艺术类活动的人数高于实验组。（4）大学的类型不同，对艺术活动的兴趣也不同。一般而言，参加音乐活动的差异比较小，女子学院在艺术活动方面领先，而男女合校大学和女子学院的学生比其他大学学生偏爱戏曲活动，男子学院和女子学院大大领先于男女合校大学和州立大学。

参加艺术活动还包括对艺术的欣赏。跟踪研究人员认为，尽管欣赏不像参加活动那样需要一定程度的技能或天赋，但需要具备审美观、感悟能力和批判能力。大多数人参与艺术活动是为了欣赏，因此，更多的人是看

---

① 在对实验组和对照组参与艺术活动和欣赏的跟踪研究中，研究人员详细对比了两组在参与艺术、音乐、戏剧活动以及艺术类欣赏方面的区别。由于篇幅所限，这里介绍的仅是其中一小部分。其他类活动也是如此。

戏曲而不登台表演，听音乐会和音乐剧而不是演唱或伴奏。根据有关兴趣和欣赏体会的问卷调查发现，实验组的学生比对照组的学生更懂得艺术欣赏，实验组的大部分学生比对照学生的欣赏水平更高；不同大学类型学生之间的艺术欣赏水平差异显著。

（二）创作活动

跟踪研究人员在分析学生参加创作活动时遇到的困难是如何把课外的阅读和写作与艺术欣赏区别开来。研究学生参与艺术、音乐和戏剧活动的资料比研究阅读、写作更直观、准确，同时阅读和写作也是大学教学的主要方法之一，而研究人员所关注的创作活动指的是课外阅读和写作。

这项研究是通过问卷调查进行的，结果显示，大约 1/3 的大学生喜欢写作，超过一半的学生喜欢阅读。然而，仅有 8% 的学生认为写作是自己的主要爱好；1/3 的学生把阅读列入学习日程；一半的学生想拥有私人图书馆。图 4-7 分别是一至三年级实验组和对照组对写作、出版作品和阅读表现出兴趣的情况。

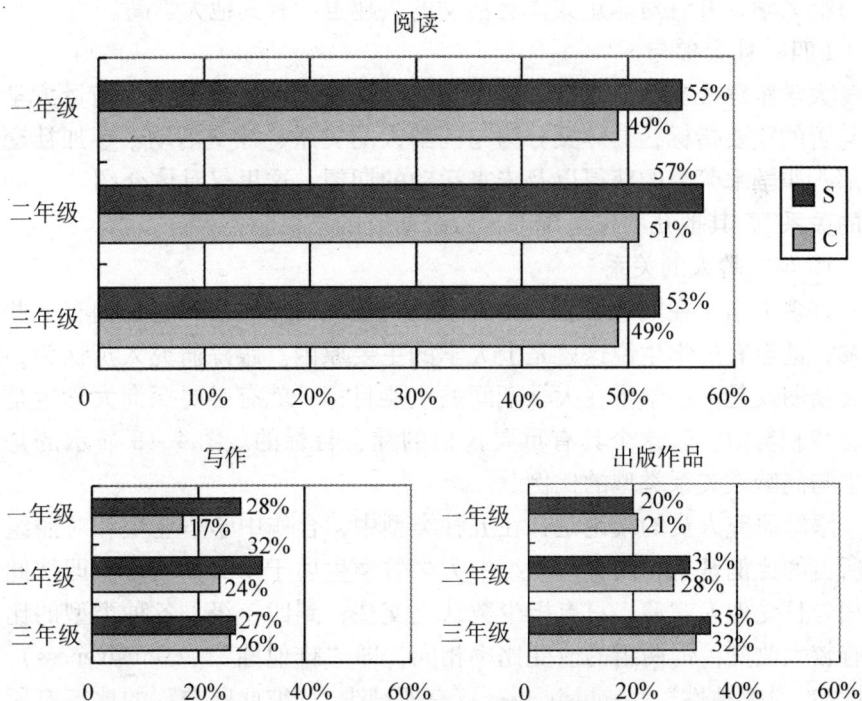

图4-7　实验组和对照组创作活动兴趣比例

　　大学跟踪委员会对实验组和对照组学生参与创作活动的总体调查结果是：（1）大多数实验组的学生每年都参加各类创作活动；（2）进入三年级后，参与写作和阅读的学生人数有下降趋势，原因主要是课外活动时间减少，而不是兴趣的减弱；（3）实验组学生比对照组学生更喜欢文学，而且还表现在英语课程的平均分数略高，主修英语和人文学科的人数较多；（4）合作中学的毕业生更愿意填写问卷，回答内容更加丰富，往往在问卷以外附加更详细的说明。

　　（三）运动和体育活动

　　运动和体育活动是大学中最受欢迎的活动。大约有 4/5 的学生参加非正式的体育活动，3/5 的学生参加有组织的运动。随着年级的增高，参加运动和体育活动的人也呈增长趋势。

　　跟踪研究的结果表明，在大学一年级，实验组和对照组几乎没有什么区别；到三年级时，实验组参加有组织运动的人数少于对照组，但参加非正式体育活动的人数则略多。此外，州立大学参加运动的人数大大低于其他三类大学，并且对非正式体育活动的兴趣也没有其他大学高。

　　（四）社会参与

　　大学跟踪委员会一直把学生参与社会交往活动的情况视为衡量大学成功与否的重要指标，具体又分为与同龄人的关系、社交活动、参加社交俱乐部、非学术荣誉的获得以及未来活动的期望。这里仅具体介绍"与同龄人的关系"，其他几项仅呈现部分跟踪研究的结果。

　　1. 与同龄人的关系

　　许多大学生在问卷中表示，大学期间最大的愿望之一就是拥有一些好朋友，甚至有的学生说这就是上大学的主要原因。跟踪研究人员认为，既然交新朋友是一些学生在大学期间的主要目标，就有必要探询大学生是怎样看待和努力实现这个具有重要价值的社会目标的。图 4-8 显示的是大学生与同龄人关系类型的比例。

　　跟踪研究人员的结论是：在五种类型中，合作中学毕业生和对照组各自所占的比例基本相同，每一组中大多数学生属于第二种类型，即彼此友好相处且受他人欢迎，只有极少数缺乏交往；到四年级，各种类型的比例均有较大改变，但两组的改变比率相同，即"排他性"（exclusiveness）有所增加，"孤独性"（seclusiveness）有所减少，"彼此欣赏"的比率有所下降，而"渴望成为领导者"有所上升。男女合校大学和州立大学的学生要比男子学院或女子学院的学生"普遍受欢迎"，更适合做"领导者"。

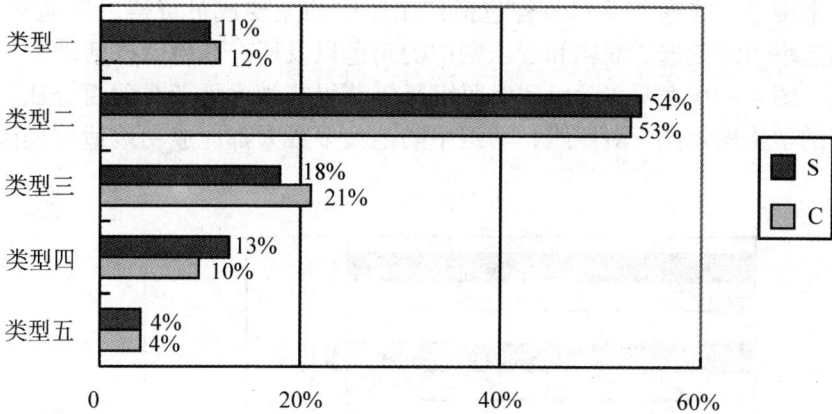

图4-8　S组和C组与同龄人关系类型的比例

类型一：渴望成为领导者，被他人追捧；类型二：彼此欣赏，偶尔可以成为领导者；类型三：满足于追随者的角色，彼此不太感兴趣；类型四：交往圈子较小，有优越感；类型五：缺乏交往，相互躲避。

2. 社交活动

大学生一般是通过各种私人关系来满足社交需要的，图4-9表明实验组和对照组参与非正式社交活动的比率。两组的各项比例基本一致。

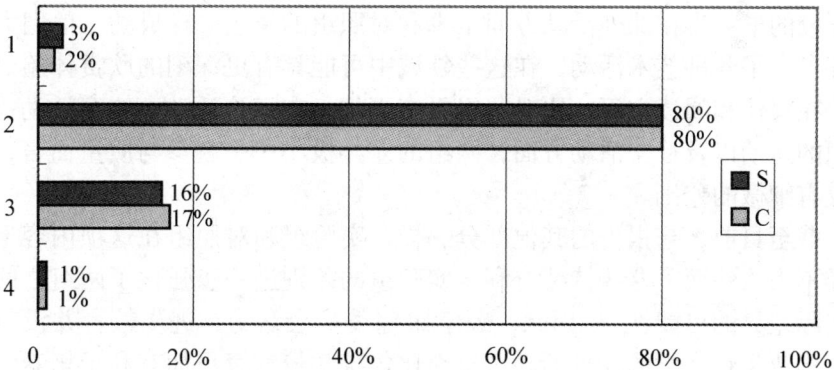

图4-9　实验组与对照组参与社交活动类型的比例

1. 花费大量闲暇时间参加社交活动。2. 参与社交活动，但也不排除别的爱好。
3. 感兴趣但花费很少的时间，也可能不感兴趣。4. 故意逃避社交活动。

3. 非学术性荣誉

研究人员发现，学生成功参与课外活动的程度还可以用获得的非学术荣誉来衡量。这些非学术荣誉包括：团体中的主要成员资格、运动奖章、社团选举中的竞选、戏剧和音乐剧中的角色以及所有其他课外活动的显著成绩。图4－10表明实验组和对照组每年获得非学术性荣誉的百分比，实验组的学生均领先于对照组，两组中的绝大多数人都能成功地适应校园生活。

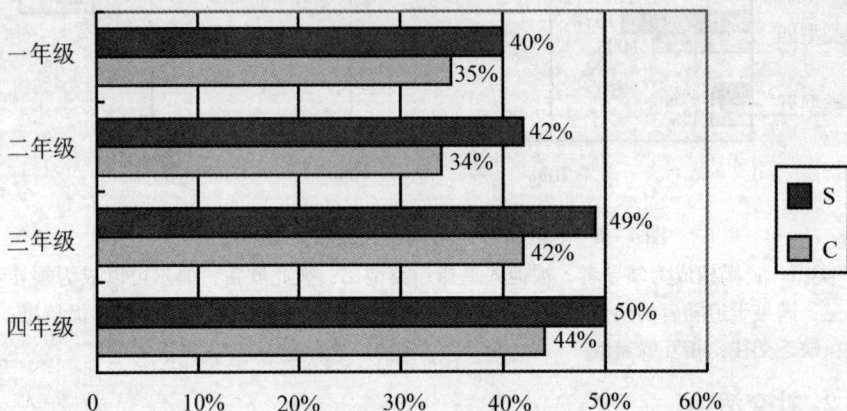

图4－10 实验组和对照组获得非学术荣誉的比例

　　在综合对比分析了各项指标后，大学跟踪委员会最后的结论是："30所学校的毕业生在课外活动方面至少和对照组的学生一样成功。他们大多数都参与了各种艺术活动，在这些领域中可能具有更深刻的欣赏体验。同样，在写作和阅读方面，比对照组更有兴趣。在辩论活动、体育活动、有组织的运动以及社交活动方面，两组的差异极小……就参与质量而言，两组仅有细微的差别。

　　截至目前，与报告的其他部分一样，实验组和对照组在这项内容上的差异不大。然而，这些持续有利于实验组的差别进一步强化了两组之间存在实际差异的可能性。[①] 因此，大学跟踪委员会认为，进步教育并没有有碍于毕业生在大学的课外活动，反而比传统学校教育更加有利于培养学生参与那些与智力活动有关的兴趣与技能。

四　学生与社会
　　大学跟踪委员会清醒地认识到，大学成功的标准是相对的，不同主体

---

① 　Did They Succeed in College? pp. 93—94.

的价值取向也不完全相同。大学教师的成功标准主要是学分和其他智力成绩，大学生则依据活动、兴趣和相互之间的关系进行判断。按照这些标准，合作中学的毕业生在大学里是成功的。但是，这些成功的标准可能仅在学校和课堂上有意义。

在分析了合作中学毕业生在大学的表现后，跟踪研究人员提出了新的问题：他们将来会成为什么样的人？除了智能，他们还需要其他什么品质？他们怎样与社会和他人相处？他们的政治、经济和社会观是什么？用诸如职业倾向性、经济期望值、个性、宽容性、婚姻观、礼貌待人、良好的人际关系等相关资料能否说明学生在大学的成功？尽管这些不确定因素有待进一步证实，但它们无疑是大学生活的重要组成部分。为此，大学跟踪委员会成员通过各种形式进行了细致的跟踪调查，从中选择了针对性较强的几个方面，进行了专项研究。

（一）职业倾向性

大学跟踪委员会认为，大多数学生在选择职业时，缺乏经验和现实性，往往表现为职业目标与就业机会、实际生活大相径庭，特别是经济大萧条和"新政"打乱了学生制定的周密职业计划。尽管如此，家长、雇主和学校都认为，有职业计划和目标的学生比那些认为"天上会掉馅饼"、"大学是职业的保险箱"的学生前景要好。30 年代美国社会的现实已经打破了大学能为个体确定职业方向的常规，任何沉迷于职业理想的行为都是幼稚和徒劳的。

首先，跟踪研究人员调查了实验组和对照组的职业理想。结果显示，职业选择具有广泛性和多样性。实验组和对照组在职业选择的取向上基本一致，但是除了医学、工程学、艺术等领域外，两组所选择的职业计划与专业之间没有联系。可见，大学生基本上接受的还是宽泛的教育，而不是具体的职业指导。

其次，委员会跟踪研究了职业选择中的不确定性。正如所料，随着大学生年级的增高，没有明确职业取向的人数大大减低。州立大学的学生对职业最有把握，男女合校的学生次之，女子学院和男子学院的学生最没有信心。

再次，跟踪研究人员为了进一步观察职业选择的稳定性，调查了学生职业倾向的特性。结果显示：在一年级时，合作中学毕业生职业选择的确定性不如对照组，但到三、四年级，就已经明确表明自己的决定了。当被问及"所作的选择是否是最理想的？"实验组中 69% 的学生持肯定回答，10%的学生持否定回答，21%的学生不确定；对照组中，肯定回答的占63%，否定回答的占14%，"不确定"回答占23%。每组还有14%的学生表示选择在不断变化。当被问及"什么时候确定职业计划？"两组都有1/3的学生回答是在进入大学后确立的。[①]

最后，跟踪研究人员对实验组和对照组选择职业的原因进行了问卷分析。结果见表4-9所示。

表4-9   实验组和对照组职业选择原因的分类比例

	S %	C %
一贯的兴趣	60	54
特殊能力和天赋	36	30
与他人见面和一起工作的机会	41	38
可能稳定的收入	25	27
帮助别人的机会	26	26
继续学习和深造的机会	26	25
安置和晋升的机会	23	23
摆脱循规蹈矩的自由	17	15
以前的工作经验	12	12
升迁的机会	13	11
亲戚或朋友的介绍	8	7
依照家庭的意愿	3	6
所学职业课程知识	5	3
需要立即挣钱	2	5
其他原因	5	4
没有突出的原因	14	14

---

①   Did They Succeed in College? p. 103.

　　大学跟踪委员会关于职业倾向性的最后调查结论是：（1）实验组和对照组在职业选择中的利他主义倾向高于物质享受主义；（2）大学生涯使学生在选择职业方面更加成熟，进步惊人；（3）从整体上看，两组学生对未来职业均有明智的态度，即使在经济大萧条时期，在选择职业和择业动机上也没有表现出气馁或愤世嫉俗的倾向，充满乐观和自信；（4）两组学生都清醒地认识到大学并不能使其获取合适的工作，完全理解在大学里没有接受完善的训练是不可能找到合适、舒适的工作的；（5）多数学生认为中学和大学为他们将来的生活打下了良好的基础，但每组仍有 2% 的人认为中学教育"不切实际"，实验组中 6% 的学生和对照组中 4% 的学生认为大学"华而不实"；（6）学术能力或学术性向似乎与职业选择和职业前景没有太大关系，优生和差生的职业态度没有区别，都强调选择职业的合适性、实用性和稳定性。

　　（二）关注时事

　　大学跟踪委员会试图通过了解学生对自己、他人和社会的态度来调查学生对时事关注的程度。他们要求学生对新闻、报纸、杂志、收音机节目以及演讲做好笔记或记录，并妥善保存；在问卷或面谈中，要求学生回答诸如"你印象最深的新闻栏目是什么？""你认为什么节目最重要？"等问题。然后按照"相当多的"、"有限的"和"很少的"3 种程度加以分类。

　　调查的结果显示：（1）对当前事件的关注。与对照组相比，实验组的学生更加关注世界发展的趋势和格局，这反映了合作中学十分注重培养学生关注时事的意识；在所有四个年级，实验组对当代问题非常感兴趣，而对照组中的许多学生对此没有兴趣；实验组的低年级更多关注时事，对照组的三年级学生似乎对时事更感兴趣；毕业前夕，两组对时事关注的程度基本相同。（2）关注时事的兴趣主要在大学阶段形成，大学一年级增加最快，此后虽仍不断增加但速度已趋缓；研究人员发现，学术性向与时事知识之间有着直接关系，较高的能力倾向和敏锐的时事意识之间相得益彰，反之亦然；男子学院的学生最关注时事，其次是男女合校和州立大学的学生，女子学院的学生位居最后。（3）许多学生具有改革社会的愿望。大约 3/4 的学生更愿意为社会进步提建议，两组的差异非常微小，但是，实验组学生似乎更加理性和客观。

　　（三）社会观

　　大学跟踪委员会为了对实验组和对照组的各种观点进行分类，将问卷和面谈获取的资料分为"社会动机"和"与社会的关系"两项，两者结合基本上反映了一个人的人生观。

首先，研究人员认识到评估学生的人生观是个非常复杂的过程，因为学生的人生观和价值观受诸多因素的影响。为此，跟踪研究人员首先对学生的社会动机进行了分类。具体如下：

1. 服务性的，表现为利他主义、人道主义、民主的、合作的；
2. 实用主义的，表现为探索的、自我指导的、适应性的；
3. 快乐主义的，表现为情绪性的、融入社会的愿望，追求便利和个人满足；
4. 渴望得到的，表现为物质享乐主义的、竞争的；
5. 掠夺性的，表现为集权的、法西斯主义的、阶级意识的、专横的；
6. 宿命论的，表现为被动接受的；
7. 无计划的，表现为困惑的。

在此基础上，跟踪研究人员根据学生所表现出的动机进行分类，将相似的动机类型合并在一起，比单纯按照 7 种类型界定动机更科学和恰当。最后，将实验组和对照组中一年级和三年级学生的动机归纳和统计出百分比。见表 4 – 10。

表 4 – 10　　　　实验组和对照组低年级社会动机分类比例

	一年级		三年级	
	S	C	S	C
	%	%	%	%
实用主义的	39	39	33	35
快乐主义的	23	24	9	13
服务性的和实用主义的	11	9	24	16
实用主义的和渴望得到的	7	7	17	18
无计划的	8	9	3	2
快乐主义的和渴望得到的	4	3	4	4
服务性的	3	3	5	7
掠夺性的和宿命论的	2	1	1	1

结果显示，实验组和对照组之间的差别甚微。随着年级的增高，个人主义和自私动机比率下降；而与人为善和理性的态度有所增加。跟踪研究人员表示，由此可见，那种怀疑实验学校的学生比传统中学学生自私或者

自我中心的臆想，完全没有根据。

其次，研究人员进一步分析了两组学生的综合社会态度，并且按照"与社会的关系"的程度进行了分类说明：

1. 具有广泛的人道主义关怀，即便是自己没有得到关心，也会经常将大多数人的利益置于特殊利益团体之上；

2. 通常愿意和平共存（live and let live）；

3. 注重与自己利益直接相关的团体，限制那些完全由选举产生的、与自己具有相似意向的人的利益，不与其合作，本质上自私，不关心他人的利益。

根据这种分类以及获取的问卷、调查资料，研究人员对实验组和对照组中的一年级新生和三年级学生进行了分析和总结，结果见图 4 – 11 所示。

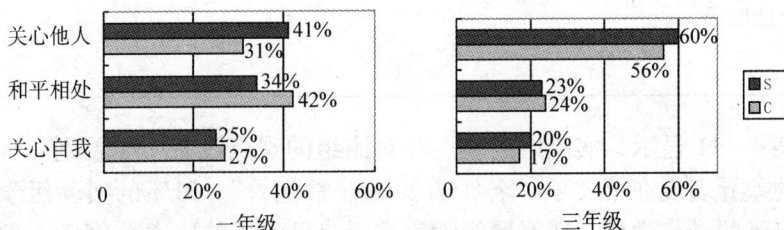

图 4 – 11　实验组和对照组"与社会的关系"类型比例

大学跟踪委员会将"关注时事"和"社会观"两项指标结合起来对实验组和对照组进行比较：

（1）在大学期间，实验组和对照组中的大多数学生具有较强的社会性，自私自利占少数；

（2）在大学一年级，多数合作中学的毕业生通常属于教育目标取向的类别；

（3）三年级时，许多对照组的学生进入教育目标取向的类别；

（4）实验组和对照组在此项目上的比较基本一致。

五　学生与学校

大学跟踪委员会对 3583 名大学生进行了口头或问卷形式的调查，了解他们对学校教育的看法。

（一）对中学的评价

学生对自己中学教育的评价十分广泛，大学跟踪委员会根据学生的这些回答，将实验组和对照组中一年级新生对中学的评价分为若干类型。见表 4 – 11 所示。

表 4 – 11　　　　　　　　实验组和对照组新生对中学评价的分类

评价的种类	S	C
	%	%
通常还能胜任，在某些方面有点薄弱	57	60
各个方面都非常优秀	31	25
通常还能胜任，在某些方面很突出	7	9
在为生活作准备方面较强，学术方面较弱	2	…
在学术方面较强，为生活作准备方面较弱	1	1
完全不能胜任	1	2
不确定	3	3

表 4 – 11 显示，实验组的观点和对照组的观点没有明显差别。唯一较明显的差异表现在第二项"各个方面都非常优秀"，31% 的实验组学生选择了自己的进步学校，而对照组学生选择自己学校的比率是 25%，两组高年级学生的情况也是如此。可见，在大学教育期间，学生对中学母校的热爱既没有增强也没有削弱。

大学跟踪委员会认为，这主要是因为绝大多数学生都不了解别的学校开设的课程和青年人特有的忠诚，此外他们的确在母校的培育下进入了大学。这种高比率的积极评价也就可以理解了。

实验组和对照组的学生在评价中学教育的同时，还提出了改进中学的意见。大约一半的学生对中学教育完全满意而且没有特别的改进建议，在这部分学生中对照组要比实验组多。

（二）对大学的评价

在评价自己所接受的大学教育时，实验组和对照组均表现出异常的热情。根据大量的数据，研究人员分析的主要内容是：（1）不同学校类型学生的评价；（2）改进大学的专门建议；（3）大学应具有的永恒价值；（4）进入大学后观念、信仰、道德标准的改变。

首先，跟踪研究人员分别对不同大学类型的实验组和对照组进行了调查，收集他们对所在大学的评价，并将各种评价归类为表 4 – 12 所示。

表 4 – 12　　　　　　　　　　**不同类型大学学生对大学的评价**

评价种类	男子学院		女子学院		合校大学		州立大学	
	S	C	S	C	S	C	S	C
	%	%	%	%	%	%	%	%
① 通常还能胜任，在某些方面有点薄弱	49	43	51	45	49	41	57	51
② 各个方面都非常优秀	40	46	43	49	44	55	26	43
③ 通常还能胜任，在某些方面很突出	4	4	4	1	4	3	8	3
④ 在学术方面较强、在培养生活能力方面较弱	3	3	3	2	1	1	6	…
⑤ 不确定	3	2	2	2	2	…	1	3

　　表中显示，合作中学的毕业生对大学的批评性建议要比对照组多，私立的男女合校学院对自己学校的赞誉超过了其他任何类型学校的学生，州立大学的学生赞誉学校的比例最低。研究人员还发现，在评价大学教育方面，不同的年级之间差异很大。一年级新生比二年级学生更喜爱自己的学校，从一年级到三年级，对学校持完全肯定态度的比例下降了 13%，但持"通常还能胜任"看法的比例则上升了 10%，其他评价类型各年级之间基本保持稳定。

　　其次，大学跟踪委员会考察了学生所提出的大学教育改进意见，并将其归纳为典型类型，最终发现实验组和对照组在这个指标上基本一致。详见表 4 – 13 所示。

表 4 – 13　　　　　　　　　　**改进大学教育的建议**

对象	建　　议	S %	C %
课程	更加自由地选课，减少要求和限制	5	6
	加强课程与生活的联系	2	3
指导	更好的选课指导	3	3
	更好的职业指导	2	3
	更好的个人情感指导	1	2
教师	更加生动地教学	2	3
	更加和谐的师生关系	3	3
	没有建议	61	54

实验组和对照组所提出的建议非常一致，但两组学生中只有少部分提出了自己的建议。

再次，大学跟踪委员会研究了学生对大学的期望。研究人员发出问卷或通过交谈，提出诸如"期望从大学获得什么？""希望大学能给生活带来哪些持久的积极影响？""希望大学帮助自己实现什么样的远大目标？"等等。结果显示，在个人目标和对大学的期望方面，两组没有发现不同。

最后，为了进一步了解和比较学生对大学的评价，委员会调查了实验组和对照组在观念、信仰和道德标准方面有什么提高。学生通过问卷和面谈回答了自入大学以来这些方面的重要变化。结果显示两组基本相同。

总的来说，实验组和对照组的学生对他们的教育基本满意。看好中学和大学的学生人数明显超过看衰的人数。大多数学生坚持认为，大学提供了充分的、有价值的教育，但仍需进一步改进。

第三节　"研究中的研究"和结论

"八年研究"的指导思想赋予合作中学很大的自由，这也导致了各个学校的改革力度相差甚大。事实上，有的合作学校根本没有进行实质性的改革，而另外一些合作学校则彻底改变了传统的做法。所以，如果实验的最后结论没有考虑到这种因素的话，显然实验的结果并不一定符合实际，结论的真实性也有待商榷。为此，许多实验研究人员提出，应该根据脱离传统教育的程度和改革力度来重新对合作中学进行排队，以便进一步验证研究目标是否达到。

与此同时，当跟踪研究的初步结果产生的时候，指导委员会和合作中学的校长也提出疑问：这些确凿的跟踪研究结果是否因为合作中学在很大程度上并没有偏离传统的大学预备教育模式，因而他们的毕业生和其他学校的毕业生在大学能一样成功呢？

大学跟踪委员会认为，这个问题必须回答。回答的方式就是用实验结果来说明事实。跟踪研究人员决定在对合作中学依据"最大限度地背离传统模式"重新所作的排序中，挑选 6 所改革力度最大（most experimental）的中学和 6 所改革力度最小的（least experimental）中学，进行配对比较研究。

一　关于 6 所改革力度最大学校的报告

大学跟踪委员会一致同意专门挑选差异最大的合作中学的毕业生进行进一

步的实验研究。有 323 名毕业生来自改革力度最大的学校和 355 名来自改革力度最小的学校，相应对照组学生的人数也分别是 323 名和 355 名。显然，来自改革力度最大的学校的毕业生不能直接与来自改革力度最小的学校的毕业生做比较，它们彼此之间没有可比性，必须为其成立匹配的对照组。经过研究人员紧张的努力，总结出两组特别的实验小组的学科成绩平均分数。见表 4 - 14 所示。

表 4 - 14　6 所改革力度最大和 6 所改革力度最小学校的毕业生的学科成绩平均分

学科领域	改革力度最大的学校			改革力度最小的学校			所有实验组和对照组		
	S	C	d/cdf	S	C	d/cdf	S	C	d/cdf
英语	2.77	2.65	4.68	2.29	2.39	(-) 4.50	2.52	2.49	2.65
人文学科	2.81	2.72	3.39	2.45	2.21	8.79	2.59	2.56	2.44
外语	2.68	2.67	0.20	2.20	2.40	(-) 8.48	2.48	2.50	1.81
社会学科	2.73	2.61	6.16	2.25	2.20	2.77	2.46	2.44	2.18
生物学科	2.61	2.57	1.21	2.31	2.38	(-) 1.78	2.53	2.49	2.31
自然学科	2.62	2.42	6.48	2.20	2.19	(-) 2.31	2.47	2.42	2.56
数学	2.82	2.59	5.57	2.16	2.15	0.24	2.53	2.46	3.50
未分类的	2.72	2.51	8.03	2.36	2.32	1.10	2.60	2.52	5.91
总计	2.72	2.60	12.65	2.27	2.28	(-) 1.02	2.52	2.48	8.08

大学跟踪委员会认为，这个研究结果可以说明以下问题：[①]

1. 数据表明：在合作中学中，6 所改革力度最大学校的毕业生明显表现出更高的学术成就。合作中学毕业生的分数平均值整体上比对照组高出 0.04，而 6 所改革力度最大学校的实验组与对照组分数平均值之差为 0.12，比所有实验组与对照组之差高出 3 倍。这种差异比所有实验组与所有对照组之间的差异更具有统计学意义。而且，6 所改革力度最大学校的实验组的平均值在任何学科领域都比其对照组高，其中在 6 个学科领域存在着巨大差异。

2. 对这些不同小组的相对成绩等级比率的分析也显示出同样的结果。表 4 - 15 显示，改革力度最大学校的实验组学生取得的"优"、"良"成绩的百分比与对照组基本一致或略高，而改革力度最小学校的实验组学生取

---

① Did They Succeed in College? pp. 165—171.

得"优"成绩的显然既比自己的对照组低，也比整个平均水平低，而且在"差"成绩行列的比例高。

表 4 – 15　　　　　来自改革力度最大和最小学校的学生的相对成绩等级

等级	改革力度最大的		改革力度最小的	
	S %	C %	S %	C %
优	15	15	7	9
良	75	72	70	68
差	10	13	23	23

3. 对某些不能单纯用学术成绩衡量的智力特征的分析显示，改革力度最大学校的学生同样具有优势。跟踪研究人员对这些指标的比较主要在一、二年级进行，高年级没有参加。

（1）在理智的好奇心和动机方面，参与实验的一年级学生的稳定兴趣比对照组要高11%（见图4 – 12）。整个实验组和对照组相比则有6%的差距。由此得出结论，改革力度最大学校的实验组对整个实验组和对照组之间的差异起了重要作用。

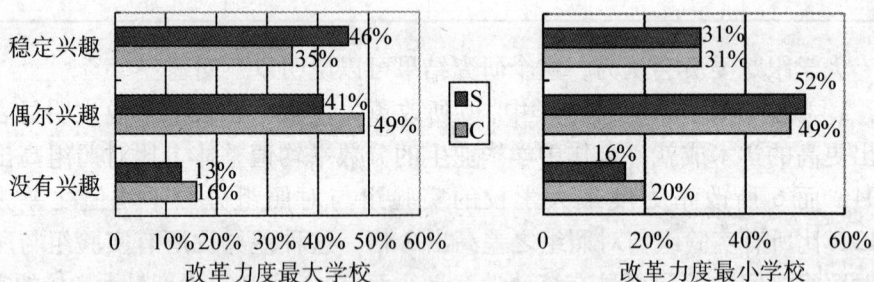

图 4 – 12　两组（一年级）理智好奇心和动机比例分配

（2）对科学方法的评估分析表明，来自改革力度最大学校的一年级学生中超过9%的人被认为思维中包含批判性和分析性。这一比率大约是所有实验组和对照组之间差距的两倍。

（3）在对时事的关注程度上，改革力度最大学校的实验组学生比对照组学生大约高出两倍（见图4 – 13）。

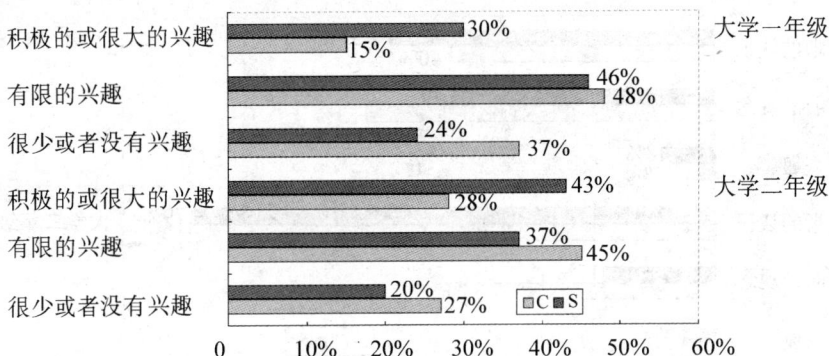

图 4 - 13　两组关注时事比例

（4）在对他人关怀上，比对照组多20%的实验组学生被认为具有浓厚的人文情怀或相关趋势，而对照组有超过实验组7%的学生被认为在本质上具有自私倾向（见图4-14）。

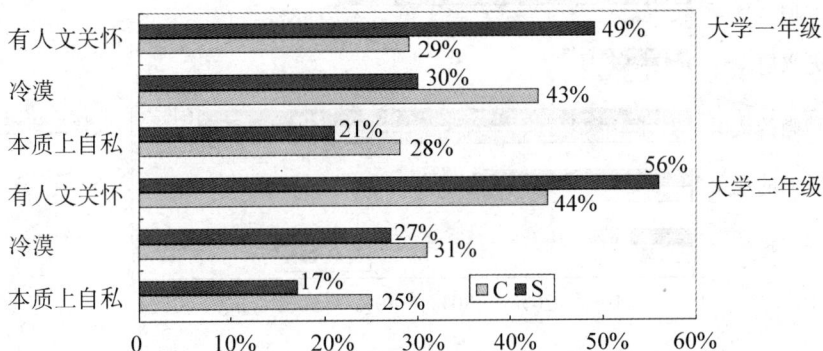

图 4 - 14　两组与社会关系的比例

（5）在教育成熟度上，对教育的作用有清晰意识的实验组学生比例比对照组要高。如图4-15a、图4-15b所示。

（6）实验组的一年级学生比对照组的学生更具有民主意识、合作精神、吃苦耐劳品质、适应性和自我协调能力。这种差异到二年级还有所增强。

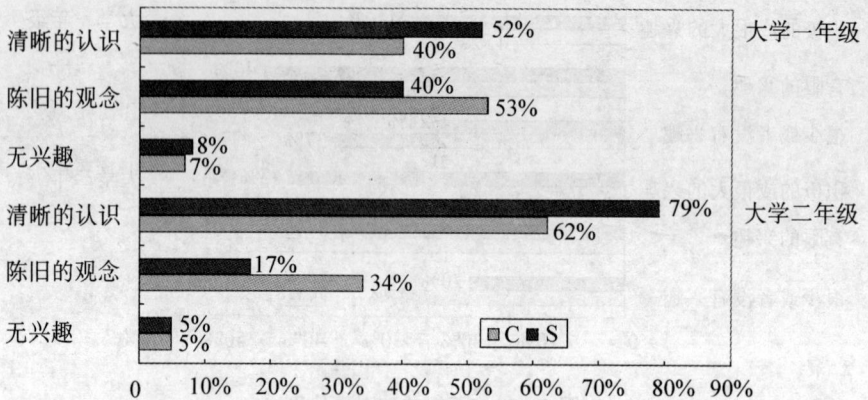

图4－15a　6所改革力度最大学校的毕业生与对照组的教育成熟度比例

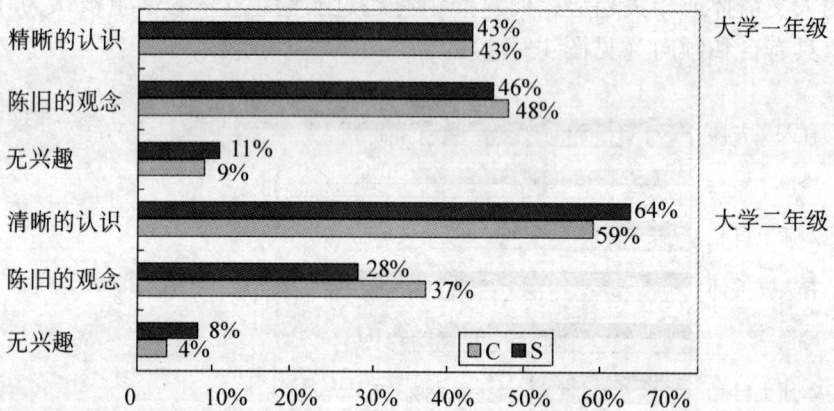

图4－15b　6所改革力度最小的学校毕业生与对照组的教育成熟度比例

4. 很难发现实验组和对照组在参与艺术活动和艺术欣赏方面有显著差异。

5. 在参与有组织的学生活动的程度上，实验组与对照组之间差别甚小。但是：（1）有规律地参与社会活动的实验组学生比对照组高两倍；（2）实验组学生对社交俱乐部不太感兴趣。

由此，大学跟踪委员会得出结论：从这些关于智力特征、艺术和社会活动的数据可以看出，实验组和对照组学生之间明显的差异表现在理性方面。实验组学生已形成了一种参与社会民主生活的责任感，并表现出对他人的权利和幸福给予积极肯定的意愿，以及和他人共同生活和工作的愿望。

6. 在利用闲暇时间上，两组学生没有本质的差别。所不同的是，更多实验组的学生有规律地参加诸如智力方面的活动。实验组和对照组在社会、健康和动手活动方面，有微小差异。就整体而言，对照组学生对诸如宗教活动和社会服务之类的活动更感兴趣。

7. 实验组学生在选择职业上比对照组具有更好的倾向性。

8. 实验组学生在遇到或面临新情况时显得更机智、更有逻辑性和效率更高。这种倾向性可能反映了他们对自身目标的更好理解。然而，这种实践能力方面的差异不包括对时间的安排，两组在组织时间方面的效率相同。

9. 实验组学生在大学一年级获得的非学术荣誉比对照组要多很多，到二年级时差别甚至更大。

10. 实验组对问题的研究稍嫌不足。

二　关于 6 所改革力度最小学校的报告

大学跟踪委员会对合作中学中改革力度最小的 6 所学校进行同样研究，所得出的数据调查结果显然完全不同于改革力度最大的 6 所学校。（参阅表 4 – 14、表 4 – 15、图 4 – 12、图 4 – 13、图 4 – 14、图 4 – 15a、图 4 – 15b）该委员会在报告中总结指出：[1]

（1）实验组学生的总分数平均值（total grade average）与对照组学生的平均值几乎完全相同。实验组在 8 个学科领域中的 4 个方面具有优势，即人文学科、社会学科、数学和未分类学科，其中在 4 个优势学科中 2 个方面（人文学科和数学）的领先具有重要意义；对照组在 4 个优势学科中 3 个方面（英语、外语、自然学科）的领先具有重要意义。总体而言，改革力度最小学校的实验组降低了所有实验组和对照组之间的差异。

（2）在相对成绩等级比例方面，实验组所取得的"优"的比率或"差"的比率与对照组没有显著差异；在所有实验组中，对照组所占"差"的比率较多。

（3）在大学前两年中，对照组比实验组赢得更多的学术荣誉。

（4）在理智好奇心和动机、科学方法、对时事的关注、教育成熟度、对学校教育的评价等方面，实验组和对照组相同或相似，超过 9% 的实验组学生被认为具有民主的倾向，除此之外，其他评估指标都与所有实验组

---

[1]　Did They Succeed in College? pp. 172—174.

的结论有很大差异，显而易见，有关改革力度最小学校毕业生的调查数据弱化了整个实验组的成绩。

（5）在艺术活动方面，喜欢参与音乐活动的实验组学生比对照组多；不喜欢绘画和雕刻的学生也比对照组多；喜欢艺术欣赏的实验组学生比对照组多；大部分实验组的学生喜欢欣赏体验，但低于整个实验组的比例。

（6）在参与活动组织方面，实验组和对照组之间的差异微乎其微且变化无常，但有两点例外：①实验组学生很少参加社会活动小组；②对照组学生很少对社会俱乐部感兴趣。与整体实验结果一致的是，很多对照组的学生喜欢参加社会服务和宗教组织的活动。

（7）实验组学生通常将闲暇时间用于社会和身体的消遣上，很少参与非正式活动。

（8）与对照组相比，实验组学生在遇到新情况时缺乏机智和警惕性；在统筹时间效率方面没有区别。

（9）在一年级，实验组学生比对照组获得更多的非学术荣誉。跟踪研究人员发现，出现这种情况的原因可能与这些学生比较集中在大量提供非学术荣誉的大学里有关。

（10）实验组比对照组缺乏研究问题的意识。

大学跟踪委员会在对6所改革力度最大和6所改革力度最小的学校的调查研究后认为，两类学校的实验组与它们的对照组在各项大学成功标准上显示出截然不同的结果。

首先，改革力度最大学校的毕业生，不仅具有一贯较高的学术成绩和更多的学术荣誉，而且还在理智的好奇心和动机、逻辑性和客观性的思维、对周围世界积极而浓厚的兴趣等方面具有显著的优势特征，他们更加关注民主价值观，理解承担为公众谋福利责任的重要性，具有更多的合作、容忍和自我指导的意识，很少具有极端个人主义的或自私的倾向性。

大学跟踪委员会指出，这些特征的形成并没有牺牲其他任何方面，而是在和其他学生一起正常生活中形成的。这些学校的实验组比对照组更经常地参与艺术和各种有组织的活动，具有更加成熟的价值观和兴趣，尽管这种差异并不是很大。委员会特别指出，他们自由活跃的个性和倾向并没有使其成为智力上的自命不凡者和情感上的反叛者，而是健康的新个人主义者。

其次，改革力度最小学校的毕业生与对照组的差异很小。实验组和对照组所取得学术成绩差异很小，他们在社会观和价值观特别是活动方面几乎没有差异。

在此分析的基础上，大学跟踪委员会最后表示："如果这一实验的结果确实可靠或大部分可靠，那么就可说明，大学从改革力度最大学校毕业生中比在相似的情况下从传统中学的毕业生中吸收了更高比例的好学生。如果大学想招收学业成绩优秀、兴趣广泛、思维敏捷、讲求实际、善于与其他同学相处的学生的话，大学就应该鼓励中学继续摆脱传统课程模式的束缚。这些中学将不仅十分重视某些基本知识的获取，而且更加重视有效运用这些知识的能力。"①

这个结果还显示，来自改革力度最大学校的毕业生明显比对照组更成功。那种有利于他们的差异远远大于所有合作中学实验组与对照组之间的差异。而来自改革力度最小学校的毕业生与对照组之间的差异却不大，他们之间的差异比起所有合作中学实验组与对照组之间的差异要小一些。

三 实验的结论

在全部实验结束之际，大学跟踪研究委员会总结了整个实验研究结果，并作出了结论。

（一）跟踪研究的基本情况

在"八年研究"期间，大学跟踪委员会对来自合作中学的 2108 名毕业生进行了长期跟踪研究，300 余所大学按照协议接受了这些不参加传统入学考试的学生。委员会在所有合作中学的毕业生中挑选了 1475 名作为配对实验对象，并逐一进行配对，组成了对照组。对照组学生均来自传统学校，与实验组学生具有相同或相似学术性向、兴趣和社会背景。最后的报告主要就是建立在对这 1475 对学生的调查、比较和研究的基础上的。委员会声明，调查最终报告主要是以 1475 对大学生的实验研究而形成的，它们具有较为广泛的代表性。

大学的跟踪研究对象包括 4 个年级，分别是 1936 年、1937 年、1938 年和 1939 年入校的年级，所收集的研究资料主要包括 1936 年入校学生的 4 年追踪研究记录，1937 年入校的 3 年追踪研究资料，1938 年入校的 2 年追踪研究资料，1939 年入校的 1 年追踪研究资料。跟踪研究主要集中在 38 所大学，包括 4 种类型，即男子学院、女子学院、男女同校大学或学院以及综合大学。

大学跟踪委员会设置的大学成功的标准主要包括：学业成绩和一些无

---

① Did They Succeed in College? pp. 174—175.

法用学分衡量的"智力因素",主要涉及参与课外活动的兴趣与质量、大学社团活动、职业定向的性质、对时事的关注、与社会和同龄人的关系等等。这些标准是在通过问卷和面谈调查的基础上制定的,主要反映了学生自己所认可的成功标准。

(二)跟踪研究的结论

在对 1475 对学生的比较中,大学跟踪委员会发现 30 所中学的毕业生:[①]

(1)平均总成绩稍高于对照组;

(2)除了外语,在其他所有学科上获得了较高的平均分数;

(3)专门的学业领域和对照组相同;

(4)他们在见习次数上和对照组相同;

(5)每年获得稍多的学校荣誉;

(6)被认定在理智好奇心与内驱力——达到较高的水平;

(7)被认定在思维上常常更精确、有条理和客观;

(8)被认定对教育的意义常常有较为清晰或明确的认识——尤其是在大学的前两年;

(9)总是展现高度的应付新情况的能力;

(10)有效安排时间的能力与对照组没有差别;

(11)与对照组有相同的适应问题,但能更有效地找到解决问题的方法;

(12)总是参加艺术活动,并喜欢艺术欣赏的经验;

(13)更多地参加所有有组织的学生团体活动,但宗教性的和"服务性"的活动除外;

(14)每学年获得非学术荣誉的百分比较高(学生组织中的职务,竞选管理协会,获得体育奖章,在戏剧和音乐演出时担任主角);

(15)与同龄人协调的品质与对照组没有差异;

(16)在洞察他们的学校教育上与对照组稍有差异;

(17)具有更好地选择职业的倾向性;

(18)对世界上正在发生的事情表现出更加主动的关注。

大学跟踪委员会表示,整个实验组和对照组之间的平均差异并不大,

---

① Did They Succeed in College? pp. 207—208.

但每个年级都存在着类似的差异。显然，当许多微小的差异普遍存在于大多数小组和指标上时，这些差异就不能说仅仅是偶然性的概率。这些数据和结果充分表明，从整体上看，合作中学的毕业生无论是使用大学的标准来衡量，还是用实验的指标或同龄人的评价来评判，都比对照组要好一些。

在实验的最后阶段，为了进一步说明实验结果，大学跟踪委员会专门挑选两所改革力度最大的学校进行了个案研究，分别是一所规模较小的私立学校和一所规模较大的公立中学。两所学校的基本情况截然不同，私立中学采用小班教学，教学密切结合学生的实际情况，学校与学生家长关系密切，具有相似的经济和社会背景；公立学校则缺乏这些有利条件。但是，这两所学校的毕业生与其对照组比较的结果却几乎一样，即两所改革力度最大学校的毕业生与其对照组相比的优势比所有其他类似的比较结果差异更大。对此，大学跟踪委员会在报告中表示："这两所学校的实验结果显示，他们在大学学术成绩方面并无显著不同。良好的教学显然是它们共同的特征，但是仅仅良好的教学并不一定导致优异的实验结果，毕竟，良好的教学是大多数合作中学的共同特性，也是作为对照组的那些学校的特征。显然，这两所学校的另外一个重要特征则是：他们愿意为确立必要的教育目标开展研究，改革课程和教学方法，并付诸实践。这才是问题的根本。"[1]

在大学跟踪委员会的研究工作即将结束之际，"八年研究"指导委员会组织了一些大学管理者和行政人员来检验调查的结果，并对所收集的资料和结果的合理性和可信度进行甄别。在1940年初的全美大学联合会会议上，哥伦比亚大学校长赫伯特·E. 霍克斯（Herbert E. Hawkes）在报告中指出："这项研究的结果似乎表明，那种专门为大学入学考试做准备的学校课程模式并不是唯一使所有学生适应大学生活的令人满意的方法。看起来由那些中等学校教育的非传统方法所带来的促进因素和进取心，给大学提供了比以前更好的人才。"[2]

通过分析实验研究所获取的数据和资料，大学跟踪委员会坚信，中学与大学之间是可以建立良好合作关系的。

大学跟踪委员会认为，传统大学入学要求并没有揭示出大学对所有学

---

[1]　The Story of the Eight – Year Study, p. 114.

[2]　Ibid, p. 150.

生的客观评价和适合性，这已经被证明了多次，但从没有这么大范围地通过实验来加以说明。这个结论的重要性在于体现出对教育政策和民主生活方式之间关系的两种观点。一种观点维护传统的习惯，认为每一个人都应该有机会接受所有的教育，但这种机会应该提供给所有在中学学习专门课程的学生，中学的责任就在于使学生胜任大学的学习和生活。与此相应，大学则主张，在一个学生有资格进入大学之前，必须通过既定的选择性课程证明他的学术能力。其结果是，大批中学生辛勤地学习着这些课程，而不管是否有利于他们今后的发展。另一种观点认为，无论什么学校教育，都必须充分有益于个人发展和丰富个人生活，而不管学校的最终目标是什么。

实验研究显示，这两种观点之间不应该有冲突。合作中学的毕业生所学习的课程比传统学校的学生广泛得多。那些偏离传统科目越多的学生反而在大学里比接受传统教育的学生表现得更好。因而可以说，当中学的课程计划符合学生的需要，给予他们充分机会去发展各自的潜力时，在大学成功的可能性就越高。所以，这两种民主目标可以通过改变中学的课程模式得以实现。传统的观念认为，并不是所有学生都适合接受大学预备教育；"八年研究"的结果证明，并不是所有进入大学的人都确实适合大学。

中学与大学关系委员会在报告中指出，大学对中学开设课程的直接或间接要求反映了两个教育阶段之间的根本不信任。但其中却隐含着一个前提性假设，即中学规定的课程可能是取得优良大学学业成绩的必要条件，以满足学生各种需要为基础的课程只能产生"溺爱"或者"填鸭式教育"。

跟踪研究清楚地揭示，大学不必怀疑进步教育为大学预备教育所作努力的效果。所有的实验结果均表明，大学完全可以放弃预备教育的要求，将选择权完全交给中学，中学因此会更加认真地运用这项权利，中学生可能会很乐意去做大学现在所要求的那种工作。

结　语

　　1942 年，艾金委员会发表了"八年研究"的实验报告，题为"美国教育的冒险尝试"（Adventure in American Education），共分 5 卷，分别是：由艾金撰写的《八年研究史》；由迪安·E. 钱柏林、伊妮德·斯特劳·钱伯林（Enid Straw Chamberlin）、尼尔·E. 德劳特（Neal E. Drought）和威廉·E. 斯科特（William E. Scott）合著的《他们在大学里成功吗？——30 所学校毕业生的追踪研究》；由贾尔斯、麦卡琴（S. P. McCutchen）和泽切尔（A. N. Zechiel）合著的《课程研究》；由尤金·史密斯（E. R. Smith）、拉尔夫·W. 泰勒和评估委员会撰写的《学生进步的评估与记录》；由艾金委员会负责汇编的《三十所学校记述》。

　　令人遗憾的是，"八年研究"没有得以继续进行下去，尽管进步教育协会、各个委员会和合作中学都认为有必要进一步验证尚未取得圆满结果的事项，因为实验中发现许多问题还有待于研究和验证。但是，当时美国国内形势全面转向应付战争，美国社会的注意力从国内转移到国际，战争的阴霾笼罩在整个北美，一切教育实验活动都让位于为国家总动员做准备。所以，"八年研究"的报告在当时并没有引起足够的重视，也没有使实验本身形成一种持续的推动力。有学者认为，"八年研究"实际上成了第二次世界大战的牺牲品，"八年研究"的报告被 1942 年的战争主旋律扼杀了。① 克雷明也认为，"八年研究"的一系列报告"进行了充分的、引人注目的论述。但可惜的是，这些著作发表在第二次世界大战期间，没有得到应有的注意。直到 20 年后，大多数随意的报刊浏览这才发现了这种挑战和骚动"②。甚至可以说，"八年研究"的运气不太好。

　　另一方面，战后进步教育受到社会各界的猛烈批评和否定，冷战的兴

---

　　① 丹尼尔·坦纳、劳雷尔·坦纳著：《学校课程史》，崔允漷等译，教育科学出版社 2006 年版，第 252 页。

　　② 《学校的变革》，第 283 页。

起又使教育趋于保守，严酷的国际形势和国内政局使教育领域变得比以往专制和传统，"它和冷战共同的作用加强了教育上的保守主义倾向"①。在"八年研究"中所倡导的以社会和学生需要为基础编制课程的思想，被以"国家安全危机"为借口所导致的学科中心主义课程倾向所取代。40 年代后期，美国又出现了"麦卡锡主义"②，开始实施教学内容审查制度。以保存和维持民主自由的生活方式为理念的教育目标和以问题为中心的核心课程，需要对社会生活甚至政治进行自由和公开的检验，这显然不符合当时的政治气氛，"这在书籍审查制度横行，一不留神就被扣上莫须有罪名的年代是很难做到的"③。教师更不愿意以历史文化和社会需要为主题开展讨论和编制课程，否则就有可能被怀疑为"赤化"的对象，面临解职危险，因为 1949 年全国教育协会政策委员会就已经要求学校不要聘请共产党员任教。由此可见，在标榜民主自由的美国，教育改革事业也会受到政治和意识形态的干扰。这再一次说明任何教育及其实验既受社会历史发展条件的制约，又受政治、经济和文化的影响。

然而，作为美国教育史上持续时间最长、规模最大的一次教育实验活动，"八年研究"无论是对教育理论和教育实践的发展，还是对美国现代教育的进程都有深远的影响。

一 "八年研究"的特点

与进步教育 20 年代的学校教育实验一样，"八年研究"仍然具有进步教育发展时期学校实验的特征，如实验的主要负责人是一些教育专业工作者和理论工作者，"在指导思想、实验目标、工作方案、实验手段等方面表现出较大的确定性、计划性、可行性，实验本身变得更成熟"，"实验的

---

① 《学校课程史》，第 253 页。

② "麦卡锡主义"是 20 世纪 50 年代初发生在美国的反共反民主政治思潮和政治运动，是法西斯主义在美国社会的突出表现之一，对当时美国政治、教育和文化等领域有深刻影响。1950 年 2 月 9 日，威斯康星州参议员麦卡锡（Joseph Raymond McCarthy）在演说中声称，掌握了国务院被共产党渗透的证据及 205 人的名单。1951—1954 年，麦卡锡操纵参议院调查小组，对进步团体、民主人士、国务院官员进行"调查"、指控和审讯，用法西斯手段迫害民主进步力量，大批进步组织被取缔，白色恐怖弄得人心惶惶、人人自危。麦卡锡后来借此干预行政、外交、军事事务，激化了与政府、军方的矛盾。1954 年 12 月后受到谴责，逐渐消退。

③ 《学校课程史》，第 250 页。

立足点主要不是对传统学校的破坏，而是新型学校的建设"等等。① 但是，"八年研究"显然有别于此前进步教育开展的各种实验。

（一）实验规模最大

与 20 世纪 20 年代进步教育的实验相比，"八年研究"所动员参加实验研究的中学和大学数量超过以往历次学校实验，使用的人力、物力和财力前所未有，前后持续 12 年之久，波及美国数十个州，参与实验学校数百所，其实验规模堪称进步教育实验之最。主要表现在以下几个方面：

1. 同时参与实验的学校数量最多。从筛选实验学校到跟踪研究结束，参与实验的中学总共有 26 所、3 个城市学校系统（约 37 所），涵盖不同类型和性质的学校，远远多于以往进步教育在个别少数学校或局部区域开展实验的做法，在德斯·默尼斯、丹佛和塔尔萨，几乎是整个城市的中等学校都参与了实验研究。同意参与合作实验的大学或学院约有 300 所，有 284 所愿意接受实验研究设计方案所规定的条件和程序。这是以往进步教育实验所从来没有的，标志着进步教育的理念得到了高等学校的一定认可。

2. 同时实验的学校覆盖面大。参与实验的中学主要分布在华盛顿——波士顿地区，涉及 12 个州，即宾夕法尼亚、加利福尼亚、马萨诸塞、纽约、伊利诺斯、特拉华、密苏里、俄亥俄、威斯康星、衣阿华、科罗拉多和俄克拉荷马，包括了美国工业化和城市化最发达的地区。参与实验的大学几乎遍及全美国，既有传统的名牌大学，又有新型的各类学院，既有综合性州立大学，又有私立专门性大学，既有男子学院，又有女子学院。

3. 同时实验的被试最多。按照中学与大学关系委员会的最初规划，需要对 30 所学校（或学校系统）的全部学生进行实验研究，最后选择那些有倾向进入大学的学生，大约 6000 人，其中被列为大学跟踪研究对象的 2000 余人，他们中的 1475 人和来自传统学校的相应学生人数相配对，组成实验组和对照组。

4. 同时在中学和大学之间展开实验研究。进步教育协会将实验的对象确定为中学教育模式的重建，要求大学配合进行相关研究，将中学的发展与大学的要求结合起来，充分反映了进步教育认识到学校教育系统之间的有机联系和复杂的社会关系，也表明进步教育敢于超越以往以基础教育为中心和以"儿童中心"为依据的思想和实践的底线，去影响和改造整个美国教育。

① 《社会转型与教育变革》，第 123 页。

（二）实验组织最严密

由于进步教育影响的扩大和进步教育协会作用的增强，为开展系统广泛的实验打下了基础，也为开展大规模实验活动提供了可能。过去的零散教育实验已经不能满足进步教育进一步推广其影响的需要，只有开展大规模的教育实验活动才足以展示进步教育的精神，这就必须经过专门策划和精心准备。所以，进步教育协会经过两届年会的酝酿，最后组成了专门负责实验的"中学与大学关系委员会"，该委员经过认真调查、广泛寻求协作和深入讨论，制定了较为周密的实验计划和方案，为具体实施实验研究打下了坚实的基础。

在"八年研究"中，各个委员会起到了不可估量的作用。由艾金为首的中学与大学关系委员会直接领导了实验研究的整个过程，为实验的前期准备和制定计划做出了贡献，并直接促成了其他专门委员会的成立，艾金委员会一直是整个实验过程的总协调者和决策者。该委员会直属的指导委员会具体负责监督和指导实验的正常开展，协助合作中学与大学开展实验活动。以赛耶为首的中等学校课程委员会汇集了一批中学校长、大学教授、社会机构代表和课程专家，目的就是确定中等学校的教育目标和课程。1937 年，该委员会发表了《为今日生活而教育青年的大纲》，指出中等学校应当努力适应学生的特点和当今社会的需求，其任务就是进一步促进对社会生活的有效参与。该委员会开发了中学改革所需的关键内容和手段——课程教材以及编制，对青少年特征进行了专门研究。1935 年，进步教育协会成立了人际关系委员会（the Commission on Human Relations），由艾利斯·凯利赫（Alice V. Keliher）担任委员会主席。该委员会对青少年所面临的各种社会、生活和就业等问题进行调查、整理和研究，组织不同学科的专家研究这些问题，提出解决建议和方案。该委员会还开发了人际关系教育的教材，发表了有关青少年教育的报告，成为综合中学的课程内容和了解青少年学生的可靠渠道，虽然该委员会在实验研究过程中并未更多直接参与和表现，但所制定的教育目标和设计的课程单元被许多中学所接纳和使用。"每个委员会都参与了广泛的教育调查和实验，并且与艾金委员会密切相连，共同构成了'八年研究'。"[①] 除此之外，还成立了以尤

① Kridel, C., Robert V. Bullough JR., Conceptions and Misperceptions of the Eight – Year Study, Journal of Curriculum and Supervision, Fall 2002 vol. 18, No. 1.

金·斯密斯为主席的评估与记录委员会、以泰勒为首的评估委员会、以贾尔斯等人为首的课程委员会、大学跟踪委员会和编辑委员会。这些委员会的工作和努力远远超过了"八年研究"的内容和 5 卷报告的范围。从某种意义上讲，"八年研究"中由教育理论工作者和专家组成的各个委员会所进行的卓越工作是实验研究过程中的一大特色，完全不同于 20 年代由个别教育家开展的小型实验活动。正是由于各种委员会的成立和努力工作，使得实验研究在长达 12 年的时间里有计划、有目的、有组织地一步步展开。

在"八年研究"中，艾金委员会一开始就将中学与大学确定为相互合作的关系，成功地将合作中学和合作大学协调在一起，使两者在看似矛盾的理念和要求下，达成了暂时的一致。这就要求组织者善于把握不同学校教育之间共同的思想基础和需要，安排好实验研究的节奏，分阶段、分目标、分任务，循序渐进。在实验研究过程中，合作中学与合作大学实验目的明确，各个委员会的任务简要明了，实验研究所需手段和工具由专门委员会开发、设计，整个实验研究步骤有条不紊。这是实验研究最终取得令人满意结果的基本前提。

（三）实验涉及范围最广

"八年研究"使进步教育的教育实验活动从以初等学校和私立学校为主，拓展到以中学为主，并影响到大学。由于初等学校是基础教育的初始阶段，与社会联系相对较为松散，没有升学与就业压力，因而提供给教育改革和实验的余地较大，环境也较为宽松。而中学是基础教育的终结，涉及未来学生的走向，与职业、个人前景和未来发展直接相关，与大学紧密相连，社会意义愈加凸显。因此，中学是当时美国教育的重中之重。"八年研究"将进步教育实验从小学发展到中学影响到大学，标志着进步教育的影响已经扩大到整个学校教育领域。

特别值得一提的是，进步教育协会认识到了中学的主要矛盾与大学有着千丝万缕的联系，意识到对中等学校的改革必须从建立与大学合作和有效的关系入手。所以，进步教育协会一开始就邀请了许多高等学校的专家和学者，请他们共同为中学的发展方向会诊，并专门建立起"中学与大学关系委员会"，直接负责实验研究。在该委员会的努力下，全国有 200 多所中学被推荐参与实验，近 300 所大学愿意为实验提供力所能及的协助或合作。

　　"八年研究"的内容超出了进步教育以往的实验。无论是进步教育早期局限于教学组织形式或教学方法的实验，还是20世纪20年代拓展为课程、教学内容和学校管理的实验，都远远比不上"八年研究"实验的多样性和深刻性。表现在多样性上，"八年研究"确立了中等教育的目标，将教育目标与美国社会民主的价值观和哲学思潮结合起来，使其建立在青少年需要和保存与发展民主生活方式的需要之上，构建了美国现代教育理论的基础；进一步发展了学校的民主管理模式，赋予学校、教师、学生和家长更多的自由选择和参与学校教育改革的权利；开启了教师专业发展的先河，提出了在职教育的途径和方式；形成了跟踪研究和教育评估理论与实践的框架。

　　表现在深刻性上，"八年研究"基于对美国中等教育所面临的主要问题的敏感性，将中学与大学之间的关系作为突破口，探讨了中等教育由来已久的焦点问题，捕捉到了当时美国教育发展的关键所在。"八年研究"对课程的开发和重建不仅修正了早期进步教育课程设置仅以儿童兴趣和需要为依据的缺陷，也有别于20年代单纯的课程设计改革，这次课程实验将教育目标、教育内容、教育方法和教育评估视为一个有机的整体和教育过程，重在开发课程编制技术和理论，使课程设置建立在社会发展需要和青少年需要的基础之上，特别是开发的核心课程既能照顾到学生的社会和个体需求，又试图保存和发展民主的生活方式，既强调课程委员会和专家对课程改革的作用，又突出教师和学生参与课程重建的重要意义。

二　"八年研究"的评价

　　对"八年研究"的评价几乎始于实验研究结束之际。几十年来，在追寻"八年研究"的历史足迹和发展脉搏的过程中，人们站在不同的角度、运用不同的方式、怀着不同的目的和心情，对这场实验研究进行了各种各样、褒贬不一的评论。

（一）赞扬与褒奖

　　对于"八年研究"而言，它一直都不缺乏赞誉之声。这种肯定的声音主要涉及两个方面，一是作为一场意义深远的进步教育改革实验，二是作为现代课程改革的最直接的先驱。

　　1950 年，美国教育史学家布里克曼（W. W. Brickman）指出："关于中等教育理论和实践的风行理论似乎都是从'八年研究'中得到启示的。"① 当时的哥伦比亚大学师范学院院长霍克斯（H. E. Hawkes）曾说："看来，不那么重视传统的中等学校教育培养出来的学生，在进入大学后，比以往送来的学生能更好地理解人文学科方面的内容。"② 1953 年，艾金发表了《"八年研究"：假如重新再来》，为全面认识和正确理解"八年研究"提供了有益的启示。1957 年，美国学者詹姆斯·亨明（J. Hemming）在《教会他们生活》（*Teach Them to Live*）一书中，将"八年研究"首次介绍到了欧洲。瑞典教育家胡森（T. Husen）指出："八年研究"对美国教育具有重要的影响，因为它"产生了评估领域，同时也强调了目标制定、课程计划和评估过程之间的整体关系。"③ "八年研究"的参与者泰勒认为自己作为实验的评估委员会负责人对实验的评价最有权威性，他将"八年研究"的主要成果归纳为 4 个方面：④

　　　第一，人们广泛地接受这样一个观念：学校可以编制能引起大多数学生的兴趣、有助于满足一些学生的需要，同时又为学生在学院里获得成功提供必要准备的教育计划。

　　　第二，学院和大学认识到，在没有达到特定学科要求的中学毕业生当中，可以找到许多在大学期间取得成功的学生。

　　　第三，在职研讨班得到发展。这种研讨班是在研究期间发明的，目的是为教师编制教学计划和教材、掌握新知识和新技能提供帮助。这种方式现在已被公认是许多领域对专业人员进行教育的有效手段。

　　　第四，人们普遍接受用教育评价来代替测验。"八年研究"提醒教育工作者，教师在教一门课时，通常都寻求达到若干个教育目标，单凭一个测验分数是不能客观地概括教学结果的。通过使用问卷、观察、产品样本和测验，都可以评定学生在每个主要目标上的进展情况。

　　1961 年，克雷明在《学校的变革》中说道："当进步教育协会的其

---

　　① 《20 世纪世界教育史》，第 633 页。

　　② The Story of the Eight – Year Study, p. 150.

　　③ 胡森、波斯特尔维斯特编著：《简明国际教育百科全书》第三卷，教育科学出版社 1991 年版，第 1647 页。

　　④ ［美］泰勒著：《课程与教学的基本原理》，施良方译，人民教育出版社 1994 年版，第 151 页。

他委员会随着时间的流逝而被人们遗忘的时候，'中学与大学关系委员会'的工作依然对美国教育的发展产生着持久的影响。"① 他寓意深远地评价道："可能人们会用不同的方法来评价这个实验，但对一种教育的最后判断，毕竟要在人们离开教室之后的生活中。"② 1999 年，美国学者阿尔菲·科恩（Alfie Kohn）在《儿童的学校》（*The School Our Children Deserve*）中将"八年研究"称之为"20 世纪保存最好的教育秘密"。③ 美国南卡罗莱纳州立大学教授克里德尔和博里汉姆·扬大学教授小布洛在《八年研究的观念和误解》一文中指出："应该说，为了儿童、教师和未来的民主，每一所学校都应该具有实验性，这是八年研究为当代所提供的最清晰的信息。"④ 美国全国中等学校协会在 1998 年发表的《再谈八年研究》中指出，"八年研究"在 20 世纪 30 年代阐释了许多有关中等教育发展的根本问题，"今天仍然代表着以学校为基础的最全面、范围最广泛的教育实验研究，它所取得的经验一直到今天还像以前一样重要。"⑤

从 20 世纪 90 年代起，随着进步教育又一次成为热点课题，"八年研究"开始引起人们的重视。无论是在美国还是在欧洲，研究者对进步教育探索的深度和广度都有所扩展，研究杜威及其实用主义教育思想的论著、杜威本人的著作和传记随处可见，与进步教育和进步学校有关的文章和研究报告也不断增加，从而也唤起了对"八年研究"的兴趣。教育理论工作者和教育政策的制定者逐渐开始关注"八年研究"的一些做法，在思考当代教育改革特别是课程改革与中等教育改革时，纷纷重新审视那场 20 世纪 30 年代规模最大的教育实验研究。

1975 年，美国课程史专家丹尼尔·坦纳（Daniel Tanner）和劳雷尔·坦纳（Laurel Tanner）在《课程开发：理论联系实践》（*Curriculum Development: Theory into Practice*）一书中将"八年研究"描述为"在美国开展

---

① 《学校的变革》，第 280 页。

② 同上书，第 284 页。

③ Alfie Kohn, The School Our Children Deserve, Boston, Houghton Mifflin Co. 1999, p. 232.

④ Kridel, C., Robert V. Bullough JR., Conceptions and Misperceptions of the Eight – Year Study, Journal of Curriculum and Supervision, Fall 2002 vol. 18, No. 1.

⑤ Richard P. Lipka, John Lounsbury, Conrad Toepfer, Gordon Vars, Samuel Allessi, and Craig Kridel, The Eight – Year Study Revisited: Lessons from Past for the Present, Columbus, National Middle School Association, 1998, p. 1.

的最重要、最全面的课程实验"①，1986 年劳雷尔·坦纳又发表了《八年研究的贡献》（*Contributions of the Eight – Year Study*）一文，阐述了实验研究的影响与意义。两位课程专家一致认为，至少由于 3 种原因使得"八年研究"至今在教育文献中还具有生命力：首先，它是美国教育史上唯一全面的、纵向的同类课程实验；其次，它所关注的问题——开发既达到通识教育目的又满足青年不同需要的课程——至今还困扰着教育理论界；最后，它对教育的影响随着岁月的流逝日渐明显，尤其是在教育"受冷落"的历史年代。②

特别是在近些年的课程改革热潮中，许多课程改革者和课程重建理论无不回顾课程的历史发展，这已经成为一个不成文的惯例，"八年研究"的主要组织者之一艾金成为教科书中经常出现的人物。

（二）批评与误解

"八年研究"结束时，进步教育协会似乎认为他们已经成功地完成了中等教育的实验，但是，随后接踵而至的批评改变了这种观点，这项实验研究开始被认为至多是有条件的成功。

对"八年研究"的批评最早恰恰是来自进步教育自身。瑞德福于 1950 年为完成博士论文调查了 15 所曾经参加"八年研究"的中学，结果发现只有 2 所还保留着实验研究时的精神和做法，因而认为实验研究并没有带来实质的变革，有必要检讨实验研究的实际结果。他还指出，"只有很少的学校认真地利用这次重建学校教育的机会，正是这些极少学校可能使'八年研究'获得了成功③，因为，在实验初期，只有极少有创造性的学校能够称之为"进步"或"实验"。瑞德福的结论成为此后怀疑和批评这项实验的人经常引用的论据。对于瑞德福的观点，泰勒指出："他（瑞德福）没有认识到'八年研究'是由学习原则指导的，而不是由特殊的课程模式指导的。所以他得出了这样的结论：由于各个学校所建立的模式并没

---

① Daniel Tanner and Laurel Tanner, Curriculum Development：Theory into Practice, New York, Macmillan, 1975, p. 319.

② 《学校课程史》，第 253 页。

③ F. L. Redefer, The Eight – Year Study—Eight Year Later：A Study of Experimentation in the Thirty Schools, doctoral dissertation, Teachers College, Columbia University, 1951, p. 181.

有延续下来，所以'八年研究'是无效的。"①

有的人质疑"八年研究"中的教师的在职教育，认为这是否表明对教师这一重要实验因素的控制的失败。丹尼尔·特纳等人反驳道："如果不帮助学校找到对学生习得的知识和能力进行评价的客观手段，学院就无法获得那些非传统途径考生的资料。为教师提供特殊帮助是实验变量的一部分。"②有的人批评这项实验研究在变量控制中有一个严重缺陷，那就是中学的自我选择，这样合作学校和传统学校的学生在学习态度上可能有差异。但是，事实是合作学校大部分都是公立学校，这些学校里不存在自我选择，也没有证据显示公立学校的学生就没有其他学校的学生好。还有的人认为，中学与大学关系委员会和其他委员会的成员都是自由主义者，根据他们的原则所得出的实验结果值得怀疑。丹尼尔·坦纳也不同意这种观点，他指出："学生配对以及成绩评估都是在大学进行的。而且，再没有比同行评价更为严格的测试了。"③

对"八年研究"这些质疑和批评是合情合理的。但是，在作出批评的时候，往往并没有完全理解和研究相关的资料，有简单化和片面化之嫌。很多关于"八年研究"阐述的依据主要是他人的结论和5份研究报告中的一份，甚至其中的某一段，至多是阅读了《八年研究史》，其实这份报告是5份报告中分量最少、概括性和模糊性描述最多的一份。在很多介绍性的著作和文章中，经常提到的是大学跟踪研究的结果，即跟踪调查结果对1475对配对学生的比较。实际上，这仅仅是全部实验计划的一部分，代表了跟踪研究的结果。在《八年研究史》中，这一部分的内容在总共150页中就占10页之多，而有关大学1475对配对学生比较结果的内容只有2页。正是这2页成为许多人研究"八年研究"的依据。

同样，大学跟踪委员会的最终结论也承认，合作学校的学生在传统的学术成绩上并不比对照组好，对此，有的研究人员得出结论，认为"八年研究"是进步教育实践的一个失败实验，充其量是一个有限的成功，表明进步教育与进步学校并不比传统中学所实施的大学预科教育好。直到20世纪末期，在1997年的美国视导与课程编制协会（The Association for Su-

---

① R. W. Tyler, Education: Curriculum Development and Evaluation, Berkeley, CA: Regional Oral History Office, Bancroft Liberary, 1987, p. 283.

② F. N. Kerfinger, Foundation of Behavioral Research, 2nd ed, New York, Holt, Rinehart and Winston, 1973, p. 365.

③ 《学校课程史》，第251页。

pervision and Curriculum Development，简称为 ASCD）会议上所做的非正式民意调查中，大部分知道"八年研究"的教育专家都还认为这个计划的唯一目的就是比较"进步学生"和"传统学生"的大学成就。克里德尔和小布洛教授曾翻阅 20 世纪七八十年代出版的 20 种课程概论教科书，其中80% 的作者都借用了这样的观点来阐述"八年研究"①，而学校的教师和大学生都在虔诚地阅读着这些有关"八年研究"的评论。结果可想而知，那就是 20 世纪美国最重要的教育实验之一在某些方面被误解了。

第一，对"八年研究"名称的误解。"八年研究"一词最早见于艾金的《八年研究史》，以后被广泛借用，把这次实验活动称之为"八年研究"。但问题是后来人们逐渐形成了一种望文生义的错误定式，即认为这是一场进行了 8 年的教育实验，所以由此而得名。事实上，所谓的"八年"仅仅是指实验计划中具体实施的两个阶段：合作中学教育改革实验阶段和合作大学跟踪研究阶段，其中合作中学开展了 3 年实验改革，大学进行了 5 年跟踪研究，而实验的其他重要阶段——设计实验计划、制定方案以及最后的评价和总结却被忽视了。确切地来说，"八年研究"并不是 8 年（1933—1941），而是 12 年（1930—1942），它以 1930 年中学与大学关系委员会的成立为实验开始的标志，以 1942 年该委员会的报告《美国教育的冒险尝试》（5 卷本）发表为实验结束的象征。

对"八年研究"的另一种普遍称谓"30 所学校实验"（Thirsty Schools Experiment）的理解也一直有误，似乎参加实验的中学有 30 所。其实，正如本书在第二章中所述，"30 所学校"只是一种通俗的习惯性说法，带有一定约定成俗的性质。实际情况是，1932 年，艾金委员会所制定的实验方案最初遴选了 27 所（或学校系统）进步中学参加，到 1934 年，又增加了3 所学校，1936 年又有 1 所学校退出实验，最终完整参与实验研究的学校是 26 所学校和 3 个城市学校系统（参见本文第二章）。

第二，对"八年研究"主要领导者作用的误解。在一些关于"八年研究"的著作和论述中，普遍存在着忽视艾金作用的现象，具有代表性的观点是：泰勒"组织并领导了'八年研究'计划的实施"②。事实上，艾金不仅是中学与大学关系委员会的主席，而且是负责整个实验研究统筹安排

①　C. Kridel, Aikin/Aiken: Dashed hopes and a legacy misspelled, Journal of Curriculum Theorizing, vol. 13, 1997.

②　杨汉麟主编：《外国教育实验史》，人民教育出版社 2006 年版，第 312 页。

和具体实施的指导委员会的主席。他自始自终领导着整个实验研究过程，并亲自撰写了实验研究的总结性报告。造成人们误以为泰勒领导了"八年研究"的原因可能是由于被人们反复津津乐道的其中的课程改革，而泰勒正是以"现代课程理论之父"而闻名于世的。有趣的是泰勒本人既不是"八年研究"课程委员会的负责人，也不是委员会的成员，他是评估委员会的负责人。"八年研究"的第二份报告——《课程研究》也不是由泰勒负责撰写的，而是由贾尔斯、麦卡琴和泽切尔共同完成的。毋庸否认，泰勒在实验研究的课程改革中确实起到了重要作用，但如果将其视为整个实验研究的主要领导者显然不符合事实。这种情况也不足为怪，在 20 世纪七八十年代的美国各类教育理论书籍中，75% 都将"Aikin"（艾金）误拼写为"Aiken"（艾肯），① 到目前为止，国内仍有许多涉及"八年研究"的著作和文献在使用早期被错误翻译的名字——"艾肯"（Aiken）。

第三，对"八年研究"目标的误解。有的研究者认为，"八年研究"的目标是证明大学入学考试的不合理性，有的则认为实验的目标是争取取消大学入学考试。但是，艾金委员会从来没有表示过类似的观点，而事实上，艾金委员会也没有指责过大学考试方式在保留学生学业记录上的重要性。

还有的研究者认为，实验的目标是为了向全美中等学校推广和传播进步教育实践。其实，就连进步教育协会对"进步教育"的含义都确定不了。那种认为参加实验的合作中学的共同特征是"进步"，也是一种误解。对于进步教育的含义有着完全不同的理解。艾金在《八年研究史》中并没有用"进步教育"来描述实验或合作学校。美国学者黛安娜·拉维奇（Diane Ravitch）曾指出界定进步教育概念的复杂性："区分进步教育和传统教育的界线并不是一件简单的事情，没有任何一个术语可以简单地界定。这两个词语的含义是随着时间的变化而变化的，并且具有这样一种趋势：依据个人的经验和嗜好来判别它们的'好'或'坏'。"② 即便是在进步教育协会最兴盛的时期也面临着定义基本概念的困惑。进步教育一直被贴上"做中学"和"自然发展的自由"的标签，总是与儿童中心课程联系在一起。实际上，许多参与实验的合作中学一直忌讳被称之为"进步学校"。1938 年，在进步教育协会的年会上，一个委员会向大会报告了在界

---

① Aikin/Aiken: Dashed hopes and a legacy misspelled, Journal of Curriculum Theorizing.

② Diane Ravitch, Left Back, New York, Simon & Schuster, 2000, p. 462.

定"进步教育"概念上所作出的努力，试图加以说明，但几乎所有的委员会成员都持反对意见，认为进步教育不是一个概念或定义，而是一种"精神"。

参与实验的合作中学经常被理解为具有"学生中心"和"取消分数"的倾向。然而"八年研究"最重要的贡献之一就是研究人员为合作中学设计的大量成绩测验，并得以不断发展和传播。合作中学之一的比佛乡村日校校长、评估与记录委员会主席、曾经担任过进步教育协会主席的尤金·斯密斯坚信，科学方法的运用和学校的成绩测验是"八年研究"学校改革的基础。他认为，真正的"进步教育"应该能接受两个问题的检验：一是随着生活条件和需要的变化，实验研究能否适应当今的需要？二是能否与教育领域的探索和发现相吻合，尤其是与教育方法的改进和儿童心理的最新发现保持一致？实质上，探索、实验和发现才是"八年研究"的精神实质。杜威学校就是一个教育实践的实验基地，杜威将教育视为一种实验，认为哲学原则在实验中得以检验和具体化，"八年研究"也是如此。"儿童中心"和"做中学"的标签淡化了进步教育和"八年研究"对实验和冒险的卓越追求。

第四，对跟踪研究的误解。早在 20 世纪 30 年代初，艾金委员会与合作中学和大学商谈的实验方案并不包括以后在《他们在大学里成功吗?》所记述的跟踪研究。实际上，委员会原准备对具有相同理念的 27 所中学（或学校系统）的大约 6000 名毕业生（每一届约 1500 名）进行大学跟踪研究，但具体跟踪研究细节尚未制定。此时，由卡内基基金会发起和组织的另外一项实验正在实施，那就是"宾夕法尼亚研究"（the Pennsylvania Study），与"八年研究"的理念完全不同。这项研究主要由卡内基基金会的成员勒尼德博士和哥伦比亚大学的伍德主持，两人后来均成为中学与大学关系委员会的成员，实验的目的是进行为期 10 年的研究，确立宾夕法尼亚高等教育和中等教育的关系，探索中学和大学究竟应该实施怎样的教育。1938 年，这项研究结束，共对 55000 名中学和大学生进行了标准化测验。在卡内基基金会的建议下，由勒尼德和伍德所开展研究的 3 所宾夕法尼亚实验学校，以及 3 所其他学校加入了"八年研究"。但这 6 所学校和其他合作中学具有完全不同的理念和办学思想，学校的教师对"八年研究"根本不感兴趣。这 6 所学校显然也影响到跟踪研究的结果。

由于参与实验的学校对待进步教育的态度并不像原先想象的那样一致，所以在具体的工作中差异很大，特别是学校教师对待改革的热情以及由此在教育上所作出的承诺和知识技能的发挥不能一概而论。当 1938 年艾金委员会和合作中学的校长们会面时，课程委员会成员、课程顾问哈罗德·艾伯蒂在报告中表示，一些学校很少开展实验，仍然维持原有做法。瑞德福也指出，许多基础课程的编制直到 1936 年才开始，而此时那些接受跟踪研究的学生已经开始进入大学了，这样，在大学里作为跟踪研究被试的学生一开始就是被错误挑选的对象，因为他们在中学时根本没有接受新型教育的熏陶。由此看来，"八年研究"的跟踪研究并不完全是进步教育和传统教育的比较。也正是由于这样的原因，中学与大学关系委员会意识到参加实验研究的学校间存在很大差别，必须进行补充研究，开始进行了"研究中的研究"（the study within the study），这才有了对 6 所改革力度最大和 6 所改革力度最小中学的研究。其中的 6 所改革力度最大的中学才是最具进步教育特征的学校，它们是：帕克学校、林肯学校、俄亥俄州立大学附属中学、德斯·默尼斯的罗斯福中学、丹佛的东部中学、塔尔萨的中心学校。这些学校的学生几乎在所有的评估标准上都超过了对照组。

因此，可以说，跟踪研究事实上并不像许多作者所表明的那样是进步教育和传统教育的比较，但是"研究中的研究"却进行了一个鲜明的比较。假如进步教育协会更加重视"研究中的研究"的话，或许可以避免许多误解，并且可能会出现更有效和持久的后续改革经验。

第五，对"八年研究"资助者的误解。在国外的相关研究中还忽略了为实验提供主要资助的普通教育委员会的作用。这个委员会一直对核心课程非常感兴趣，并在"新政"和"珍珠港事件"之间这段美国并不富裕的时期，为"八年研究"提供了 150 万美元，特别是解决了实验研究因卡内基基金会停止资助而面临夭折的燃眉之急。不可思议的是，在以后的岁月里，人们更多提到的是卡内基基金会的作用，以至于一些人误认为"八年研究"是卡内基基金会资助的研究项目。其中的原因可能是后来该基金会财大气粗，资助了许多研究项目的效应所致。事实上，卡内基基金会只是在早期很短的时间内资助了 7 万美元，后因经济拮据停止了资助，而且该基金会曾试图将"八年研究"纳入"宾夕法尼亚研究"之中，此后基本上对"八年研究"持否定态度。

三 "八年研究"的贡献

"八年研究"所涉及的主要内容、手段和方法以及结果对现代世界教育的发展，特别是对教育实验、教育基本理论、课程改革实验、教育评价理论等产生了深远的影响。

第一，"八年研究"开创了现代教育实验的范式。从广义上讲，带有实验色彩的教育活动早已有之，但真正意义上的学校教育实验是指有目的、有计划、有组织地改革学校教育体制、课程教材、教学组织形式、教育管理和教学方法的一系列实践活动，目的在于验证或实现某种教育主张和理念，从而促进教育的进步与发展。进步教育的早期实验虽然极为丰富，但基本处于自然状态下的实验，缺乏普遍性和代表性，杜威的实验学校是一个"哲学的实验室"，带有个别性和特殊性。"八年研究"所展示的是现代教育实验研究的模式。从实验假设的提出，设计方案的制定，实验步骤的展开，实验结果的评估，等等，可以说，"八年研究"的教育实验代表了 20 世纪 30 年代科学主义教育实验的方向，开创了现代大规模教育科学实验的先河，特别是实验中广泛使用的评估手段、测验工具、统计方法、问卷和量表，体现了现代教育实验实证研究的总趋势。如果说进步教育早期的实验还处于教育实验发展史上的自然主义阶段的话，"八年研究"则表明教育实验已经迈入了实证和科学的阶段。"八年研究"成为以后教育实验所效法和借鉴的对象、构建教育实验理论的重要基础与思想源泉以及教育实验实证研究的先导。

第二，"八年研究"确立了制定教育目标的原则。"八年研究"的起因就是针对中学的教育目标不适应社会发展需要的问题。中学教育目标长期受大学入学考试的制约，学校和学生都把升入大学作为教育的根本目标，忽视了社会对学校教育其他方面的要求。"八年研究"的结果说明，中学教育目标应该以实现个人的发展和有效地协调个人与社会的关系为基础。在"八年研究"过程中，进步教育协会和艾金委员会力图重新解析中学教育目标，将普通教育的目标看成是"提供社会生活中主要方面的丰富与有益的经验，促进个体潜能最大可能地实现，以及最有效地参与民主社会生活"①。这种教育目标的确立明确了两个指导原则：一是教育应该有助于学习者适应生活环境——自然环境和社会环境以及经济状况；二是教育应该促进个人品格的培养，以便更有效地参与发展文化的活动。这就要求教育目标的制定应以青少年的需要和社会需要为基础；学校的职责在于明确各种需求的性质，并制定相应的解决措施；学校教育目标应引导教学大

---

① Mathematics in General Education, p. 43.

纲的制定，指导学校教学工作；应对教育目标进行详细分析和准确的陈述。

基于美国社会传统的价值观念，"八年研究"在确立教育目标时一直将民主生活视为基本原则，它影响着中等学校的发展方向，使学校与家庭的关系以及教师的角色发生了变化。学校的教育民主不仅取决于学校管理体制的性质、学校与社区、家庭的合作，还取决于校长、教师、学生和家长的教育观念。但是，作为学校教育基础的民主原则，应该成为确立教育目标所优先考虑的内容。

第三，"八年研究"奠定了现代课程理论的基础。"八年研究"对现代教育的重要影响之一就是对传统课程理论的颠覆。课程改革的基本问题是教学内容及其顺序，在"八年研究"中，指导委员会和课程委员会在选择教学内容和确定教学顺序时主要采用两种方法：（1）社会需要方法；（2）青少年需要方法。后者得到了中等学校课程委员会的极大鼓励。为此，合作中学围绕个人与社会之间的关系确立了新的课程标准，即社会需要和青少年需要，并编制了核心课程、综合课程和学科重组。在"八年研究"中，泰勒领导的评估委员会指导了合作中学的实验，而泰勒本人正是在实验过程中形成了自己的课程思想。他所提出的课程编制的四个步骤是根据实验中合作中学的做法和课程委员会的假设与设计方案总结而来的，具体包括：（1）确定目标，回答学校应该达到哪些教育目标的问题；（2）选择经验，回答提供哪些教育经验才能实现目标的问题；（3）组织经验，回答怎样才能有效地组织这些教育经验的问题；（4）评价结果，回答怎样才能确定目标得以实现的问题。[①] 这 4 个步骤正是合作中学开展实验的主要内容，也是贾尔斯等人在《课程研究》报告中首先阐述的理论，即教育目标、教育内容、教育方法和教育评估之间的关系。这就是后来美国现代教育理论中风行一时的"泰勒原理"，为现代课程原理奠定了基础。

泰勒本人也说到自己的理论诞生于"八年研究"的一次偶然聚餐会上。1936 年，在"八年研究"的一次会议上，许多合作中学的校长向他反映评估委员会比课程委员会的帮助大，原因是泰勒制定的评估原理具有指导实践的作用，而课程委员会则没有。在午餐会上，泰勒"突发奇想"，将萌发的课程原理画在一张餐巾纸上，得到了大家的认可。这就是后来泰勒课程思想的代表作《课程与教学的基本原理》的原型，并在芝加哥大学

---

① 《课程与教学的基本原理》，第 17 页。

暑期研讨班上作为讲授提纲。①

　　第四，"八年研究"提出了教师专业发展的思想。教师专业化是现代教师教育的重要标志。通常认为，西方教师专业发展运动始于 20 世纪 60 年代，到 80 年代成为世界教育改革的中心议题之一。② 但此前有关教师专业发展的理论与实践很少有人问津。"八年研究"将教师看作是学校教育中的主导力量，是民主学校生活的重要保证，教师的作用被赋予深刻的含义和崇高的地位，对教师的成长和发展给予了充分的考虑和重视。艾金委员会、指导委员会、课程委员会以及合作中学制定了目标明确、有组织、有计划的教师发展计划，开展了以在职培训为主、形式多样的教师教育。"八年研究"中的教师专业发展理论和实践应该成为今后研究的又一重要课题。

　　最后，"八年研究"形成了现代教育评估理论。"八年研究"所产生的持久影响之一就是使评估成为改进教育与教学、课程和管理的一种手段。1934 年，"八年研究"指导委员会成立了评估委员会，由泰勒负责。该委员会首先制定了评估目标：发展有效的思维方法；培养良好的工作习惯和研究能力；培育社会态度；获得广泛的兴趣；培养对音乐、艺术、文学和其他审美体验的欣赏力；提高社会敏感性；增强个人与社会之间的适应性；获取重要的知识；培育健康的体魄；形成稳定的人生观。在实验过程中，评估委员会共设计了 200 多种测验，并不断付诸于教学实践，其中有十几种评估方案被广泛应用于中学教育之中。这种评估方法作为教学活动的工具可以激发教师更加努力地做好工作，思考改进工作的方法和意义，在各级学校教育中都具有十分重要的意义，"一直以来对研究结论的运用需求也是'八年研究'得以保持生机和活力的原因之一"③。

　　评估委员会在报告书中首次使用了"教育评估"（Educational Evaluation）一词，设计出与教育测验和考试不同的方法，详细阐述了评估原则、方法、手段和方式。因此，该报告被称为"划时代的教育评价宣言"，标志着教育评价成为一个独立的研究领域。泰勒的教育评估理论也是在"八年研究"中孕育的，以后成为美国教育中占统治地位的教育评价指导思想，在相当长的一个时期内曾风靡世界，人们把这一时期称之为教育评价史上的"泰勒时期"，而泰勒本人则被誉为"教育评价之父"。到 20 世纪

---

① 参见《课程与教学的基本原理》，第 16—17 页。

② 教育部师范教育司编：《教师专业化的理论与实践》，人民教育出版社 2003 年版，第 23 页。

③ 《学校课程史》，第 254 页。

70 年代，教育评价发展成为一个相对独立的专业，这不能不归功于教育评价理论在"八年研究"中所取得的巨大进展。

四 "八年研究"的启示

作为 20 世纪美国教育史上最有影响的教育实验，"八年研究"可以给我们很多启示，作为开展教育实验研究的借鉴。

（一）教育实验是一项综合的系统工程

教育实验是科学研究和教育实践相统一的一项活动，它涉及诸多领域，需要各个方面相互配合，统筹安排，精心组织，并需要经过一定时间的试行和检验的过程，方能得出实验结果。教育实验是一个包含了若干子系统的大系统工程。"八年研究"一开始就在进步教育协会的精心组织下专门成立了负责总体设计和规划的中学与大学关系委员会，随后又成立了负责各项实验任务的分支委员会，为实验的顺利完成提供了组织保证；指导委员会充分考虑到各个方面的协调一致，将中学和大学有机结合起来，分别在中学控制相关因素，在大学设置实验所需要的情景，为实验的开展提供了实施保证；为了顺利开展实验，艾金委员会获得了卡内基基金会和普通教育委员会的资金支持，为实验顺利进行提供了物质保证；在合作中学和分支委员会的积极工作和配合下，先后为实验设计了各项实施措施、实施工具、运用的方法和评估的手段，为实验的进行提供了技术保证。教育实验还是一个连续不断的长期验证和修正的过程。它既包含教育发展的一般规律，又具有教育实验自身的特殊规律，实验需要一定的客观和主观条件。因此，教育实验不是一蹴而就的事情，需要持之以恒，保证实验结果的正常出现，完成必要的实验环节。

所以，在教育实验中，首先要制定详细的实验计划和方案，认真分析实验的目的和过程，严格按照实验设计的要求进行操作，严格控制好变量，不得随意更改实验条件。其次，避免急功近利的思想，理论工作者一定要深入实践，不能仅仅对文献资料进行思辨、假设，就得出结论，更不能简化或省略实验步骤，或过早地将实验中的部分结果升华为理论、著书立说。再次，端正实验思想和态度，严防为实验而实验，只收集对验证假设有利的资料，回避或刻意隐瞒实验的第一手材料。最后，协调好实验各个部门和参加者的关系，加强彼此之间的沟通。

（二）教育实验是教育理论和思想的源泉

教育实验既是根据一定的教育理论或设想而组织安排的有计划的教育实践活动，又是在实验结果的基础之上形成新的教育理论的过程。在"八年研究"中，艾金委员会分别在合作中学实施了新教育模式改革和大学的跟踪研究。在这两个实验过程中，采用了诸多革新措施，尝试实施课程变革、学校管理的民主化、对学生表现的评估和测验、对毕业生采取的跟踪研究。这些实验活动包含了许多需要验证的假设和理论，同时也存在着许多有待解决的问题，需要经过不断实验和反复尝试，形成新的理论。正是在合作中学实验编制各类课程的实验过程中，形成了现代的课程理论，正是在评估和记录学生的各种表现和活动以及跟踪研究中学毕业生在大学的成功时，形成了现代教育评估的理论。这样形成的理论具有天然指导实践的优势，易于教师和学生接受，应用起来方便易行，具有很强的生命力和使用价值。

因此，在教育实验中，要重视实践的不断完善和升华，不断提高实践合理性、应用性和普遍意义，重视将实践归纳为基本原则或原理，最终成为指导实践的理论。教育改革实践需要理论的指导，教育改革实践的经验更需要进行科学的总结，上升为理论。目前我国的教育理论研究对于教育改革实践是单薄和滞后的，教育理论的指导意义还没有充分体现出来。归根到底，理论来源于实践，并不是对实践经验的简单描述，而是根植于实践，充分汲取不同学科的营养，整合上升为教育理论。

（三）教育实验需要一定条件的配合

"八年研究"是在进步教育发展处于兴盛时期展开的，针对如何在中学实施教育改革，艾金委员会分析了美国中学所面临的主要问题以及解决问题的关键所在，明智地将大学作为实验的又一重要方面，为最终完成实验确立了正确的思路。实际上，教育实验就是教育改革，教育实验为教育改革提供了理论依据和实践经验。但教育实验要争取良好外部环境和配合，考虑到影响实验的主要因素，并进行控制。

在现实当中，影响实验的主要因素是社会环境，而政府政策是其中重要的方面，要争取政府的支持，获得较为有利的政策，政策的人为特性促使实验要积极争取有利的政策，形成较为宽松的实验环境。此外，实验设计是否具有客观性和科学性，是否具备实验的科学方法十分重要。教育改革的理论研究和实验不能只从人们的思想、动机、人性来考虑，而应充分考察当时的生产方式、生产关系、社会环境，既要充分认识到教育与社会诸因素的相互影响，又要考虑到教育自身的继承性和独立性。这是实验顺利开展和成功的关键因素。为了保证实验的顺利进行，必须认真分析影响实验的主要障碍。目前，国内基础教育改革实验的主要障碍是升学率，如果教育改革实验不克服这个障碍，就不能获得切实可行的结果。近年来，我国相应采取了一些措施，例如，建立中学毕业会考制度，实施高考面试录取尝试等，要求基础教育实施基础教育，但如果不根本改变高考指挥棒的现象，解决影响教育的主要因素，应试教育、追求升学率等教育价值取向仍会占据主导地位。"八年研究"中所采取的中学与大学合作的方式，应该对改革我国基础教育现状特别是高考问题有所启示。

（四）课程改革是教育实验的基础

"八年研究"中的一项重要改革项目就是中学课程的重组，这不以人的意志为转移。因为任何教育改革势必涉及教育内容问题，教育内容是实现教育目标的根本保证，决定着采用什么样的教育方法，制约着教育评价的方式和手段。纵观中外教育实验，教育内容的更新和重新编排一直是教育改革的中心任务之一。

正因如此，教育实验要将课程改革作为重中之重，严格实施课程改革的各项措施。首先，建立完善的课程实验评估体系。"八年研究"从研究对象的筛选、评估指标的制定到实验结果的阐释，均按照实验计划所制定的标准和程序进行，并为此挑选了实验学校，组成了各种委员会，设计了200余种测验标准，提出了一整套评估价值标准、方式和手段，设立了实验组和对照组。我国的新课程改革正在进行，教育行政部门也开展了抽查评估。但整体来说评估周期短、范围有限、对实验结果多停留在经验描述、评估缺乏明确的指标与体系，新课程的快速推进与课程评估滞后之间存在着矛盾。"八年研究"的一些做法或许值得我们借鉴。其次，加强实验的理论指导。"八年研究"是进步教育的一项教育实验，杜威的实验主义思想为"八年研究"提供了理论指导，负责主持实验的人大多数都是教育理论家和具有丰富经验的中学校长和大学教授，能从各自角度对合作中学提供指导和帮助。我国新课程改革虽说也有基础教育课程改革专家工作组，但并没有稳定的咨询机构和专家系统，任务一结束，专家组也随之返回原有工作岗位。同时缺乏课程改革方案和实施措施的可行性论证，理论指导缺乏科学性和实效性。所以，应该加强新课程改革的理论指导，特别是中小学教师易于接受和领会、实践

中确实具有指导意义的课程理论。最后，重视在课程改革中开展相应的教师
教育。理解改革目标和具有研究能力的教师是课程改革顺利实施的前提和保
证。"八年研究"期间，教师在职研讨班得到了发展，但由于忽视了与师范
学院的联系，师范学院没有及时以新的方式培训教师，致使大多数合作学校
由于无法避免的人员更替而使课程改革不能继续坚持下去。① 结合我国新课
程改革，各级教育行政部门培训了一批新型教师队伍。但随着实验推进力度
的加大，师资培训工作在人力、财力等方面都遇到了一定的问题，并随着时
间的推移日益凸显。各级师范院校和综合大学要根据新课程改革的目标，改
变以往分科教学的人才培养模式，在专业设置、课程体系、教学内容和教学
方式等方面进行必要的调整和改革，确保为新课程改革提供源源不断的新型
师资。

---

① 参见《20 世纪世界教育史》，第 517 页。

主要参考文献

一 英文文献

1. Aikin, W. M. , *Adventure in American Education*: *The Story of the Eight − Year Study*, London and New York: Harper & Brother, 1942.

2. Giles, H. H. , McCutchen S. P. and Zechiel A. N. , *Adventure in American Education*: *Exploring The Curriculum*, New York: Harper & Brother, 1942.

3. Smith, Eugene R. , Tyler Ralph W. and the Evaluation Staff, *Adventure in American Education*: *Appraising and Recording Student Progress*, New York: Harper & Brother, 1942.

4. Chamberlin, Dean. , Chamberlin Enid S. , Drought, Neal E. and Scott Willam E. , *Adventure in American Education*: *Did They Succeed in College?*, New York: Harper & Brother, 1942.

5. The Progressive Education Association, *Adventure in American Education*: *Thirty Schools Tell Their Story*, New York: Harper & Brother, 1942.

6. Kridel, C. , Robert V. Bullough JR. , *Conceptions and Misperceptions of the Eight − Year Study*, Journal of Curriculum and Supervision, Fall 2002 vol. 18, No. 1.

7. Robert V. Bullough JR. , Craig Kridel, *Adolescent Needs*, *Curriculum and the Eight − Year Study*, Journal of Curriculum Studies, 2003, vol. 35, No. 2.

8. Hedlund, P. P. , *The Eight − Year Study Revisited*: *A Cross − Case Analysis of the Use of Integrated Curriculum in Radnor*, *Pennsylvania*, doctoral dissertation, The George Washington University, 2003.

9. Smith, B. R. , *Integrating the curriculum*: *Moving beyond traditional subjects requires teachers to abandon their "comfort zones."*, The Harvard Educational Letter, 9, September /October 1997.

10. Fullan, M. G. , *The New Meaning of Educational Change*, New York: Teachers College Press, 1991.

11. Redefer, F. L. , "*The Eight – Year Study—Eight Year Later: A Study of Experimentation in the Thirty Schools*", doctoral dissertation, Teachers College, Columbia University, 1951.

12. Lipka R. P. , Lounsbury, J. , Toepfer, C. , Vars, G. , Allessi, S. , and Kridel, C. , *The Eight – Year Study Revisited: Lesson from the Past for the Present*, Columbus: National Middle School Association, 1998.

13. Aikin, W. M. , "*The Eight – Year Study: If we were to do it again*", Progressive Education, 31, Oct. 1953.

14. Alberty, H. , *Reorganizing the High – School Curriculum*, New York: Macmillan, 1947.

15. Irwin K. , "*The Eight – Year Study*" In Progressive Eudcation for the *1990s.* , Kathe Jervis and Carol Montag, New York: Teachers College Press, 1991.

16. Tanner, L. , "*Contributions of the Eight – Year Study*", Journal of Thought, 1986, vol. 21.

17. Faunce, R. C. and Bossing, N. L. , *Developing the Core Curriculum*, New York: Prentice Hall, 1951.

18. Berube, M. R. , *American School Reform: Progressive, Equity and Excellence Movements, 1883 – 1993*, Westport: Greenwood Press, 1994.

19. McNergney, R. F. , Herbert, J. M. , *Foundations of Education: The Challenge of Professional Practice*, Boston: Allyn and Bacon, 2001.

20. Butts, R. F. , *A Cultural History of Western Education: Its Social Intellectual Foundations*, New York: McGraw – Hill Book Company, 1955.

21. Semel, S. F. , Sadovnik, A. R. , "*Schools of Tomorrow,*" Schools of *Today: What Happened to Progressive Education*, New York: Peter Lang Publishing, 1999.

22. Pratte, R. , *Analytic Philosophy of Education: A Historical Perspective*, Philosophy of Education Since Mid – Century, Soltis, Jonas F. , New York: Teachers College, 1981.

23. Alberty, H. , *Reorganizing the High – School Curriculum*, New York: Macmillan, 1947.

24. American Association for the Advancement of Science, *Science for All A-mericans*, Summary Report, Project 2061, Washington, DC: The Association, 1989.

25. Vars, G. F. , *Curriculum in Secondary Schools and Colleges: In A New Look at Progressive Education*, 1972 Yearbook of the ASCD. Washington, DC: ASCD, 1972.

26. Kridel, C. , *Aikin/Aiken: Dashed hopes and a legacy misspelled*, Journal of Curriculum Theorizing, vol. 13, 1997.

27. Fowler, B. P. , *Six Questions for the Thirty Schools*, Progressive Education, vol. 13, 1936.

28. Harter, P. D. , Gerhrke, N. J. , *Integrative Approaches: A Kaleidoscope of Alternatives*, Educational Horizons, vol. 68, 1, 1989.

29. Douglass, H. R. , *Education for Life Adjustment: Its Meaning Implementation*, New York: Ronald Press, 1950.

30. Lagemann, E. C. , *An Elusive Science: The Troubling History of Education Research*, Chicago: University of Chicago Press, 2000.

31. Kliebard, H. M. , *The Struggle for the American Curricum, 1893 – 1958*, Boston, MA: Routledge & Kegan Paul, 1986.

32. Beane, J. A. , *Curriculum Integration Designing the Core of Democratic Education*, New York: Teachers College Press, 1997.

33. Beane, J. A. , *A Middle School Curriculum: From Rhetoric to Reality*, Columbus, OH: National Middle School Association, 1993.

34. Tyack, D. , Cuban, L. , *Tinkering Toward Utopia: A Century of Public School Reform*, Cambridge MA: Harvard University Press, 1995.

35. Tanner, D. , Tanner, L. , *Curriculum Development: Theory into Pratice*, NewYork: Macmillan, 1975.

36. Lagemann, E. C. , *An Elusive Science: The Troubing History of Education Research*, Chicago: University of Chicago Press, 2000.

37. Hemming, J. , *Teach Them to Live*, London: Longmans, Green and Company, 1957.

38. Eugence, R. S. , *A Message from the President of the Progressive Education Association*, Progressive Education 1, 2, 1924.

39. Kahne, J. , *Reforming Educational Policy*, New York: Teachers Col-

lege Prerss, 1966.

40. Tyler, R. W. , *Education: Curriculum Development and Evaluation*, Berkeley CA: Regional Oral History Office, Bancroft Library, 1987.

41. Nesin, G. , Lounsbury, J. , *Curriculum Integration: Twenty Questions with Answers*, Atlanta, GA: Georgia Middle School Association, 1999.

42. Merriam, S. B. , *Qualitative Research and Case Study Applications in Education*, San Francisco, CA: Jossey – Bass Publishers, 1998.

43. Kliebard, H. M. , *Constructing a History of Amercian Curriculum*, In P. W. Jackson (Ed.) Handbook of Research on Curriculum, New York: Macmillan Publishing Company, 1992.

44. Lincoln, Y. S. , *Curriculum Studies and the Traditions of Inquiry: The Humanistic Tradition*, In P. W. Jackson (Ed.) Handbook of Research on Curriculum, New York: Macmillan Publishing Company, 1992.

45. Lounsbury, J. , *Middle School Education: As I See It*, Columbus, OH: National Middle School Association, 1984.

46. Thigpen, C. M. , *The Development and Evolution of the Eight – Year Study*, Dissertation Abstracts International, UMI No. AAT7900509, 1978.

47. Wrago, W. G. , *The Core Curriculum in the Middle School: Retrospect and Prospect* , Middle School Journal, 1992, January.

48. U. S. Department of Education, *What Works: Research About Teaching and Learning*, Washington, D. C. : U. S. Department of Education, 1986.

49. U. S. Department of Education, *Goals 2000: Education Amerca Act*, Washington, D. C. : U. S. Department of Education, 1994.

50. Torres, C. A. , *Education, Power, and Personal Biography: Dialogues with Critical Educatior*, New York: Routledge, 1998.

51. Diclinson, T. S. , ed, *Reinventing the Middle School*, New York: Routledge Falmer, 2001.

52. National Middle School Association, *This We Believe: Developmentally Responsive Middle Level Schools*, Columbus OH: National Middle School Association, 1995.

53. Power, E. J. , *Main Current in the History of Education*, New York: McGraw – Hill Book Company, 1962.

54. Good, H. G. , *A History of Westen Education*, New York: McGraw –

Hill Book Company，1962.

55. Hillesheim，J. W.，*Theory and Practice in the History of American Education*：*A Book of Readings*，New york：University Press of Amercia，1980.

56. Doopkin，S.，*Contemporary American Education*：*An Anthology of Issues*，*Problem*，*Challege*，New York：McGraw Publishing Company，Inc，1975.

57. Lazerson，M.，*American Education in the Twenty Century*，New York：Teachers College Press，1987.

58. Ravitch，D.，*Left Back*，New York，Simon & Schuster，2000.

59. Kerfinger，F. N.，*Foundation of Behavioral Research*，2nd ed，New York，Holt，Rinehart and Winston，1973.

二　中文文献

1. 克雷明著：《学校的变革》，单中惠等译，上海教育出版社 1994 年版。

2. 张斌贤著：《社会转型与教育变革——美国进步主义教育运动研究》，湖南教育出版社 1997 年版。

3. 克雷明著：《美国教育史：城市化时期的历程 1876—1980》，朱旭东等译，北京师范大学出版社 2002 年版。

4. 瞿葆奎主编、黄荣昌等选编：《教育学文集·教育制度》，人民教育出版社 1990 年版。

5. 瞿葆奎主编、马骥雄选编：《教育学文集·美国教育改革》，人民教育出版社 1990 年版。

6. 施良方著：《课程理论——课程基础、原理与问题》，教育科学出版社 1996 年版。

7. 拉尔夫·泰勒著：《课程与教学的基本原理》，施良方译，人民教育出版社 1994 年版。

8. 康奈尔著：《二十世纪世界教育史》，张法琨等译，人民教育出版社 1990 年版。

9. 布鲁巴克著：《教育问题史》，吴元训等译，安徽教育出版社 1991 年版。

10. 滕大春主编：《外国教育通史》第五卷，山东教育出版社 1995 年版。

11. 鲍尔斯、金蒂斯著：《经济生活与教育改革》，王佩雄等译，上海教育出版社 1990 年版。

12. 滕大春著：《美国教育史》，人民教育出版社 1994 年版。

13. 单中惠著：《现代教育的探索——杜威与实用主义教育思想》，人民教育出版社 2002 年版。

14. 杜威著：《民主主义与教育》，王承绪译，人民教育出版社 1990 年版。

15. 杜威著：《学校与社会·明日之学校》，赵祥麟等译，人民教育出版社 1994 年版。

16. 梅休、爱德华兹著：《杜威学校》，王承绪、赵祥麟等译，华东师范大学出版社 1991 年版。

17. 杜威著：《我们怎样思维·经验与教育》，姜文闵译，人民教育出版社 1991 年版。

18. 李剑虹著：《大转折的年代——美国进步主义运动研究》，天津教育出版社 1992 年版。

19. 康马杰著：《美国精神》，南木等译，光明日报出版社 1988 年版。

20. 赵祥麟主编：《外国现代教育史》，华东师范大学出版社 1987 年版。

21. 涂纪亮著：《美国哲学史》第一、二、三卷，河北教育出版社 2000 年版。

22. 吴式颖主编：《外国现代教育史》，人民教育出版社 1997 年版。

23. 阿伦·奥恩斯坦、莱文·丹尼尔著：《教育基础》，杨树兵等译，江苏教育出版社 2003 年版。

24. 路易斯·哈茨著：《美国的自由主义传统》，张敏谦译，中国社会科学出版社 2003 年版。

25. 霍华德·津恩著：《美国人民的历史》，许先春等译，上海人民出版社 2000 年版。

26. 吴式颖、任钟印主编：《外国教育思想通史》第九卷，湖南教育出版社 2002 年版。

27. 奥恩斯坦著：《美国教育学基础》，刘付枕等译，人民教育出版社 1984 年版。

28. 季苹著：《美国公立学校发展研究》，高等教育出版社 2002 年版。

29. 佛罗斯特著：《西方教育的历史和哲学基础》，吴元训等译，华夏出版社 1987 年版。

30. 杨孔炽等著：《美国公立中学发展研究》，湖北人民出版社 1996 年版。

31. 瞿葆奎主编：《教育学文集·课程与教材》，人民教育出版社 1993 年版。

32. 褚洪启著：《杜威教育思想引论》，湖南教育出版社 1998 年版。

33. 何顺果著：《美国史通论》，学林出版社 2001 年版。

34. 钱满素著：《美国文明》，中国社会科学出版社 2001 年版。

35. 丹尼尔·布尔斯廷著：《美国人——建国历程》，中国对外翻译出版公司译，生活·读书·新知三联书店 1993 年版。

36. 丹尼尔·布尔斯廷著：《美国人——民主历程》，中国对外翻译出版公司译，生活·读书·新知三联书店 1993 年版。

37. 理查德·范斯科德、理查德·克卡夫特、约翰·哈斯合著：《美国教育学基础——社会展望》，北京师范大学外国教育研究所译，教育科学出版社 1984 年版。

38. 博伊德、爱德蒙·金著：《西方教育史》，吴元训主译，人民教育出版社 1985 年版。

39. 赵祥麟主编：《外国教育家评传》第四卷，上海教育出版社 2003 年版。

40. 胡森、波斯特尔威斯特编著：《简明国际教育百科全书·课程》，教育科学出版社 1991 年版。

41. 林克著：《1900 年以来的美国史》，刘绪贻译，中国社会科学出版社 1983 年版。

42. 利德基主编：《美国特性探索》，龙治芳等译，中国社会科学出版社 1989 年版。

43. 王元明著：《行动与效果：美国实用主义研究》，中国社会科学出版社 1998 年版。

44. 刘放桐著：《实用主义述评》，天津人民出版社 1983 年版。

45. 庄锡昌著：《二十世纪的美国文化》，浙江人民出版社 1993 年版。

46. 张友伦、陆镜生合著：《美国历史上的社会运动和政府改革》，天津教育出版社 1992 年版。

47. 杜蒙德著：《现代美国》，宋岳亭译，商务印书馆 1984 年版。

48. 杨汉麟主编：《外国教育实验史》，人民教育出版社 2005 年版。

49. 丹尼尔·坦纳、劳雷尔·坦纳著：《学校课程史》，崔允漷等译，人民教育出版社 2006 年版。

后　记

四月的江南早已是春意盎然，和风细雨的空气中透着青草绿叶散发出沁人心脾的大自然气息，华东师范大学丽娃河旁的夹竹桃盛开着粉红或洁白的花朵，河心的喷泉不时升起一柱柱浪花，河面上泛起一波波清澈的涟漪。走在河边宁静的小路上，仔细地品味着每一处江南园林风格的景致，回味着师大浓郁的学术气息、和谐有序的人文环境、百家争鸣的大师学派、催人奋进的优良校风。这一切曾经是我所渴望的学术环境，也是我理性认识中的大学本真所在，不曾奢望自己有幸在这样的氛围中享受了4年时光，实现了人生向往的自我价值。当写完论文的最后一页文字后，我突然意识到3年殷殷学子生活马上就要画上句号了，竟丝毫没有一点轻松与舒畅，却有一种莫名其妙的惊慌：我就要离开这块学术圣地了，不知道自己的思想是否还能畅游在宽松宁静、孜孜不倦的闪烁之中。

回首浏览一下自己的100多页论文，心中竟然升起一种酸楚，4年的情景历历在目：对自己这样的超龄学生重新回到学生时代的担忧，对原有知识结构的疑虑，对大上海整夜闪亮的霓虹灯的迷惘，对不能兼顾家庭和事业的内疚，对本应承担工作单位教学与科研任务的无奈，对论文题目确定过程中的不安，对能否按时完成学业的焦虑，反反复复，诚惶诚恐……

所幸的是，我遇到了单中惠教授。

感谢我的博士生导师单中惠教授：是他破格接纳了我这个早已超过攻读博士年龄的一介书生；是他给予了我无限的期望和历练深造的机会；是他教会了我如何在教育史领域更好地畅游；是他给了我诸多的呵护与关爱，打开了个人事业的空间；是他使我对自己的未来发展和前进方向坚定了信心。先生学风严谨，思想敏锐，为人谦和，严于律己，对学生如严师慈父，对事业如痴如迷，时刻用自己的一言一行感染着我们，成为我学业和生活中的榜样和动力。先生对我寄予厚望，我的论文就是一篇"命题作文"，他将从国外带回的资料毫无保留地送给我，并帮助我明确思路和论文框架，多次反复与我讨论。同时，先生又鼓励我要有所突破，在教育史研究领域大胆创新，给了我研究工作的独立性和自主性。先生不仅督促我的学业，而且一直关心我的发展，为我提供了各种各样的机会和帮助。对于先生的关爱，我唯有勤勉学业，以不负先生厚望和期待。特别要说的是，在4年的求学中，师母像生活的导师一样关怀着我们，给予了我们许许多多背后的、无声的和无微不至的照顾，她一直是我们最敬重的人。

在学术探索的路途上，硕士导师孟宪德教授是我的引路人。孟先生早年考入北京大学，毕业于西南联大，后考取公费留学欧洲，生前为了培养外国教育史的专门人才倾注了大量的心血。我的许多硕士课程都是先生给我一个人开设的，从最基本的学术规范到研究领域的前沿动态，从外国教育名著的解读到西方教育流派的阐释，从推荐大量中外文教育著作到引领参与各种学术交流活动，使我从一个学习教育学的学生成为一名高等学校的专业教师，虽有所反复，但最终依然投身于先生当初期望和指定的职业和研究领域。感谢孟先生不仅把我领进了学术的殿堂，而且使我深深地热爱上了这份事业。

还要感谢的是吴元训教授。吴先生是辅仁大学和燕京大学的高才生，成果丰硕，学贯中西。当年他与孟先生联合培养了包括我在内的几届研究生，使我有机会同时接受两位名师的指导，横跨了两个学术群体，受益匪浅，并最后在陕西师范大学获得硕士学位。2006年10月，当我再次见到已90岁高龄的先生时，他亲切地拍着我的肩膀，慈祥地注视着我，仿佛在寻找往日的岁月，那一刻我努力地控制着湿润的眼睛。

感谢吴式颖教授审阅了我的论文并主持了答辩。先生年已70有余，仍耕耘不止、思维清晰，充分肯定了论文的创新之处，对论文的不足之处提出了中肯的意见和修改建议，展现了老一辈外国教育史学家的学术境界和治学之道。每当拜读吴先生寄给我她新近出版的著作时，油然产生敬佩之情和巨大的鼓舞。能在10余年后得到先生亲自指导和教诲，也圆了我由来已久的一个心愿。

我要感谢华东师大教育学系我所熟知的老师们，感谢给予我指导和关爱的前辈和同行。他们在各个方面、以不同方式给我了许多帮助、信任、爱护和启迪，他们的学识与人品成为我生活中追求的目标，他们的教诲和授业使我受益无穷。

感谢杜成宪教授、陆有铨教授、丁钢教授、杨小微教授、王保星教授周金浪老师、邓明言老师、周彬老师对我的关怀和厚爱，每一次教诲都使我倍感亲切，每一次传道授业都使我豁然开朗，每一次游学都使我如沐春风，每一次促膝谈心都使我胜读十年。

感谢金锵教授、赵荣昌教授、王斌华教授、黄书光教授、朱镜人教授和周采教授，他们从论文开题到写作过程中都给予了我诸多的点拨与启发，诸位老师认真负责的精神、无私的奉献和独到的学术见解，使我在撰写论文的过程中少走了许多弯路，修改了其中的不妥之处，得以顺利通过答辩。

感谢田正平教授、周谷平教授、徐小州教授对我的厚爱。

感谢张乐天教授给了我再次获得学术滋养的机会，张老师待人宽厚、学识渊博、风度儒雅，成为我的又一位学术引路人和导师。

感谢南京师范大学教科院教育学博士后流动站的鲁洁教授、吴康宁教授、胡建华教授、杨启亮教授、张新平教授接纳我进入一个崭新的学术殿堂，享有了直接向仰慕已久的专家学者求教的机会。

感谢河南大学副校长赵国祥教授对我的支持和鼓励，为我赴名校、拜名师提供了各种条件，鼓励我完成了学业；感谢河南教育学院副院长王北生教授对我的呵护和关爱，帮助我在学术上不断取得进步。

感谢河南大学教科院给了我进一步深造的机会，并为我创造了一切可能的条件。

感谢华东师范大学和南京师范大学的同门学友，3 年来共同学习生活，彼此帮助，共同提高，营造了一个良好的学术团队，他们是：华东师范大学团队的李爱萍、钟文芳、许建美、王晓宇、龚兵、杨梅、王凤玉、许江媛和高惠蓉，南京师范大学团队的关松林、原青林、王彦力、王强、徐征、李国庆、周常明、马超、杨艳蕾和刘亮。

感谢华东师范大学教育学系 2003 级的博士生同学，共同的求学经历使我们有了许多趣味一致的话题，彼此海阔天空、书生意气，结下了深厚的友谊，这是求学之路另一笔珍贵的财富。让我们共同怀念那些一去不复返的美好时光，怀念铭刻上海印记的校园岁月。

最后，我要深深地感谢我的太太王瑶教授和儿子，在求学期间他们是我最坚强的后盾和精神寄托，成为我顺利按时完成学业的动力和保证。

"路漫漫其修远兮，吾将上下而求索"。

杨　捷

2006 年 4 月于华东师范大学丽娃河畔 17 舍